古代歷史文化 研究輯刊

二四編

王明蓀 主編

第 17 冊

元明清時期入遷雲南的外來少數民族移民研究

李 和 著

國家圖書館出版品預行編目資料

元明清時期入遷雲南的外來少數民族移民研究／李和 著 -- 初
版 -- 新北市：花木蘭文化事業有限公司，2020〔民 109〕
目 2+216 面；19×26 公分
（古代歷史文化研究輯刊 二四編；第 17 冊）
ISBN 978-986-518-267-0（精裝）
1. 移民史 2. 少數民族 3. 雲南省
618   109011143

ISBN-978-986-518-267-0

9 789865 182670

古代歷史文化研究輯刊
二四編 第十七冊   ISBN：978-986-518-267-0

元明清時期入遷雲南的外來少數民族移民研究

作　　者 李 和
主　　編 王明蓀
總 編 輯 杜潔祥
副總編輯 楊嘉樂
編　　輯 許郁翎、張雅淋　美術編輯 陳逸婷
出　　版 花木蘭文化事業有限公司
發 行 人 高小娟
聯絡地址 235 新北市中和區中安街七二號十三樓
　　　　　電話：02-2923-1455／傳真：02-2923-1452
網　　址 http://www.huamulan.tw 信箱 hml810518@gmail.com
印　　刷 普羅文化出版廣告事業
初　　版 2020 年 9 月
全書字數 208626 字
定　　價 二四編 21 冊（精裝）台幣 62,000 元

元明清時期入遷雲南的外來少數民族移民研究

李和　著

作者簡介

李和，男，1982 年出生於雲南省瀘西縣。2004 年畢業於雲南大學哲學系，獲學士學位。師從雲南大學民族研究院暨西南邊疆少數民族研究中心古永繼教授，分別於 2007 年、2015 年獲中國少數民族史專業碩士、博士學位。《元明清時期入遷雲南的外來少數民族移民研究》，為2015 年答辯通過的博士學位論文。近年來，主要從事思想政治理論課教學和中國少數民族史的研究工作。現為雲南省曲靖師範學院講師。

提　　要

　　地處中國西南邊陲的雲南，自古以來是一個多民族分布的地區。當地民族眾多，原因之一是歷史時期外來各民族的大量入遷。考古資料顯示，早在舊石器時代初期，雲南就與內地、西北以及南方等地先民發生聯繫，說明可能存在著人類遷移現象。此後的數千年來，文獻中出現有大量外來各民族入遷雲南地區的記載。因此，探討外來民族移遷雲南地區的歷史過程、動因、類型、特點及影響，就成為學界普遍關心並致力於研究的問題。

　　元明清時期是中國統一多民族國家的確立時期，是內地人口大量移遷雲南的重要時期，也是雲南多民族格局最終形成的時期。大多論著的研究側重於漢族移民入遷雲南的具體情形，但對於雲南的發展來說，除漢族移民外，眾多少數民族移民在雲南移民史中也佔有一席之地。因此，本書依憑豐富、翔實的文獻資料及前輩學人所做的研究工作，全面梳理和揭示了這一地區多民族入遷雲南的歷史過程。其中，源自北方的蒙古、回回、契丹、西番以及滿洲等以封王鎮戍、隨軍征戰、仕宦任職、謫遣流放、商旅以及自然流徙等方式進入雲南；源自南方的苗人、瑤人、儂人、土僚、沙人、仲家、水戶等則以政治方面的戰敗被逐、逃離戰亂、躲避殺戮，經濟方面的刀耕火種遊耕農業要求以及災荒、婚嫁等入遷雲南。

　　這些外來少數民族移民入遷雲南的動因比較複雜，大致有：氣候環境的惡化、人口的增加、親緣關係的影響、政治、軍事、經濟等原因，且很多遷移是多種原因綜合導致。但總的來說，北方民族多因統一多民族國家戰略安排的需要而入遷或認為與統治民族有關，而南方民族則多因自發流徙而來。從移民的動因可把這些移民的類型分為生存型、發展型和強制性移民三種，而且雲南的這些移民類型總體呈現出多方位、多層面的特點。同時詳盡比對了同期入遷雲南的漢族移民，發現兩種移民之間的來源、方式、類別以及移民的分布有著較大的區別，對雲南民族分布格局、雲南民族關係的影響也是不同的。

　　元明清時期外來少數民族移民入遷雲南後，其分布有規律可尋。他們落籍雲南後都有自己相對的聚居區域，並表現為與其他民族雜居共處。此外，他們中的部分由於遷徙和國界變動等原因最終成為跨境民族。此時期，各外來少數民族移民在入滇後與其他民族的交往中，促成了雲南地區多民族大雜居、小聚居分布格局的最終形成。

　　元明清時期大量外來少數民族移民入遷雲南，對雲南的社會發展產生了深遠的影響。民族關係方面，由於移民族屬種類繁多，相應的民族關係的類型、特徵較之其他地區更加豐富，也更具鮮明的地方特性，導致的影響也複雜多樣，雖有矛盾衝突的一面，但民族間和平交往是主流。經濟發展層面上，這些民族的入遷不僅改變了自身的經濟狀態，也促進了雲南地區各族經濟的發展。民族文化發展方面，不同源流的南北方民族文化進入雲南後，與當地原有民族文化、漢族文化全面接觸，給雲南的多民族文化帶來了不同於以往的樣式和更加豐富的內容，一起構成了雲南多民族傳統文化系統。

目

次

導　論

一、選題緣由及意義

　　雲南地處中國西南邊陲，東與貴州、廣西毗鄰，北與四川相連，西北緊依西藏，西與緬甸接壤，南和老撾、越南為鄰。雲南屬山地高原地形，高山峽谷相間，地勢險峻，氣候適宜，資源富饒，區位優勢明顯，是一個多民族交錯雜居、共同繁衍生息的地方。截止 2012 年底，雲南總人口 4659 萬人，少數民族 1555.64 萬人，〔註1〕占全省總人口數的 33.39%，是中國少數民族人口數超過千萬的 3 個省區（廣西、雲南、貴州）之一。雲南同時是少數民族種類最多的省份，中國 56 個民族中，除漢族以外，人口在 5000 人以上的世居民族有彝、哈尼、白、傣、壯、苗、回、傈僳等 25 個民族；其中白、哈尼、傣、傈僳、佤、拉祜、納西、景頗、布朗、阿昌、普米、德昂、怒、基諾、獨龍 15 個民族是雲南的特有民族，雲南可說是中國特有民族最多的省份。一般認為，雲南民族眾多的原因，主要是作為一個山地高原地形省份，高山峽谷相間，山川湖泊縱橫，交通阻隔所導致的地理環境方面的因素，也有封建時代特別的統治方式，還有特定的歷史條件等使外來民族大量流入雲南。〔註2〕

　　中華人民共和國成立以來，在雲南發現了舊石器、新石器時代的眾多古人類遺址，如「臘瑪古猿」、「元謀人」的發現等等，因此，各界專家學者普

〔註 1〕雲南省統計局編：《雲南統計年鑒》（2013），中國統計出版社 2013 年版，第 2、398 頁。

〔註 2〕參見張增祺：《中國西南民族考古》，雲南人民出版社 2012 年版，第 2～5 頁。

遍認為雲南是人類文明的重要發祥地之一。〔註3〕考古資料顯示，早在舊石器時代初期，當地就與內地民族、西北的氐羌先民以及南方的百越、濮系〔註4〕等先民有聯繫，文化上也存在若干共性，說明雲南多元性的區域性文化並非是在孤立的狀態下形成，而是當地土著文化與其他外來民族文化相互交流、相互滲透的結果，還說明該地的高山峽谷、大江大河歷來就是人類遷徙、交流的天然通道。〔註5〕

　　數千年來，雲南地區上演了諸多移民故事，移民文化源遠流長、豐富多彩。文獻中記載最早的外地向雲南地區移民的事例，當屬《史記‧西南夷列傳》記述的戰國時期楚國莊蹻「以其眾王滇，變服，從其俗，以長之」之事。〔註6〕秦漢之際，中央王朝在雲南推行郡縣制，漢族人口開始進入當地。〔註7〕自此，移民成為歷代王朝經略 雲南以及地方政權統治當地的重要方略，特別是元明清時內地各族人口大量移遷雲南，雲南的民族結構逐步發生變化。

　　蒙古憲宗三年（1253年），蒙哥汗命令忽必烈率領蒙古軍隊跨過金沙江突入大理國境內，以雲南作為根據地敲擊南宋王朝的後門。自雲南被平定尤其是元朝在雲南建立行省後，出於統一多民族國家戰略的需要，不斷有大量蒙古人、回回、契丹、西番等由於隨軍征戰、鎮戍、行政安置，以及自然流徙等原因進入雲南，其中的部分逐漸融合入漢族或其他少數民族中，部分成為蒙古族、回族、普米族等。明清兩代繼續有回回遷入雲南，雲南遂成為中國回族的主要聚居區之一。

〔註3〕近期中國科學院昆明動物研究所張亞平院士帶領的團隊用基因遺傳學的辦法從超過6000個樣本的線粒體DNA驗證中研究指出，元謀猿人、北京周口店猿人這樣的古人類對現代中國人的形成沒有貢獻，「當代的中國人都有一個很近的非洲祖先」，這些人群「從東非來到西亞，之後沿著亞洲南部的海岸線快速遷移，經過南亞次大陸，由東南亞向北進入東亞。」參見楊質高：《中科院昆明動物所：元謀猿人北京猿人不是現代人的祖先》，雲南網，2014年8月25日，http://yn.yunnan.cn/html/2014~08/25/content_3340004.htm.

〔註4〕本文論述的濮系民族包含兩類：一類為先秦時期曾活動於江漢地區之百濮，後為楚所逼不斷南遷進入雲南的濮人；另一類為歷史上被稱為「苞滿」和「閩濮」為主發展成為今天中國南亞語系孟高棉語族的佤、布朗、德昂等三個民族前身之濮。

〔註5〕王文光、翟國強：《中國西南舊石器文化在中華文化形成中的地位》，《雲南民族大學學報》（哲社版）2004年第6期。

〔註6〕《史記》卷116《西南夷列傳》，中華書局1959年版，第2993頁。

〔註7〕參見古永繼：《秦漢時西南地區外來移民的遷徙特點及在邊疆開發中的作用》，《雲南民族大學學報》（哲社版）2006年第3期。

　　此期間，還有一些少數民族因求生、避難、逃荒、交通或其他緣故從貴州、廣西等地遷入雲南，如苗人、瑤人、儂人、仲家、水戶等，有的雲南地方志書即記載苗人係「明初由黔省入」，他郎廳（今墨江）的瑤人「自粵遷來」，〔註8〕清代並有少量滿洲隨軍、為官或經商等原因遷入雲南，等等。

　　外來民族大量遷入雲南，成為了當地多民族人口的基本組成部分，來自不同地域、不同民族的移民帶來不同的文化，連同當地的原有民族，在雲南形成了今天多民族交錯雜居的分布格局以及獨特的多民族地域文化和人文環境。具體來說，雲南歷史上主要分布著氐羌系、百越系、濮系、苗瑤系民族等與當地土著融合而成的民族，經過幾千年的發展以及相互影響、吸收和涵化，到今天除漢族、蒙古族、回族外，按其語言屬系，大致可分為漢藏語系藏緬語族白語支的白族，彝語支的彝族、哈尼族、納西族、拉祜族、傈僳族、基諾族，藏語支的藏族，羌語支的普米族，阿昌語支的阿昌族，景頗語支的怒族、獨龍族、景頗族等民族；漢藏語系壯侗語族壯傣語支的壯族、傣族、布依族，侗水語支的水族等民族；漢藏語系苗瑤語族苗語支的苗族和瑤語支的瑤族；秦漢時期的「苞滿」和「閩濮」等則發展形成了南亞語系孟高棉語族的佤族、布朗族、德昂族等民族。

　　因此，選擇雲南作為本書研究的空間範圍，是因為這一地區在中華民族的形成過程中具有重要的地位，其在歷史上各民族人口遷移時間之久、頻繁之最、規模之大、移民情況之複雜，均非其他地區所能比擬。對於雲南的發展來說，移民是一個永恆的話題，除漢族移民外，少數民族移民在雲南移民史中也佔有一席之地。而時間範圍限定於元明清時期，是因此期間為中國統一多民族國家的確立時期，這一時期中央王朝的集權制度得到進一步加強，其行政管轄權力直接及於邊疆，而且在族群結構上，元明清時期奠定了現代雲南多民族分布的基本構架，雲南此後在王朝中央的統治之下形成了對中原文化的強烈認同感和巨大向心力，並一直延續至今。

　　近年來，筆者一直在思索這樣的問題：雲南省是中國擁有少數民族種類最多的省份，今天雲南的所有民族中，5000人以上居住百年以上的民族有26個，為什麼雲南有那麼多民族？為什麼有那麼多少數民族移遷雲南地區？他們是怎麼來的？為什麼來？他們進入雲南後與當地民族和其他漢族移民是如

〔註8〕（民國）徐孝詰等纂：《丘北縣志》卷2，1926年石印本；鄧啟華主編：《清代普洱府志選注》7《南蠻志・猺人》，雲南大學出版社2007年版，第346頁。

何交往的？這對雲南的社會發展產生了什麼影響？等等。

　　歷史上，內地遷往雲南的移民一直沒有停止過，移民入遷使得該地區的人口分布、民族成分、民族關係與社會結構都發生了巨大的變化。本選題希望通過對相關移民資料的收集和分析，探討元明清時期入遷雲南的外來少數民族移民情況及其入遷的動因、特點、機制和影響，這對雲南民族史、地方史及雲南整體社會的研究，均有重要的意義：

　　1. 理論意義：雲南是多民族聚居區，既有土著也有外來民族。元明清時期是少數民族移居雲南非常重要的歷史階段，研究此時期的外來少數民族移民，首先，可以揭示該地區多民族格局的歷史由來與發展變化，有助於加深對中華民族形成過程的認識，加深對中國民族關係中「你中有我，我中有你」這一歷史現象的認識，有助於進一步鞏固和加強中國民族團結的新局面；第二，可以從歷史的角度回答，雲南為什麼會有今天的多民族分布格局；第三，可以從統一多民族國家形成和發展的角度，分析探討眾多外來少數民族移民雲南的歷史過程；最後，隨著近年來地方社會史研究的興起，研究地方民族移民，不僅在地方史、地方移民史、民族史研究上具有特殊的學術價值，乃至在構建中國移民理論及中國移民學方面，均具有重要的實證意義。

　　2. 現實意義：隨著當代中國國內若干大型工程項目的建設以及中國國內國際移民問題的持續發酵，越來越多的學者開始重視移民問題這一研究領域。研究古代的移民問題，對探索當代移民引起的社會變遷，有著重要的參考價值和現實意義。同時，其研究利於增強各民族之間的相互瞭解，可從歷史進程中汲取經驗和教訓，並在今後對該地區的開發上，為地方政府的政策制定和社會管理方面等提供史鑒和依據。

　　3. 學術價值：史學研究中，有價值的文章大致可分三類：一是前人未言而我首言者，二是前人言而未盡而我補充完善者，三是前人言而有誤而我糾正者。本書屬於第二類。元明清時期少數民族移民入遷雲南大家或不陌生，前人不乏在相關民族族源探索中對其有過討論，但卻無人將其視為一個整體並與漢族移民進行對比分析而作系統性研究。本書的撰寫，可說是對此問題的一個補充及在某種程度上的空白填補。

二、學術史回顧

　　對歷史上中國移民現象的研究，一直是歷史學等相關學科關注的重要問

題，其直接的動因是探討歷史時期的移民活動及產生的影響和作用。因此，中國學者很早就開始了對歷史時期移民問題的研究，至今在研究對象、方法、內容等方面已積累了豐碩的成果，逐漸形成了一套較為全面、科學的移民史理論體系。

在中國近代，一般認為最早從事移民史研究的是已故著名歷史地理學家譚其驤先生。早在 1930 年，譚先生在暨南大學求學時的畢業論文就是《中國移民史要》。1932 年 6 月，譚先生在燕京大學師從顧頡剛先生的研究生畢業論文《中國內地移民史・湖南篇》發表於燕大《史學年報》，〔註 9〕這是可考的近代中國第一篇區域移民史專題論文。譚先生在文中以抽樣調查和計量方法作考證，不但開創了論題與問題意識，而且還深入檢討相關史學方法與史料學，尤其注意族譜在移民史研究上的優點。他指出：「譜牒之不可靠者，官階也，爵秩也，帝皇作之祖，名人作之宗也。而內地移民史所需求於譜牒者，則並不在乎此，在乎其族姓之何時自何地轉徙而來，時與地既不能損其族之令望，亦不能增其家之榮譽，故譜牒不可靠，然惟此種材料則為可靠也。」〔註 10〕稍後，譚先生還發表了《晉永嘉喪亂後之民族遷徙》、《粵東初民考》等斷代和區域移民史論文。〔註 11〕

自 1949 年起至改革開放以前，移民史的研究沒有得到重視，譚先生也將注意力集中於主持《中國歷史地圖集》的編繪工作，但他並未放棄移民史課題的研究。改革開放以來，移民史的研究重新為學術界所關注，並開始湧現出一批優秀的移民史學者及研究成果，尤其是譚先生的博士研究生隊伍及其主持的復旦大學歷史地理研究所，成為中國移民史研究的主要參與者和陣地。如 1982 年葛劍雄的博士論文《西漢人口地理》，〔註 12〕其中部分就是人口的遷移問題。而 1992 年吳松弟的博士論文《北方移民與南宋社會變遷》，〔註 13〕就是一篇真

〔註 9〕參見譚其驤：《中國內地移民史・湖南篇》，《史學年報》第 4 卷 1 期（1932 年 6 月），第 47～104 頁。1933 年南京中央大學所辦《方志月刊》轉載時，譚先生將題目改為《湖南人由來考》。參見譚其驤《長水集》（上），人民出版社 1987 年版，第 300～360 頁。

〔註 10〕《湖南人由來考》，譚其驤：《長水集》（上），人民出版社 1987 年版，第 356 頁。

〔註 11〕參見譚其驤：《長水集》（上），人民出版社 1987 年版，第 199～223 頁、第 258～260 頁。

〔註 12〕參見葛劍雄：《西漢人口地理》，人民出版社 1986 年版。

〔註 13〕參見吳松弟：《北方移民與南宋社會變遷》，臺灣文津出版社 1993 年版。

正的斷代移民史著作。1993 年，葛劍雄、曹樹基、吳松弟合作編寫了《簡明中國移民史》，〔註14〕並在此基礎上三人合作撰寫了六卷本《中國移民史》，於 1997 年由福建人民出版社出版。此書涵蓋從先秦至民國時期中國境內人口遷移的主要內容，是第一部以全國範圍為研究對象的中國移民史通史性著作，在中國移民史研究上具有標誌性意義。是書對中國歷史時期的移民概念、移民類型、歷史分期、主要遷移歷史以及移民對中國歷史發展的重要影響等問題進行了全面的研究，可說是譚其驤先生研究思路的繼續，但在研究方法、觀點和深度、廣度上都有極大創新和突破，為當代中國移民史的研究奠定了堅實的學術基礎。

　　葛劍雄先生在《中國移民史》第一卷「導論」中指出了中國移民史研究的重要性：「可以毫不誇張地說，離開了移民史就沒有一部完整的中國史，也就沒有完整的經濟史、人口史、疆域史、文化史、地區開發史、民族史、社會史。至於其他學科的研究中要運用移民史研究的成果，那就更不勝枚舉了。」〔註15〕該書各卷均涉及到雲南地區的移民情況，並對雲南各時段、各地區的民族結構即漢族與各少數民族所佔的人口比例作出了大致估算。對其所涉及的各歷史時期移民史內容的安排，作者主要圍繞著「戰亂——人口損失——移民浪潮」的線索展開。而在處理各歷史時期移民史的基本思路尤其是明、清、近代部分時，是按照「確定移民的分布範圍——確定各地移民在總人口中的比例——確定各地標準時點的人口數——求出移民的人口數」來進行的。可見，「求證本期歷次移民的數量和規模」，〔註16〕是書中的基本內容，也是作者關心的重點。相對而言，這一寫作特點在第五卷《明時期》中尤為突出，而在第六卷《清、民國時期》中，除求證「移民數量」這一重點外，還較多地關心「移民和土著的關係」，以及由於移民運動導致中國人口與自然資源的重新組合而產生深刻影響的「人與環境」的主題，從而使得該書的論述更富內涵。具體涉及到雲南等地西南地區的移民，作者曹樹基先生認為方國瑜先生所著的《中國西南歷史地理考釋》等的移民研究「最為有力」，其所得結論「準確、可靠」，並強調自己的工作「僅在於對移民數量作了進一步的考證」。〔註17〕當然，這些考證僅限於雲南地區的漢族移民，對於種類、來源龐大的

〔註14〕參見葛劍雄、曹樹基、吳松弟：《簡明中國移民史》，福建人民出版社 1993 年版。
〔註15〕葛劍雄：《中國移民史》（第 1 卷），福建人民出版社 1997 年版，第 75 頁。
〔註16〕曹樹基：《中國移民史》（第 6 卷），福建人民出版社 1997 年版，第 648 頁。
〔註17〕曹樹基：《中國移民史》（第 6 卷），福建人民出版社 1997 年版，第 653 頁。

少數民族移民則僅見於書中如「蒙元時期非漢民族的內遷」（第四卷）、「民族人口遷移」（第五、六卷）等部分章節中，涉及材料易見的或影響較大的部分民族的少許概述，談不上深入研究。總的來看，由於《中國移民史》研究內容的面面俱到，使其不可能對一些重要問題進行更深入細緻的研究。事實上，一部移民史也決不可能解決所有問題，對其求全責備似無必要。客觀地講，該書中相對完整的中國移民史框架的建立、一系列有關移民史所涉及的基本理論和概念的全面闡述，有助於後人在此基礎上進行更為深入的探討，對本書進行少數民族移民史研究也具有重要的指導意義。

　　此外，以全國範圍為研究對象的宏觀性移民史研究著作，還有田方、陳一筠主編的《中國移民史略》，田方、林發棠主編的《中國人口遷移》，石方《中國人口遷移史稿》，范玉春《移民與中國文化》等。〔註18〕其中《中國移民史略》第四章「明代外地移民進入雲南考」，〔註19〕探討軍伍、流寓、屯田等方式進入雲南的外地移民（主要是漢族），並考證了移民人數、分布情況及移民遷入後民族關係的變化。以某一特定區域為研究對象的微觀性移民史研究著作，有張國雄《明清時期兩湖移民研究》、安介生《山西移民史》、葛慶華《近代蘇浙皖交界地區人口遷移研究》、張世友《變遷與交融：烏江流域歷代移民與民族關係研究》等。〔註20〕在研究時段的選取上，既有以從古到今的長時段研究，如葛劍雄主編的六卷本《中國移民史》；也有以某一朝代或重要時期為限的短時段研究，如吳松弟的《北方移民與南宋社會變遷》。而在研究方法上，則基本按照葛劍雄先生總結的那樣，主要利用歷史學的文獻資料，再以考古學、人口學、歷史地理學、地名學、語言學、社會學和文化人類學等文獻以外的研究方法為補充。〔註21〕無需贅言，上述這些研究成

〔註18〕 參見田方、陳一筠主編：《中國移民史略》，知識出版社1986年版；田方、林發棠主編：《中國人口遷移》，知識出版社1986年版；石方：《中國人口遷移史稿》，黑龍江人民出版社1990年版；范玉春：《移民與中國文化》，廣西師範大學出版社2005年版。

〔註19〕 此部分即江應樑《明代外地移民進入雲南考》（雲南大學《學術論文集》，1963年第二輯）一文的基本內容。

〔註20〕 參見張國雄：《明清時期兩湖移民研究》，陝西人民教育出版社1995年版；安介生：《山西移民史》，山西人民出版社1999年版；葛慶華：《近代蘇浙皖交界地區人口遷移研究》，上海社會科學出版社2001年版；張世友：《變遷與交融：烏江流域歷代移民與民族關係研究》，中國社會科學出版社2012年版。

〔註21〕 參見葛劍雄：《中國移民史》（第1卷），福建人民出版社1997年版，第141～166頁。

果雖然不一定涉及到雲南移民的內容,但其研究方法和視野無疑為本書的寫作提供了一個極富啟發性的視角,成為筆者瞭解雲南移民情況的重要線索。

隨著中國移民史研究以及其他特定區域與斷代移民研究的深入,以雲南地區移民作為對象的研究成果也逐漸增多。如:郝正治編著的《漢族移民入滇史話》,〔註22〕初步考察了歷史時期漢族移民的徙滇過程及徙滇後的情況。雖然作者非歷史學專業出身,其研究只是粗略考察,但也可供治學者參考。陸韌的博士論文《變遷與交融——明代雲南漢族移民研究》一書,對明代雲南的漢族移民進行了研究。作者按傳統的歷史學實證方法進行研究,通過發掘新史料和探索新的移民史研究方法,對雲南的明代漢族移民歷史進行了深入分析,主要關注了漢族移民的類型、方式和數量,並對漢族移民的分布狀況、帶來的影響及漢族移民如何土著化等問題進行了探究,得出了明代雲南的漢族移民是漢民族融合當地少數民族的過程的觀點。當然,明代雲南的移民不止漢族移民,還有回族等其他民族人口,「只是無法準確辨析他們的族屬,本文姑以漢族移民統而論之」。〔註23〕鄭一省、王國平合著的《西南地區海外移民史研究——以廣西雲南為例》,〔註24〕是近年來涉及雲南地區移民史研究的最新成果,該書在充分利用中國古籍、地方史料,借鑒現有中外研究論著資料以及在西南少數民族移民地區進行的田野調查基礎上,綜合運用人類學的理論方法對西南少數民族移民歷史進行了研究,具體分析了西南邊疆邊界的歷史變遷及民族分布、少數民族向周邊國家的移民、少數民族移民聚居地及社會結構和少數民族的移民模式及移民網絡等問題,闡釋了西南邊疆少數民族向周邊國家移民所具有的國際性、親緣性、集體性和地緣性特徵,並運用移民理論分析和重構了該地區的移民模式和移民網絡。該書向我們展示了歷史上西南地區的少數民族移民概況,但論述的內容是外遷移民,對於入遷該地的少數民族移民則涉及寥寥。

蒼銘在《雲南民族遷徙文化研究》一書中,〔註25〕對雲南民族的遷徙來源、動因,遷徙的一般規律,民族遷徙與雲南的多元文化、產生的社會文化

〔註22〕參見郝正治:《漢族移民入滇史話》,雲南大學出版社1998年版。
〔註23〕陸韌:《變遷與交融——明代雲南漢族移民研究》,雲南教育出版社2001年版,第345、20頁。
〔註24〕參見鄭一省、王國平:《西南地區海外移民史研究——以廣西雲南為例》,社會科學文獻出版社2013年版。
〔註25〕參見蒼銘:《雲南民族遷徙文化研究》,雲南民族出版社1997年版。

影響以及民族民間遷徙文學等作了探討，揭示了雲南民族因遷徙而產生的一系列文化和社會現象，指出「民族的遷徙就是文化的遷徙」，強調民族的遷徙使雲南成為多種文化的匯聚區。而作者的另外一書《雲南邊地移民史》，〔註26〕在研究方法上作了進一步的擴展，除了採用最基本、最常用的文獻資料法以外，還運用了地名、方言、考古學以及體質人類學的研究方法，對雲南邊地（主要指雲南與越南、老撾、緬甸接壤的沿邊一線地區）秦漢至 20 世紀下半葉以來的民族人口遷徙的過程、特點及其對移民社會文化影響的一般性特徵等問題進行了研究，既有粗線條的以朝代更迭為時間序列的整體勾勒，亦有對遷徙原因、特點等各層面問題之論述。這兩部著作切入點設計較好，史料豐富，內容安排合理，但也有一些觀點值得商榷。如認為：「民族遷徙是指一個民族的整體或部分，由於某種原因離開原有生存環境（包括自然環境和社會文化環境），進入另一生存環境居住的民族分布變化過程。整體性的遷徙在遠古的部落或部族時代較為普遍，民族形成之後的遷徙多為部分人口的遷徙。」〔註27〕作者強調「民族的整體或部分」，也就是強調了遷移人口的數量，至於人數較少或個人的遷徙看來則似不能稱為民族遷徙。但作者在書中如「雲南滿族的來源」部分，指出由於雲南地方文獻上沒有滿族大批入遷雲南的記錄，因此，清代的滿族是「零散移入」的，並且論述的雲南滿族情況也只涉及來滇仕宦或經商的個人。〔註28〕這就使得作者對「民族遷徙」的定義不大完整及前後不一。事實上，在古代尤其是元明清時期，隨著全國各地文化的交流和民族間的進一步融合，漢族之外的其他民族獲取功名進入仕途者增多且大都異地任職，這些外來官員群體雖多在某一崗位數年後即調離或輪換，但位置常設，你去他來，流動周轉，居於此崗位者自然也構成當時本地人口中的重要組成部分，他們也應該被視為移民。〔註29〕因此筆者認為，一個民族，不論是整體、部分還是個人，只要他們離開原籍而進入另一個生存環境並定居一定時間，都應視之為民族遷徙的具體體現。此外，蒼銘先生所論重點主要集中於雲南邊地沿線一帶，對其他地區則著力不多，對於

〔註26〕參見蒼銘：《雲南邊地移民史》，民族出版社 2004 年版。
〔註27〕蒼銘：《雲南民族遷徙文化研究》，雲南民族出版社 1997 年版，第 1 頁。
〔註28〕參見蒼銘：《雲南民族遷徙文化研究》，雲南民族出版社 1997 年版，第 51 頁。
〔註29〕參見古永繼：《秦漢時西南地區外來移民的遷徙特點及在邊疆開發中的作用》，《雲南民族大學學報》（哲社版）2006 年第 3 期。

省內各區域間移民及概論性方面，還可進行深一步的研究。但總的來看，蒼銘先生的這兩部著作對雲南民族遷徙史的研究提供了新的思路和啟迪，可以作為我們研究雲南民族移民的重要參考，促使我們對有關問題的研究更上一層樓。

在涉及雲南的民族史、地方史著作中，與民族移民有關的重要成果有馬大正《中國邊疆經略史》，方國瑜《中國西南歷史地理考釋》、《雲南民族史講義》，尤中《中國西南的古代民族》、《中國西南的古代民族（續編）》、《雲南民族史》，方鐵等《中國西南邊疆開發史》、《西南通史》，王文光等《雲南民族的歷史與文化概要》、《中國西南民族關係史》，李曉斌《歷史上雲南文化交流現象研究》等。〔註30〕這些論著中都有不少篇幅對雲南的民族移民進行了探討，但多呈分散、零星狀態。儘管這些著作的立足點是在民族史或經濟史等的研究上，不可能用過多篇幅來研究民族移民相關的動因、規律、過程等，但他們確是本書布局、立論的重要參考書，也是本書寫作的堅實基礎。除以上所及外，還有若干著作也或多或少地涉及到雲南民族移民的問題，如羅賢祐《元代民族史》、楊紹猷等《明代民族史》、楊學琛《清代民族史》等全國性斷代民族史著作，〔註31〕以及一些以單一民族為研究對象的專題民族史著作。這些著作都有部分章節考察民族的移民活動，其研究對把握雲南少數民族移民史有不少幫助，但對於深入認識民族移民的具體動因、過程、特點、影響及意義等，還遠遠不夠。

國外學術界研究歷史上雲南移民的著作，主要有美籍華人學者何炳棣著《明

〔註30〕參見馬大正主編：《中國邊疆經略史》，中州古籍出版社 2002 年版；方國瑜：《中國西南歷史地理考釋》，中華書局 1987 年版、《雲南民族史講義》，雲南人民出版社 2013 年版；尤中：《中國西南的古代民族》，雲南人民出版社 1979 年版、《中國西南的古代民族（續編）》，雲南人民出版社 1989 年版、《雲南民族史》，雲南大學出版社 1994 年版；方鐵、方慧：《中國西南邊疆開發史》，雲南人民出版社 1997 年版；方鐵主編：《西南通史》，中州古籍出版社 2003 年版；王文光、龍曉燕編著：《雲南民族的歷史與文化概要》，雲南大學出版社 2009 年版；王文光、龍曉燕、陳斌：《中國西南民族關係史》，中國社會科學出版社 2005 年版；李曉斌：《歷史上雲南文化交流現象研究》，民族出版社 2005 年版。

〔註31〕參見羅賢祐：《元代民族史》，四川民族出版社 1996 年版；楊紹猷、莫俊卿：《明代民族史》，四川民族出版社 1996 年版；楊學琛：《清代民族史》，四川民族出版社 1996 年版。

初以降人口及其相關問題 1368～1953》，〔註 32〕及其博士生李中清的《中國西南邊疆的社會經濟 1250～1850》，〔註 33〕兩書均分析了明清時期雲南的移民與人口增長的原因，並對各時期人口與移民的數量和空間分布、人口密度的變化以及移民與人口對社會經濟文化發展的關係等進行了探討。此外，李中清先生還發表了一系列相關論文，重要者如《一二五○年——一八五○年西南移民史》，〔註 34〕認為西南的人口遷徙經歷了兩次主要歷史階段：第一階段發生在元、明之間，第二階段在清代。李先生認為西南的移民絕大多數是漢族，第一次移民主要是強制進行，第二次移民則在現代學術文章中被人們普遍所忽視，但它在數量上自願的意向佔了絕對多數。他們的論著可說是美國學界研究中國西南邊疆移民、經濟人口問題的典範之作和必備的參考論著，在研究視角、方法、結論等方面均有新意，為我們研究移民與人口問題提供了新的思路。

　　以上說明，迄今為止，尚無人對雲南地區外來少數民族移民進行系統性的專門研究，已有的成果只是散見於一些有關民族史或移民史研究的著述中。單篇論文中與雲南民族移民有關的成果則有不少，如：方國瑜的 5 篇文章，〔註 35〕關注漢晉、唐宋、元明清時期的漢族移民對雲南各地區的影響，漢文化在雲南少數民族地區社會發展過程中的主導作用，以及漢族移民在民族融合中的核心作用。陳慶德的《清代雲南礦冶業與民族經濟的開發》，〔註 36〕分析了部分移民產生的原因、移民對雲南社會經濟發展的影響，其中不乏對少數民族移民現象的論述。謝國先的《明代雲南的漢族移民》，〔註 37〕分析了明代雲南漢族移民的來源、方式，認為當地眾多少數民族不同程度地走上了漢族化的

〔註 32〕參見何炳棣，葛劍雄譯：《明初以降人口及其相關問題 1368～1953》，生活・讀書・新知三聯書店 2000 年版。

〔註 33〕參見李中清，林文勳、秦樹才譯：《中國西南邊疆的社會經濟 1250～1850》，人民出版社 2012 年版。

〔註 34〕參見〔美〕李中清：《一二五○年——一八五○年西南移民史》，《社會科學戰線》1983 年第 1 期。

〔註 35〕參見方國瑜：《漢晉時期在雲南的漢族移民》、《試論漢晉時期的「南中大姓」》、《漢晉至唐宋時期在雲南傳播的漢文學》、《唐、宋時期在雲南的漢族移民》、《明代在雲南的軍屯制度與漢族移民》，《方國瑜文集》（第 1～3 輯），雲南教育出版社 2001 年版。

〔註 36〕參見陳慶德：《清代雲南礦冶業與民族經濟的開發》，《中國經濟史研究》1994 年第 3 期。

〔註 37〕參見謝國先：《明代雲南的漢族移民》，《雲南民族學院學報》（哲社版）1996 年第 2 期。

道路，但終明一代雲南境內仍以少數民族人口占絕對多數。方慧的《元、明、清時期進入西南地區的外來人口》，〔註38〕分時段探討了外來移民進入西南地區的方式和途徑，並對此時期各外來少數民族的移民情況進行了介紹，但未對其影響等作出分析。蒼銘的《雲南民族遷徙的社會文化影響》、《西南邊疆歷史上人口遷移特點及成因分析》，〔註39〕探討了包括漢族和各少數民族在內的西南邊疆各民族遷徙的特點與成因，認為今天的民族構成與不同歷史時期各民族綿延不斷的人口遷徙有密切關係，並分析了民族遷徙所產生的社會文化影響。鄧立木的《雲南邊疆地區移民文化形成與特徵初探》，〔註40〕論述了雲南歷史上移民文化形成的過程及其特徵，認為這種文化是中國地方多元文化融合的結果。秦樹才、田志勇的《綠營兵與清代雲南移民研究》，〔註41〕認為漢族為主體的綠營兵及其家屬不但在雲南形成了三種移民類型，造就了三十八萬多人的移民，而且還對清代民間移民產生了重大影響。林超民的《漢族移民與雲南統一》，〔註42〕深入分析了雲南漢族移民的基本情況，認為雲南成為中國統一多民族國家的一部分，與歷代王朝向雲南移民有重大關係。李曉斌的《清代雲南漢族移民遷徙模式的轉變及其對雲南開發進程與文化交流的影響》，〔註43〕認為清代內地與雲南的經濟互補性的實現，使雲南漢族移民的遷徙模式由強制性向自發性轉變，並指出遷徙模式的轉變加速了清代雲南的開發進程與文化交流的影響。楊煜達的《清代中期滇邊銀礦的礦民集團與邊疆秩序——以茂隆銀廠吳尚賢為中心》，〔註44〕認為礦民集團是邊疆移民的

〔註38〕 參見方慧：《元、明、清時期進入西南地區的外來人口》，《中央民族大學學報》1996 年第 5 期。

〔註39〕 參見蒼銘：《雲南民族遷徙的社會文化影響》，《雲南民族學院學報》（哲社版）1998 年第 1 期；《西南邊疆歷史上人口遷移特點及成因分析》，《中央民族大學學報》（哲社版）2002 年第 5 期。

〔註40〕 參見鄧立木：《雲南邊疆地區移民文化形成與特徵初探》，《雲南民族學院學報》（哲社版）2000 年第 3 期。

〔註41〕 參見秦樹才、田志勇：《綠營兵與清代雲南移民研究》，《清史研究》2004 年第 3 期。

〔註42〕 參見林超民：《漢族移民與雲南統一》，《雲南民族大學學報》（哲社版）2005 年第 3 期。

〔註43〕 參見李曉斌：《清代雲南漢族移民遷徙模式的轉變及其對雲南開發進程與文化交流的影響》，《貴州民族研究》2005 年第 3 期。

〔註44〕 參見楊煜達：《清代中期滇邊銀礦的礦民集團與邊疆秩序——以茂隆銀廠吳尚賢為中心》，《中國邊疆史地研究》2008 年第 4 期。

重要類型，其拓展活動對邊疆的穩定形成衝擊，最終導致清政府無情的打擊，說明追求穩定而非擴張是清王朝在西南邊疆最基本的政策。此外，古永繼連續撰寫多文對移民問題進行了深入研究，如《元明清時期雲南的外地移民》、《秦漢時西南地區外來移民的遷徙特點及在邊疆開發中的作用》、《明代滇黔外來移民特點及影響探究》、《明代外來移民對雲南文化發展的影響和推動》、《明清時期雲南的江西移民》等，〔註45〕對各朝代移民的方式、來源、特點、民族構成等進行了系統論述，並對移民在雲南歷史上所產生的作用和影響作出了深入分析。

　　有關雲南歷史上的軍事移民，學者們也給予了充分的重視，江應梁的《明代外地移民進入雲南考》、方國瑜的《明代在雲南的軍屯制度與漢族移民》，可說是雲南地區軍事移民研究的開創之作。另外，陸韌、范玉春、蔡志純、郭紅、丁柏峰等人，也對軍事移民及影響進行了研究。〔註46〕

　　與雲南少數民族移民相關的研究論文主要有：羅賢祐的《元代蒙古族人南遷活動述略》，〔註47〕探討了元代蒙古族人南遷的幾種方式，指出「征戰戍守」是蒙古族人南遷的主要原因，其中部分涉及雲南的蒙古族。楊毓驤的《雲南契丹後裔考說》、《雲南契丹人對儒家文化的傳播和貢獻》、《雲南契丹後裔的佛教》、《雲南契丹人後裔的物質文化》等文，〔註48〕考證了契丹人隨忽必

〔註45〕參見古永繼：《元明清時期雲南的外地移民》，《民族研究》2003年第2期；《秦漢時西南地區外來移民的遷徙特點及在邊疆開發中的作用》，《雲南民族大學學報》（哲社版）2006年第3期；《明代滇黔外來移民特點及影響探究》，《雲南民族大學學報》（哲社版）2009年第3期；《明代外來移民對雲南文化發展的影響和推動》，《西南邊疆民族研究》（第8輯），雲南大學出版社2010年版；《明清時期雲南的江西移民》，《思想戰線》2011年第2期。
〔註46〕參見陸韌：《變遷與交融——明代雲南漢族移民研究》，雲南教育出版社2001年版，第3～48頁；陸韌：《明朝統一雲南、鞏固西南邊疆進程中對雲南的軍事移民》，《中國邊疆史地研究》2005年第4期；范玉春：《論中國古代軍事移民對移居地的影響》，《廣西師範大學學報》（哲社版）2000年第1期；蔡志純：《略論元代屯田與民族遷徙》，《民族研究》2002年第4期；郭紅：《明代衛所移民與地域文化的變遷》，《中國歷史地理論叢》2003年第2輯；丁柏峰：《明代移民入滇與中國西南邊疆的鞏固》，《青海社會科學》2003年第1期。
〔註47〕參見羅賢祐：《元代蒙古族人南遷活動述略》，《民族研究》1989年第4期。
〔註48〕參見楊毓驤：《雲南契丹後裔考說》，《思想戰線》1994年第2期；《雲南契丹人對儒家文化的傳播和貢獻》，《思想戰線》1998年第8期；《雲南契丹後裔的佛教》，《雲南師範大學學報》（哲社版）1999年第1期；《雲南契丹人後裔的物質文化》，《雲南民族學院學報》（哲社版）2003年第1期。

烈率領的蒙古軍征戰雲南，其後裔落籍雲南的基本情況。王建平的《元代穆斯林移民與雲南社會》，〔註49〕以大量史實材料展現了元代從中亞一帶遷徙雲南的穆斯林定居點與其周圍的雲南土著民族的複雜關係和相互反應。玉時階的《明清時期瑤族向西南邊疆及越南、老撾的遷徙》，〔註50〕分析了明清時期的瑤族由於受到官府的政治壓迫和經濟剝削，以及刀耕火種遊耕農業生產方式、自然災害等方面的影響，被迫大規模向西南邊疆和越南、老撾等地遷徙的原因、方式、規律及產生的社會文化影響。方鐵的《論北方游牧民族兩次南下西南邊疆》，〔註51〕分析了戰國漢初與宋元之際北方游牧民族兩次南下西南邊疆的演變過程，認為宋元之際蒙古人與色目人的南下意義更為重大，並表現出有利於西南邊疆發展、較快實現民族融合等特點。

　　此外，《雲南契丹後裔研究》、《蒙古族文化史》、《雲南回族史》、《壯族通史》、《中國苗族通史》、《普米族志》〔註52〕等諸少數民族研究專著以及簡史簡志中，都或多或少地對雲南少數民族移民有所涉及，但總體看來，這些著作中關於移民部分述史的成分較多，而考證顯得不夠，也顯得不夠深入。

　　從以上所述可看出，學界關於雲南地區的移民研究更多的是集中在漢族移民方面，對少數民族移民的研究則薄弱得多，且對後者的研究，較零星而缺乏整體性成果。

　　以往對雲南移民史的研究，一方面取得了令人矚目的成績：其一，學者們的研究視角及方法多元化，除採用傳統的文獻資料外，還借鑒了交叉學科以及西方移民的理論方法；其二，對區域移民史的研究成果大量湧現，表明其研究不斷在向廣度和深度發展。另方面也存在著不足之處：第一，漢族移民關注得多，少數民族移民研究得少，而且習慣將兩者分開，或直接把少數

〔註49〕參見王建平：《元代穆斯林移民與雲南社會》，《青海民族學院學報》（社科版）1999 年第 2 期。

〔註50〕參見玉時階：《明清時期瑤族向西南邊疆及越南、老撾的遷徙》，《中國邊疆史地研究》2007 年第 3 期。

〔註51〕參見方鐵：《論北方游牧民族兩次南下西南邊疆》，《中南民族大學學報》（人文社科版）2013 年第 1 期。

〔註52〕參見孟志東：《雲南契丹後裔研究》，中國社會科學出版社 1995 年版；馬世雯：《蒙古族文化史》，雲南民族出版社 2000 年版；楊兆鈞主編：《雲南回族史》（修訂本），雲南民族出版社 1994 年版；張聲震主編：《壯族通史》，民族出版社 1997 年版；伍新福：《中國苗族通史》，貴州民族出版社 1999 年版；熊貴華：《普米族志》，雲南民族出版社 2000 年版。

民族移民當作漢族移民來模糊處理，因而很少有對雲南移民史的宏觀和系統的討論，難以反映歷史上雲南多民族移民的全貌；第二，主要關注的是漢族為主的移民對雲南的開發、文化交流等顯眼的一面，對各地區、民族的多樣化發展，移民對當地民族關係格局的影響、資源的破壞等消極後果的研究則涉及偏少；第三，在以少數民族移民為對象的論著裏，重點在於對單一民族移民歷史的考釋，缺乏對整個雲南地區少數民族移民史的系統研究。今天西南邊疆的民族構成，與不同歷史時期各民族綿延不斷的入遷有密切關係。因此，弄清歷史上雲南外來少數民族移民情況對現今雲南地區多民族的形成和分布格局，十分重要。可以說，元明清時期是雲南現有民族格局基本確定的歷史階段，因此從統一多民族國家的視角對該時期雲南外來少數民族移民的系統研究，具有重要的意義和價值。

三、資料來源、基本思路與研究方法

（一）資料來源

　　文獻資料是歷史科學研究的基礎。本書在研究過程中綜合運用官方史籍、地方史志、考古資料、前人研究成果等，對雲南地區元明清時期外來少數民族移民的活動進行系統研究。

　　1. 官方史籍。二十五史、明清《實錄》等基本文獻提供了大量豐富、翔實的資料，如所載元代蒙古、色目、回回等民族移民雲南的原因、時間、遷出地和遷入地，或某一次屯軍移民的總數量等，通過對相關史籍的梳理和分析，可以理清該地區移民發展的基本線索。但這些史籍的侷限性也很明顯，所反映的一般是由官方組織下形成的移民，對於大量自發性移民如明清時期的苗、瑤等入遷雲南，官方史籍記載大多闕如。

　　2. 地方史志。包括大多數纂修於明、清及民國時期的地方志、奏章、文集、碑銘、公私文件、日記、行記、遊記、傳記、詩文、書信和近代的報刊雜誌等。地方志主要是明、清時期為了向地方官提供參考，作為對地方施政依據而編纂的文獻資料，所記載的當地情況一般來說可靠性較高且翔實具體，尤其是反映移民背景的記載，如種人、氏族、風俗、方言、物產、會館、祠廟、戶口、賦役、地名等等，可以作為官方史籍的有效補充。此期間，雲南除少數地方如思茅、他郎、安平、大關、魯甸等廳外，大多至少有一部志書，官方和私人編撰的省志及各府、州、縣志書大約有二百種以上。

3. 家譜、族譜。家譜、族譜一般記載某家族的歷史與發展變化，雖然水分攙雜較多，但也反映了不少基本情況，需去偽存真，認真鑑別。

4. 研究論著。包括民族史、移民史、地方史等研究領域的著作和各類論文。

移民史的研究不但要借助大量的歷史文獻資料，同時還要借助於前輩學人研究的科學思路和方法，以期達到更好的效果。

（二）基本思路

歷史上，雲南是中國西南部民族活動頻繁、文化面貌複雜的區域，對於這一地區移民史的研究，必須以動態的方法觀察其演變，才能發現它們在時空範圍內的內在聯繫，彌補以往研究之不足。因此，本書的研究思路是：採用中國傳統史學的實證方法，在搜集分析大量文獻資料、搞清基本史實的基礎上，以一個較長的歷史時段（元明清時期）、一個經常發生民族移民的地域空間（雲南），採取連續的動態追蹤觀察方式，儘量通過歷史文獻資料，還原入遷雲南外來少數民族移民雲南的途徑、原因、類型與民族構成等，將其與漢族移民進行比較分析，並深入探討外來少數民族移民對雲南民族分布格局、社會發展、民族關係等層面的影響。為此，本文的研究將從以下幾個角度著手：

1. 分類分析的視角。從入遷雲南外來少數民族移民的族屬來看，可分為來自北方的氐羌系民族、蒙古、回回、契丹、滿洲等，來自南方的百越系民族、濮系民族、苗瑤民族等，這些移民的遷移途徑、動因等情況並不相同，有必要分別對待。

2. 比較分析的視角。包括少數民族移民之間、少數民族移民與漢族移民之間、移民與當地土著民族之間的比較分析研究。

3. 多學科綜合分析的視角。移民史研究是一個具有多學科性質的領域。各相關學科的研究既有重要的學科意義，又顯示出本學科的侷限性，要克服現有研究的不足，還要加強各相關學科的交融。本文在突出歷史學文獻研究分析的同時，也考慮採用歷史地理學、人口學、考古學、地名學、語言學、社會學、民族學等其他學科的理論與方法。

4. 西學中用的視角。自近代以來，西方學術界在移民研究方面已有相當豐富的學術積累，論文將把西方的相關理論如著名的「推力——拉力理論」（push-pull theory）等應用於本書的研究中。

（三）研究方法

本文屬於歷史科學研究，強調實事求是和辯證地看待發生的一切歷史問題，因此馬克思主義的辯證唯物主義和歷史唯物主義的理論與方法是本文進行移民史研究的最基本理論方法，是研究方法的第一層面。

元明清時期遷入雲南的少數民族移民，由於其遷入的時間、途徑、原因、類型與民族構成等各方面的不同，他們在雲南的生活狀況以及影響程度等各個方面也存在很大差異。因此本文還將借鑒和運用歷史文獻學、歷史地理學、民族學、人口學、考古學、地名學、語言學、宗教學、社會學等多學科的理論方法，這可說是研究方法的第二個層面。

四、論文研究涉及的主要概念

雲南：為本文研究的地域範圍。元明清時期，具體是指《元史》卷61《地理四》中的「雲南諸路行中書省」、《明史》卷 46《地理七》中的「雲南」和《清史稿》卷 74《地理二十一》中的「雲南」等所載屬於今雲南省的地域範圍，並根據行文需要進行適當延伸。

少數民族：在近現代指多民族國家中人數最多的民族以外的民族。在中國，它是與漢族相對的概念。中國古代無「少數民族」的說法，為行文方便，本文將雲南歷史上漢族以外的其他民族統稱為「少數民族」。

原有民族：一般指世代居住當地的本土民族。本文中，指元代以前即居住在雲南的民族，亦指元代以前的外來移民或外來移民與當地民族融合形成的新民族。

移民：移民的解釋頗多，相關的概念還有「流民」、「人口遷移」、「人口流動」、「民族遷徙」、「民族遷移」等。葛劍雄《中國移民史》第一卷「導論」認為：移民是「具有一定數量、一定距離、在遷入地居住了一定時間的遷移人口」；「移民與民族遷移」，「既有區別又有聯繫」，「多數移民不屬於民族遷移，所以移民不能等同於民族遷移」。﹝註53﹞蒼銘、李吉和也提出了各自對「民族遷徙」的理解。蒼銘《雲南民族遷徙文化研究》認為：「民族遷徙是指一個民族的整體或部分，由於某種原因離開原有生存環境（包括自然環境和社會文化環境），進入另一生存環境居住的民族分布變化過程。整體性的遷徙在遠古的部落和部族時代較為普遍，民族形成之後的遷徙多為部分人口的遷徙。」

﹝註53﹞葛劍雄：《中國移民史》（第 1 卷），福建人民出版社 1997 年版，第 10、21 頁。

〔註 54〕強調了民族遷徙的整體或部分，亦即遷移人口的數量。李吉和《先秦至隋唐時期西北少數民族遷徙研究》認為：民族遷徙應有民族性、空間的移動性、遷徙的目的性三個基本特徵，認為民族遷徙的含義是，「民族或民族的一部分因各種原因離開本民族或部族的原居住地或游牧地，遷入其他民族或部族居住地或游牧地的過程，並形成新的移民。」也認為民族遷移是一個群體的遷徙，不包括個別人的遷移，而且必須是「遷入其他民族或部族居住地或游牧地」，〔註 55〕才算民族遷徙。古永繼則從外來官員群體構成了當時本地人口中的重要組成部分角度出發，將一般外來落籍定居者稱為「顯性移民」，官員之類寄籍者稱為「隱性移民」。〔註 56〕綜合以上，筆者認為，一個民族，不管是整體、部分還是個人，只要他們離開原生存環境，進入另一個地區一定時間並成為當地人口中的一個組成部分，都應屬於移民研究的範圍。因此，在本文的論述中，對「移民」、「民族遷徙」等概念並不做嚴格區分。

　　外來移民：指歷史上進入雲南的外地移民，漢族是其主體，還包括蒙古人、回回、契丹、西番、滿洲以及苗人、瑤人、儂人、仲家、水戶等族。本文所說的外來移民或移民，主要是指以上所列的少數民族移民。

〔註 54〕蒼銘：《雲南民族遷徙文化研究》，雲南民族出版社 1997 年版，第 1 頁。

〔註 55〕李吉和：《先秦至隋唐時期西北少數民族遷徙研究》，民族出版社 2003 年版，第 2～3 頁。

〔註 56〕參見古永繼：《秦漢時西南地區外來移民的遷徙特點及在邊疆開發中的作用》，《雲南民族大學學報》（哲社版）2006 年第 3 期。

第一章　雲南外來移民的歷史源流

「民族」的定義或基本內涵是什麼？經過中華人民共和國成立以來的長期思索與實踐，2005 年，中國共產黨對「民族」的概念作出了新的闡釋：「民族是在一定的歷史發展階段形成的穩定的人們共同體。一般來說，民族在歷史淵源、生產方式、語言、文化、風俗習慣以及心理認同等方面具有共同特徵。有的民族在形成和發展過程中，宗教起著重要作用。」〔註1〕在這個「民族」概念的新闡釋中，「一定的歷史發展階段」表明「民族」是一個歷史範疇，具有其自身的歷史屬性，是隨著社會歷史的發展而逐漸形成和發展起來的。新闡釋還指出構成「民族」的要素有六個方面，即：共同歷史淵源、共同生產方式、共同語言、共同文化、共同風俗習慣、共同心理認同。其中，共同歷史淵源，主要是指民族起源的地域和族體淵源，亦即地緣和族源等。地域淵源也可以叫共同地域或共同的地理環境，是指這一地區各民族賴以形成、發展的物質基礎，它對民族的生產方式、語言、文化、風俗習慣以及心理認同等其他要素特徵有制約影響作用，它是民族生產、生活、繁衍的基本空間場所。〔註2〕可以說，雲南地區今天多民族交錯雜居的分布格局的形成，當與這裡獨特的自然地理環境密切相關，而且其自然地理環境的特點影響並制約著多民族分布格局發展變化的過程。因此，要深入認識雲南地區多民族交錯雜居的分布格局的歷史，須先對雲南地區的自然地理環境進行一些考察。

〔註1〕本書編寫組：《中央民族工作會議精神學習輔導讀本》，民族出版社 2005 年版，第 29 頁。
〔註2〕參見金炳鎬：《「民族」新證》，《西南民族大學學報》（人文社科版）2007 年第 1 期。

　　眾所周知，元明清時期的雲南民族已基本上形成近現代的發展態勢，多民族交錯雜居格局初步形成。因此，在本文進入探討元代以來雲南地區外來少數民族移民的歷史以前，有必要對這個地區歷史上的民族移民活動及其社會狀況有所瞭解，這不僅會加深我們對元明清時期這個地區外來少數民族移民歷史過程的認識，同時也應是本文必須交待的歷史前提。故而，從入遷雲南的漢族移民以及入遷的外來少數民族移民，分成兩節，對元代以前雲南地區主要的移民活動情況進行歸納和分析。此外，由於本文移民的論述重點主要在元明清時期，因此對元以前的移民情況只作簡要追述，不拘泥於對雲南移民古史的考證，只是依據現有歷史材料，溯清源流，大致勾勒其重大歷史遷移狀況，為後續時代的重點研究奠定基礎。

第一節　雲南的自然地理環境及遠古居民

　　人是一切社會經濟、政治和文化活動的創造者。在古代，自然地理環境的變化在很大程度上決定人口的數量、分布和遷徙；反之，人口條件又積極影響著自然地理環境的變化。〔註3〕我們可以說，一定地區的民族和民族文化是一定的人種在特定的、變化中的自然地理環境下創造的。因此，自然地理環境在人類歷史發展中具有重要的作用，它是人類社會物質生活所必要的、經常性的條件。同樣，雲南遠古居民的形成與發展與雲南的自然環境條件具有密不可分的關係。

一、雲南的自然地理環境

　　自然地理環境是指人類社會周圍的自然界，包括作為生產資料和勞動對象的各種自然要素，如氣候、植被、水文、地貌（河流、湖泊、海岸、沙漠）、土壤、生物，等等。自然環境是人類賴以生存的自然地域空間，是人類社會存在和發展的自然基礎。在漫長的人類歷史時期裏，自然地理環境一直處於不斷的運動變化之中。恩格斯指出：「如果地球是某種逐漸生成的東西，那麼它現在的地質的、地理的、氣候的狀況，它的植物和動物，也一定是某種逐漸生成的東西，它一定不僅有在空間中互相鄰近的歷史，而且還有在時間上

〔註3〕參見鄒逸麟編著：《中國歷史地理概述》（修訂版），上海教育出版社2005年版，第215頁。

前後相繼的歷史。」〔註4〕這種空間中和時間上的每一個變化，都會給人類社會帶來重要的影響。反之，人類社會的活動，也同樣影響著周圍的自然地理環境。因此，在這裡需要指出的是，本文主要介紹的是雲南地區的現代自然地理環境，這是歷史時期自然地理環境的延續和發展。古代雲南地區的氣候、植被、地貌和生物等情況都與今天有所不同。

　　雲南省位於中國西南邊疆，是中國 6 個內陸邊疆省區之一。領土的最北端在迪慶藏族自治州德欽縣西北角北緯 29°15'8" 附近，最南端在西雙版納傣族自治州猛臘縣東南部北緯 21°8'32" 處，南北跨緯度約 8 度。北回歸線貫穿雲南省境南部的文山壯族苗族自治州、紅河哈尼族彝族自治州、思茅市和臨滄市。全省大部分領土屬亞熱帶，南部有一小部分屬熱帶的北部邊緣，是一個低緯度的省份。省境的最東端在文山壯族苗族自治州富寧縣東部東經 106°11'47" 處，最西端在德宏傣族景頗族自治州瑞麗市東經 97°31'39" 處，東西跨經度約 9 度。雲南的東部與貴州省和廣西壯族自治區接壤，北部與四川省毗連，西北隅緊倚西藏自治區，南、西南、西部分別與越南、老撾、緬甸為鄰。國境線長 3207 公里，其中，中緬邊界長 1997 公里，中老邊界長 500 公里，中越邊界長 710 公里。共有 8 個地州、27 個縣與外國接壤，是東南亞各國從陸路進入中國的必經之地。〔註5〕

　　從地形、地貌上來看，雲南以山地和高原地形為主，丘陵、盆地（又稱壩子）、平原（河谷沖積平原）以及獨特的喀斯特等地貌類型的分布也十分廣泛。2013 年的數據稱，雲南省的總面積為 39.41 萬平方公里，其中各種類型的山地面積 33.11 萬平方公里，占全省總面積的 84%；高原面積 3.90 萬平方公里，占總面積的 10% 左右；盆地（壩子）總面積 2.40 萬平方公里，約占全省總面積的 6%。〔註6〕雲南省北依青藏高原，南向中印半島（包括東南向兩廣丘陵地區）傾斜，屬青藏高原的南延部分。全省地勢西北高、東南低，或稱北高南低，呈階梯狀逐級下降。海拔高差懸殊極大，最高點是滇西北與西藏交界處德欽縣的太子雪山主峰卡格博峰，海拔 6740 米；最低點在滇東南河口縣南部南溪河與紅

〔註4〕中共中央馬克思恩格斯列寧斯大林著作編譯局編：《馬克思恩格斯選集》（第三卷），人民出版社 1972 年版，第 450 頁。

〔註5〕參見雲南省地方志編纂委員會總纂：《雲南省志》卷 1《地理志》，雲南人民出版社 1998 年版，第 6～7 頁。

〔註6〕參見雲南省統計局編：《雲南統計年鑒》（2013），中國統計出版社 2013 年版，第 474 頁。

河交匯處，海拔 76.4 米。地形以元江河谷和大理——劍川寬谷一線為界，劃分為兩大區：東部為滇東高原或稱雲南高原，西部為橫斷山系縱谷區或稱三江地區（三江指金沙江、瀾滄江和怒江）。〔註7〕在雲南的東部高原區和西部橫斷山系縱谷區，都有一些重要山脈。如西部橫斷山系縱谷區有高黎貢山、怒山和雲嶺等高大而狹窄的山脈。這些山脈從北到南，延伸方向由南北走向逐漸變為西北——東南或東北——西南走向。其北段山高林密，南段則為橫斷山餘脈，山體高度降低，主要有雲嶺餘脈哀牢山和無量山，怒山餘脈臨滄大雪山、邦馬山和老別山，高黎貢山的西部分支姊妹山和尖高山等。東部高原區的山脈主要有烏蒙山、五蓮峰山、拱王山、梁王山、藥山等，走向大致呈東北——西南。〔註8〕雖然這裡山高谷深，但並不意味著這是一個完全與外界隔離的封閉地域。事實上，這裡的眾多高山山脈都有許多山口或通道，《周禮》說：「凡天下之地勢，兩山之間必有川焉，大川之上必有塗焉。」〔註9〕古人視大川為塗，即道路。雲南境內雖高山疊嶂，但卻雨量充沛，有著豐富的水源，如金沙江（長江）、瀾滄江（湄公河）、怒江（薩爾溫江）、元江（紅河）、南盤江（珠江）和伊洛瓦底江水系等。而滇西橫斷山系縱谷區的高黎貢山、怒山和雲嶺等山脈，與怒江、瀾滄江、金沙江上游幾條河流相間排列而成南北走向，成為南北兩地民族交往的通道。《雲南志·山川江源》載：大雪山（即今麗江、巨甸之間北面的雪山），「其高處造天。往往有吐蕃至（大）賧貨易，云此山有路，去贊普牙帳（拉薩）不遠。」〔註10〕據研究，〔註11〕這條通道的走向，是從今大理經麗江、中甸、德欽至西藏芒康分道，其西經拉薩達印度噶倫堡，其東入四川經康定、天全達成都，這條通道又被稱為著名的「茶馬古道」，此即為明證。此外，雲南與東南亞地緣相接，中南半島可說是歐亞大陸經雲南的延伸，其地

〔註7〕參見雲南省地方志編纂委員會總纂：《雲南省志》卷1《地理志》，雲南人民出版社1998年版，第217頁。

〔註8〕參見雲南省地方志編纂委員會總纂：《雲南省志》卷1《地理志》，雲南人民出版社1998年版，第221頁。

〔註9〕李學勤主編：《十三經注疏·周禮注疏》（上、下）卷第39《冬官考工記第六·匠人建國》，北京大學出版社1999年版，第1164頁。

〔註10〕（唐）樊綽撰，向達原校，木芹補注：《雲南志補注》卷2《山川江源第二》，雲南人民出版社1995年版，第21～22頁。

〔註11〕參見方鐵：《雲南地區與鄰國之間的主要通道》，陝西師範大學中國歷史地理研究所、西北歷史環境與經濟社會發展研究中心編：《歷史地理學研究的新探索與新動向——慶祝朱士光教授70華秩暨榮休論文集》，三秦出版社2008年版，第17頁。

勢大體北高南低，山脈呈南北走向，基本上是雲南山地的延伸。〔註12〕地理上的親緣關係，使得雲南自古就與東南亞國家有著交通往來，便利了人們之間的交流。因此，這種高山峽谷相間的地理特點，為歷史上雲南地區的諸多民族與外界的交流以及周邊民族遷入雲南地區，提供了重要的自然地理條件。

　　誠然，雲南境內山高谷深，溝壑縱橫，自然導致路況的惡劣，形成雲南區域的閉塞，使得雲南與外地的交往極其不便，成為雲南長期閉塞落後的主要原因。但從交通角度來看，雲南地理具有北阻南暢、東西貫通的特徵，尤其是東部高原區，山脈漸趨低緩，對交通的阻礙相對較小，成為容易開闢道路的地帶。〔註13〕如歷史上的莊蹻王滇，就是「將兵循江上，略巴、黔中以西。」〔註14〕莊蹻沿長江而上，自東往西經通滇古道的牂牁等地，並從今滇東曲靖進入滇池地區。始見於漢代的雲南大理經緬甸北部至印度的通道，〔註15〕也即《史記》、《漢書》所說的西至身毒國道，也是由東往西行，及至明清乃至抗日戰爭時期，此道仍是雲南聯繫緬甸、印度等地重要的國際通道。〔註16〕因此，雲南東部高原區以及中部地區良好的地理形勢，使雲南具有東與內地相連，西與緬印相通的重要優勢。

　　由於地形構造的原因，在雲南的山地和高原上形成了許多大小不等形態各異的山間盆地——壩子。據最新研究統計，全省土地面積大於等於一平方公里以上的壩子約有 1868 個，總面積為 25687.65 平方公里，約占雲南省國土總面積的 6.52%。〔註17〕面積最大的有滇池壩、陸良壩、洱海壩、昭魯壩、曲靖壩等等。雲南高原上的壩子，土地較平坦、土質肥沃、可耕地面積大、水利條件好、農業較發達，是古代農業民族經濟發展較好的地區。在歷史發展過程中，這些壩子大多形成為當地的政治、經濟、文化中心。如滇池壩形成

〔註12〕參見劉稚主編：《東南亞概論》，雲南大學出版社 2007 年版，第 3 頁。

〔註13〕參見陸韌：《雲南對外交通史》，雲南民族出版社 1997 年版，第 5～6 頁。

〔註14〕《史記》卷 116《西南夷列傳》，中華書局 1959 年版，第 2993 頁。

〔註15〕據《史記·西南夷列傳》記載，元狩元年（前 122 年），博望侯張騫出使大夏（在今阿富汗北部），在大夏見到蜀布與邛竹杖，推測有道路由四川經雲南至印度。參見《史記》卷 116《西南夷列傳》，中華書局 1959 年版，第 2995 頁。

〔註16〕參見方鐵：《雲南地區與鄰國之間的主要通道》，陝西師範大學中國歷史地理研究所、西北歷史環境與經濟社會發展研究中心編：《歷史地理學研究的新探索與新動向——慶祝朱士光教授 70 華秩暨榮休論文集》，三秦出版社 2008 年版，第 12～14 頁。

〔註17〕參見童紹玉、陳永森：《雲南壩子研究》，雲南大學出版社 2007 年版，第 22 頁。

滇文化中心，陸良壩、曲靖壩形成爨文化，洱海壩是南詔、大理文化的中心，昭魯壩在歷史上是中原文化進入雲南的重要通道，是雲南文化三大發源地（大理洱海文化、昆明滇文化、昭通朱提文化）之一。

就氣候而言，雲南省地處熱帶、亞熱帶的雲貴高原地區，天氣和氣候非常複雜，形成了特殊的氣候環境特徵。具體來說，由於雲南省位於中國西南部，北回歸線從南部貫穿，形成了年溫差小、四季不明顯的低緯氣候特徵；由於南近海洋，北倚青藏高原，冬、夏半年控制本省的氣團性質截然不同，形成冬乾夏雨、乾濕分明的季風氣候特徵；又由於海拔高，地勢起伏大，地形複雜，氣候垂直差異十分顯著，有「一山分四季」、「十里不同天」之說。雲南氣候特徵形成的主要因素，一般認為有太陽輻射、大氣環流、地形地勢等等因素的影響。〔註18〕

在這樣的地形和氣候等自然地理要素的綜合作用下，雲南地區發育了眾多的江河湖泊及地下水系，並蘊藏著豐富的水資源，特別是水力資源在全國佔有重要地位。其中，分布在山間盆地之中、面積大於一平方公里的高原湖泊有 37 個；在滇西北高原的雪山上，覆蓋有 100 平方公里左右的山嶽冰川；在地表以下，分別賦存於五大含水岩組中的三大類型地下水。另外，雲南省還有分別匯注太平洋、印度洋的六大河流水系：金沙江（長江）、南盤江（珠江）、元江（紅河）、瀾滄江（湄公河）、怒江（薩爾溫江）和伊洛瓦底江。六大水系中，除南盤江（珠江）、元江（紅河）發源於本省外，其他各河分別發源於青藏高原的東側和東南側。〔註19〕在地勢的影響下，所有在雲南境內的這些河流都奔流於高山峽谷之間，水急灘險，基本不可行船。正如《新纂雲南通志》所說：「貫穿雲南之河川，北有金沙江，東有八大河，西南有紅河，西有瀾滄江、潞江，皆河川中之比較最大者。惟地當上游，岸高峽深，灘多水急，即泥淤流淺，航運上不能暢行自如，僅一部分得享其利。或擁有河川而無法航行者，亦往往有之。」〔註20〕雖然雲南難享河運之利，但這些河流出境進入東南亞國家之後，由於其地勢低平，河流逐漸平靜，利於行船。如南盤江（珠江），發源於曲靖市馬雄山，南經曲靖、陸良、宜良、開遠、彌勒

〔註18〕 參見王聲躍主編：《雲南地理》，雲南民族出版社 2002 年版，第 65～67 頁。
〔註19〕 參見雲南省地方志編纂委員會總纂：《雲南省志》卷1《地理志》，雲南人民出版社 1998 年版，第 283 頁。
〔註20〕 （民國）周鍾嶽等撰，李春龍、江燕點校：《新纂雲南通志》卷57《交通考二‧河運》（四），雲南人民出版社 2007 年版，第 26 頁。

等縣，至羅平流出雲南省境。歷史上雲南地區民族曾開闢沿江而下的水陸兼行的道路，直通兩廣及越南。元江（紅河），發源於巍山縣境哀牢山東麓，上游稱禮社江，後稱元江；流經南澗、雙柏、新平、元江、紅河、元陽等縣，紅河縣以下河段始稱紅河；最後經河口流入越南。河口以下，自古可行船，是雲南與越南之間的交通要道。據《晉書》記載，寧州興古郡（治今硯山，轄境約滇東南地區）的道路情況，一可沿今右江通往兩廣地區，二可沿今元江（下游稱紅河）通往交趾（今越南），「水陸並通，互相維衛」。〔註21〕表明當時的滇東南地區已存在與境內外較為完整的交通聯繫。此外，瀾滄江（湄公河）、怒江（薩爾溫江）、伊洛瓦底江出雲南省境流入東南亞地區後，均可行船，都在雲南對外交通中起到了積極的作用。〔註22〕

　　雲南自然環境的複雜多樣性，帶來了當地自然資源的豐富性。如礦產資源品種多、儲量大、分布廣，被稱為「有色金屬王國」；生物資源種類之多，居全國之首，素享「動植物王國」之美譽。〔註23〕雲南豐富的自然資源，為人類的生存和發展奠定了雄厚的物質基礎，複雜多樣的生態環境也為雲南發展農業生產、開展多種經營提供了優越的條件，並促成了與其地理生態相適應的民族、文化和生計方式的立體分布格局。如雲南地區森林密布，動植物資源的豐富，為人類的採集、狩獵提供了條件；眾多的高原湖泊以及江河水系，為漁業及水利的發展打下了基礎；礦產資源品種多、儲量大、分布廣，則為歷代礦冶業的興盛創造了空間。

　　總之，雲南地區自然地理環境的複雜多樣性，為歷史上農牧漁獵民族在這一地區的遷徙往來提供了客觀條件，促進了人類歷史的發展。自古以來，五方民族在這裡往來遷徙，尋找適合自己發展的地理環境，並在這一地區互動融合，促進了雲南地區以漢族為主體的多民族分布格局的形成。

二、雲南的遠古居民

（一）古猿時代的雲南居民

　　雲南具有悠久的歷史，是人類文明最重要的發祥地之一。生活在距今約

〔註21〕《晉書》卷57《陶璜列傳》，中華書局1974年版，第1560頁。
〔註22〕參見陸韌：《雲南對外交通史》，雲南民族出版社1997年版，第7頁。
〔註23〕參見雲南省地方志編纂委員會總纂：《雲南省志》卷1《地理志》，雲南人民出版社1998年版，第2頁。

1400 萬年到 800 萬年之間的臘瑪古猿，在中國被稱為祿豐古猿、開遠古猿等。他們是從猿到人的過渡性生物，會使用天然工具。臘瑪古猿也被稱為正在形成中的人。

在 1956 年 2 月和 1957 年秋，地質工作者和雲南省博物館兩次在雲南開遠小龍潭村西北調查時，在第三紀煤系地層中各發現 5 枚共計 10 枚古猿的牙齒化石，其年代約為 1500 萬年前的中新世晚期，原定名為「開遠森林古猿」（Dryopithecus keiyuanensis Wop），後改稱為「臘瑪古猿」。它是中國境內第一次發現的古猿化石，很可能是猿和人的共同祖先。〔註24〕

1975 年 5 月至 1981 年期間，考古工作者在祿豐縣城以北九公里的廟山坡石炭壩褐煤層中發現臘瑪古猿頭骨 6 個，以及其他一些化石，特別是其中有一個頭骨化石是非常罕見的臘瑪古猿的第一個比較完整的頭骨化石，具有比較突出的從猿到人的過渡性質，被認為是人屬進化的代表型。是從猿到人轉變過程中上新世早期過渡類型的重要環節。其時間約為 800 萬年前的上新世中期。〔註25〕

迄今為止，雲南共有 7 個縣市的 10 個地點發現古猿化石。除以上兩地外，尚有元謀縣（小河、竹棚、雷老、房背梁子）、保山市（羊邑）、馬關縣（仙人洞）、廣南縣（硝洞）、西疇縣（馬桑洞）。〔註26〕臘瑪古猿化石標本最集中、數量最多，又是唯一發現頭骨的國家是中國。因而，在雲南發現古猿化石的意義是顯而易見的，這說明雲南地區是人類起源的重要地區之一。

（二）舊石器時代雲南的原始居民

舊石器時代（Palaeolithic），是石器時代的早期，也是人類歷史的遠古和最早的階段。以使用比較粗糙的打製石器為標誌的人類物質文化發展階段，生產方式上只有漁獵和採集。在地質時代上屬於上新世晚期更新世時代，時間從距今約 300 萬年前開始，延續到距今 1 萬年左右。目前來看，舊石器時代的早、中、晚期的古人類及其文化遺址均在雲南有發現，具有代表性的如下：

〔註24〕參見張興永等：《從開遠臘瑪古猿的形態特徵再論滇中高原與人類起源》，雲南省博物館編：《雲南人類起源與史前文化》，雲南人民出版社 1991 年版，第 25～34 頁。

〔註25〕參見張興永：《祿豐臘瑪古猿在人類起源研究中的地位》，雲南省博物館編：《雲南人類起源與史前文化》云南人民出版社 1991 年版，第 70～76 頁。

〔註26〕參見李昆聲、胡習珍：《雲南考古 60 年》，《思想戰線》2009 年第 4 期。

　　元謀人。屬於在雲南發現的舊石器時代早期猿人的代表。1965 年 5 月 1 日，地質工作者錢方在元謀縣上那蚌村西北發現了屬於同一男性成年個體的兩顆上中門齒化石。〔註27〕牙齒形態與北京人的基本相似，但又有一定差異，屬直立人（又稱猿人）類型。〔註28〕經古地磁測定，為早更新世的較晚時期，距今約 170±10 萬年，早於已發現的北京人、藍田人 100 多萬年，〔註29〕是迄今為止中國發現最早的直立人。此外，在同一地點發現的一些舊石器，和貴州黔西觀音洞舊石器文化早期的石器相似而更加原始。〔註30〕發現的炭屑，則表明元謀人可能已會用火。

　　昭通人。雲南發現的屬於舊石器時代中期古人的化石材料十分貧乏，昭通人是其中的代表。1982 年，鄭良在昭通市城北十多公里的過山洞發現了 1 枚人類左下第二臼齒化石。從這枚古人類牙齒的形態看，既具有某些原始特徵，同時又有較多的接近現代人的進步特徵，屬早期智人，年代應為晚更新世。〔註31〕在學術上被命名為「昭通人」，是雲南省首次發現的早期智人（古人）化石。

　　在雲南發現的屬於舊石器時代晚期新人（或稱智人）的化石主要有：西疇人、麗江人、昆明人等。發現的西疇人牙齒的特徵較為接近現代人，屬晚期智人。〔註32〕麗江晚期智人則表現出蒙古人種的特徵，與現代人十分接近。此外，在雲南發現的舊石器時代遺跡重要的還有：「昆明人」、「蒙自人」、「姚關人」等。〔註33〕

　　以上雲南舊石器時代的考古研究表明，雲南地區與內地有著密切的聯繫，文化上也存在一些共性。〔註34〕據研究，元謀人的門齒舌面具有凹形甚深的鏟形窩，這是現代蒙古人種的特徵，而北京人的門齒也有類似性質。另外，

〔註27〕參見胡承志：《雲南元謀發現的猿人牙齒化石》，《地質學報》1973 年第 1 期。
〔註28〕參見周國興、胡承志：《元謀人牙齒化石的再研究》，《古脊椎動物與古人類》1979 年第 2 期。
〔註29〕參見李普、錢方等：《用古地磁方法對元謀人化石年代的初步研究》，《中國科學》1976 年第 6 期。
〔註30〕參見汪寧生：《雲南考古》，雲南人民出版社 1980 年版，第 3 頁。
〔註31〕參見鄭良：《雲南昭通發現的人類》，《人類學學報》1985 年第 2 期。
〔註32〕參見陳德珍、祁國琴：《雲南西疇人類化石及共生的哺乳動物群》，《古脊椎動物與古人類》1978 年第 1 期。
〔註33〕參見李昆聲、胡習珍：《雲南考古 60 年》，《思想戰線》2009 年第 4 期。
〔註34〕參見王文光、翟國強：《中國西南舊石器文化在中華文化形成中的地位》，《雲南民族大學學報》（哲社版）2004 年第 6 期。

麗江人也表現出蒙古人種的特徵。〔註35〕這說明了雲南地區舊石器時代的居民與中華大地上的其他舊石器時代的居民在人種來源方面是一致的。此外，在保山塘子溝舊石器時代晚期遺址發掘出土的器物類型同華南兩廣地區的舊石器晚期文化有相似之處，表明塘子溝文化與華南的舊石器文化一脈相承。同時，塘子溝文化出土的琢孔石器、琢坑石器和骨角器也與滇中和貴州興義貓貓洞發掘出土的器物有明顯的承繼關係。在麗江人遺址中還出土了數量較多的「石球」，這類「石球」與華北丁村、許家窯舊石器文化中的「石球」有聯繫，〔註36〕表明麗江人的文化和黃河流域的舊石器文化有密切關係。以上也說明，自舊石器時代開始，雲南的史前文化就是多元的，雲南地區與中國內地早在舊石器時代初期就發生了文化聯繫，有了文化的聯繫與傳播就表明有了人口的遷移。

（三）新石器時代雲南的原始居民

歷史總要發展。原始人類為了生存，也需有發明和創造。於是，人類終於從打製石器發展到磨製石器；從採集和狩獵的經濟發展到農業和畜牧業；與此同時，人類還發明和創造了製陶術及其他手工技藝。這樣，人類就開始了一個新的時代，即考古學上的「新石器時代」（Neolithic）。雲南的新石器時代，約在距今 7000 到 3300 年間。〔註37〕其遺址和出土地點在雲南有著廣泛的分布，迄今共發現近 400 處。從雲南出土遺址的自然環境看，有河湖臺地、湖濱地區的貝丘遺址和洞穴遺址 3 種人類居住選址的類型。〔註38〕

李昆聲先生將雲南的新石器文化劃分為 8 個類型：滇池地區新石器文化（石寨山類型為代表）、滇東北地區新石器文化（閘心場類型為代表）、滇東南地區的新石器時代文化（小河洞類型為代表）、滇南西雙版納地區新石器時代文化（曼蚌囡類型為代表）、金沙江中游地區新石器時代文化（大墩子類型為代表）、洱海地區的新石器時代文化（馬龍類型為代表）、瀾滄江中游地區新石器時代文化

〔註35〕參見童恩正：《人類可能的發源地——中國的西南地區》，《四川大學學報》（哲社版）1983 年第 3 期。

〔註36〕參見衛奇等：《麗江木家橋新發現的舊石器》，雲南省博物館：《雲南人類起源與史前文化》，雲南人民出版社 1991 年版，第 181 頁。

〔註37〕參見王大道：《再論雲南新石器時代文化的類型》，雲南省文物考古研究所：《雲南考古文集——慶祝雲南省文物考古研究所成立十週年》，雲南民族出版社 1998 年版，第 41 頁。

〔註38〕參見李昆聲、胡習珍：《雲南考古 60 年》，《思想戰線》2009 年第 4 期。

（忙懷類型為代表）、滇西北地區新石器時代文化（戈登類型為代表）。〔註39〕

　　從以上類型來看，不同的新石器文化類型反映了不同的雲南文化特徵，說明雲南文化的多元發展雖自舊石器時代起可窺其端倪，但從新石器時代起，雲南史前文化的多元性更加明顯。其眾多的原始民族群體分布，也說明雲南古代民族成分的複雜以及經濟文化發展的不平衡。

　　西北地區與雲南山地相鄰。雖分為黃河水系和長江水系，但兩地相鄰區域的地形、氣候等自然環境較為接近，尤其是怒江、瀾滄江、金沙江、雅礱江、大渡河等水系呈由北向南的流向，非常適於古人的交通往來。考古資料表明，在新石器時代兩地之間就存有文化交流傳播現象。西北地區的馬家窯文化是仰韶文化晚期在甘肅等地的一個地方類型文化，具有中國華北人的特徵，屬於後稱的西戎民族集團。〔註40〕在其發展過程中，部分馬家窯文化曾向南大範圍傳播，並遷徙到今天的川西和滇西地區。在川西北岷江上游地區發現的新石器時代文化姜維城類型，與西北地區的馬家窯文化關係密切，馬家窯風格的彩陶罐、泥質橙紅陶和橙黃陶在這裡都有發現。馬家窯文化繼續向西、向南傳播到大渡河流域、瀾滄江流域上游等地區。〔註41〕甚至對滇西地區也產生了重要影響，如金沙江中游的元謀大墩子類型、洱海地區的馬龍類型、滇西北的戈登類型等文化遺存都與西北地區的文化有密切的聯繫。〔註42〕

　　再者，滇池、滇東北、滇東南和滇南地區的新石器文化與中國東南沿海地區關係較密切，這些文化的主人以古代百越先民為主。〔註43〕據考古學材料，以上雲南地區新石器時代文化與東南沿海地區的新石器時代文化存在著某些共性或相似性，如常見於東南沿海地區的新石器時代石器有段石錛和有肩石斧，

〔註39〕參見李昆聲、肖秋：《試論雲南新石器時代文化》，《文物集刊》（2），文物出版社1980年版，第133～136頁；雲南省文物考古研究所：《雲南省文物考古五十年》，文物出版社編：《新中國考古五十年》，文物出版社1999年版，第404～405頁。

〔註40〕參見翁獨健主編：《中國民族關係史綱要》，中國社會科學出版社2001年版，第10頁。

〔註41〕參見西藏自治區文物局：《新中國成立以來西藏自治區考古工作成果》，文物出版社編：《新中國考古五十年》，文物出版社1999年，第419頁。

〔註42〕參見張建世：《試論橫斷山區新石器時代文化的幾個問題》，《史前研究》1984年等4期；李昆聲：《論雲南與黃河流域新石器時代文化的關係》，《史前研究》1985年第1期；王文光等：《中國西南民族關係史》，中國社會科學出版社2005年版，第12～13頁。

〔註43〕參見李昆聲、胡習珍：《雲南考古60年》，《思想戰線》2009年第4期。

在雲南多地有發現，而且一些器物的型制也頗為相似，〔註44〕反映了兩地文化之間的密切聯繫。在大量捕撈魚、貝類等水產品以及遺址類型、種植水稻、印紋陶等方面，也發現兩處地區之間存在著十分密切的關係。〔註45〕

此外，在元謀縣大墩子、賓川縣白羊村遺址類型的陶器中發現有不少印紋陶，這些印紋陶與東南地區的印紋陶相近，似受到東南沿海地區新石器時代文化的影響。〔註46〕繼西北地區的馬家窯文化之後東南沿海地區的新石器時代文化也進一步傳播，向西穩步地延伸到滇西地區。同時，西北地區的新石器時代文化與雲南地區的土著文化之間的交流仍在繼續發展。而最值得注意的是，西北地區的新石器時代文化與東南沿海地區文化的交流證明：這兩種文化已在滇西地區會合。西北地區的新石器時代文化與東南沿海地區新石器時代文化在雲南地區的多次發現，表明兩地文化的居民已經遷到雲南地區。總之，在雲南大地陸續發現的人類進化各階段的化石，表明雲南這片土地應是人類起源的中心之一。在雲南逐漸形成的眾多民族文化系統，使得當地的民族文化多樣性和不平衡性愈加突出。

第二節　入遷雲南的漢族移民

歷史上，漢族進入雲南主要分為三個時期：漢晉時期、南詔大理國時期以及元明清時期。秦漢王朝開始在雲南設置郡縣，並移民墾殖。南北朝及至唐宋時期，入遷雲南的漢族移民幾乎完全「異化」為「夷化的漢人」。〔註47〕雲南現代漢族主要來源於元明清時期入遷雲南的漢族移民。本節主要歸納分析前兩個時期入遷雲南漢族移民的歷史過程及特點。

一、漢晉時期

公元前 221 年，秦朝統一中國，建立了封建王朝的中央集權制。隨後，

〔註44〕參見李昆聲、肖秋：《論雲南與我國東南地區新石器文化的關係》，《雲南文物》1982 年第 11 期。

〔註45〕參見王文光、翟國強：《試論中國西南新石器文化的地位》，《雲南民族大學學報》（哲社版）2006 年第 5 期。

〔註46〕參見闞勇：《雲南印紋陶文化初論》，雲南省文物考古研究所：《雲南考古文集》，雲南民族出版社 1998 年版，第 202～211 頁。

〔註47〕林超民：《漢族移民與雲南統一》，《雲南民族大學學報》（哲社版）2005 年第 3 期。

秦開始統一西南地區。在據有四川盆地後，官吏常頻開通五尺道，「五尺道」
因道寬五尺而得名，其道始於僰道（今四川宜賓），經滇東北迄於郎州（唐貞
觀八年更名同樂縣為朗州，治味，在今雲南曲靖）。此外，秦還在當地進行了
直接的統治，「諸此國（指四川宜賓至滇東北地區）頗置吏焉。」〔註48〕儘管
沒有移民的記載，但「五尺道」的開通以及直接統治，使有關人員如修路工、
官吏、軍隊等自內地進入雲南，其中，應有部分留居當地。〔註49〕

　　西漢初，百廢待興，以及為抗禦匈奴而無暇顧及西南，《漢書》說：「十
餘歲，秦滅。及漢興，皆棄此國而關蜀故徼。」〔註50〕到漢武帝時，國力強
盛，在擊退匈奴後，武帝開始經營「西南夷」地區，企望開通自僰道（今四
川宜賓）沿牂柯江（今北盤江）達番禺（今廣州）的用兵通道，以及自蜀地
經西南夷、身毒達大夏的國際通道。〔註51〕並相繼開鑿了三條通道：南夷道
（又稱夜郎道）、西夷道（又稱零關道、靈山道）以及博南道（又稱永昌道）。
為了修築這三條通道，部分修路民夫進入雲南。〔註52〕漢王朝經營「西南夷」
地區，除修築道路外，還先後設置犍為（治今四川宜賓）、益州（治今雲南晉
寧）、越嶲（治今四川西昌）、牂柯（治今貴州福泉）、永昌（治今雲南保山）、
朱提（治今雲南昭通）諸郡，並置官遣戍以加強統治，這必然導致大量漢族
官吏兵丁進入雲南，其中必有留居雲南者。漢代雲南的漢族移民中還有屯田
農民。《史記・平準書》說：「當是時，漢通西南夷道，作者數萬人，千里負
擔饋糧，率十餘鍾致一石，散幣於邛僰以集之。」為解決修路民夫、官吏兵
丁等入滇漢民的糧食問題，「乃募豪民田南夷，入粟縣官，而內受錢於都內」，
〔註53〕招募內地漢族地主、商人、農民等到西南夷地區屯田墾殖，是為漢代
雲南漢族移民的大宗，也是古代西南地區最早的移民屯田。〔註54〕此外，還

〔註48〕《史記》卷116《西南夷列傳》，中華書局1959年版，第2993頁。
〔註49〕參見古永繼：《秦漢時西南地區外來移民的遷徙特點及在邊疆開發中的作用》，
　　　　《雲南民族大學學報》（哲社版）2006年第3期。
〔註50〕《漢書》卷95《西南夷兩粵朝鮮傳》，中華書局1962年版，第3838頁。
〔註51〕參見方鐵：《秦漢蜀晉南朝的治邊方略與雲南通道開發》，《雲南師範大學學報》
　　　　（哲社版）2007年第6期。
〔註52〕參見古永繼：《秦漢時西南地區外來移民的遷徙特點及在邊疆開發中的作用》，
　　　　《雲南民族大學學報》（哲社版）2006年第3期。
〔註53〕《史記》卷30《平準書》，中華書局1959年版，第1421頁。
〔註54〕參見古永繼：《秦漢時西南地區外來移民的遷徙特點及在邊疆開發中的作用》，
　　　　《雲南民族大學學報》（哲社版）2006年第3期。

有在內地犯罪而被迫流徙進入雲南的「徙死罪」、「奔命」、「謫民」、「三輔罪人」等,如《華陽國志・南中志》就有「晉寧郡,本益州也。……漢武帝元封二年,叟反,遣將軍郭昌討平之,因開為郡,治滇池上,號曰益州。……漢乃募徙死罪及奸豪實之」的記載。〔註55〕這些人被迫進入雲南後,均聚居於當時的郡縣治地,日久大多不再返回原籍,成為漢代進入雲南漢族人口的一部分。

東漢末三國時期,劉焉劉璋父子及劉備先後據蜀,重點以巴蜀為中心進行經營,並對西南夷地區(時稱「南中」)派遣官吏進行統治。蜀漢章武三年(223年),劉備率軍攻吳失敗,隨後病死於白帝城。此後,南中的「大姓」、「夷帥」紛紛倒戈,擁吳反蜀,史載「使命周旋,遠通孫權」。〔註56〕為徹底解決南中政局不穩的問題,建興三年(225年)春,諸葛亮率軍親征南中,「其秋悉平」。〔註57〕諸葛亮採納馬謖平定南中的策略,「攻心為上,攻城為下,心戰為上,兵戰為下」,〔註58〕目的是安定蜀漢後方南中的社會秩序,藉以穩定蜀漢對南中各族地區的統治。在平定南中後,諸葛亮又集中力量恢復郡縣制度,在兩漢統治的基礎上,改益州郡為建寧郡,分建寧、永昌郡為雲南郡,又分建寧、牂牁郡為興古郡,〔註59〕把南中四郡調整為七郡,並置庲降都督總攝各郡。在南中建立封建秩序的同時還遣將派兵鎮守,對反抗者堅決實行鎮壓。因此,官吏及將士成為此時期漢民族入滇的主要方式。

兩晉南北朝時期,內地戰亂不止。南中地區成為「大姓」、「夷帥」爭霸的戰場。是時,李雄的成漢政權在蜀中據地自雄反晉,「蜀民……或南入寧州,或東下荊州,城邑皆空,……」。〔註60〕因為蜀地動亂,蜀地居民被迫入遷寧州,即今雲南。成漢李特太安二年(303年),五苓夷破壞郡縣,「時荒亂後,倉無一斗,眾無一旅,官民虛竭,繩紀廢弛。」〔註61〕漢族移民為避戰亂,「晉

〔註55〕參見(晉)常璩撰,劉琳校注:《華陽國志校注》卷 4《南中志》,巴蜀書社 1984 年版,第 393~394 頁。

〔註56〕《三國志》卷 41《蜀書・霍王向張楊費傳》,中華書局 1971 年版,第 1011 頁。

〔註57〕《三國志》卷 35《蜀書・諸葛亮傳》,中華書局 1971 年版,第 919 頁。

〔註58〕《資治通鑒》卷 70《魏紀二》,中華書局 1956 年版,第 2222 頁。

〔註59〕《三國志》卷 33《蜀書・後主傳》,中華書局 1971 年版,第 894 頁。

〔註60〕《資治通鑒》卷 85《晉紀七・惠帝中之下》,中華書局 1956 年版,第 2682 頁。

〔註61〕(晉)常璩撰,劉琳校注:《華陽國志校注》卷 4《南中志》,巴蜀書社 1984 年版,第 373 頁。

民或入交州，或入永昌、牂柯」。〔註62〕巴蜀戰事紛起後，大量的漢族從四川進入今越南北方及雲南的西部、南部地區。到南北朝時，雲南為大姓爨氏割據，中央王朝只是名義上的遙領，大規模的漢族移民停止。但這期間，民間的交往及自發性的遷徙一直在進行著，只不過史書記載較少而已。

總而言之，從秦開五尺道置吏、漢武開西南夷設置郡縣後，歷經秦漢、蜀漢、兩晉、南朝各代，進入雲南的漢族移民主要分布在原來「西南夷」中生產力發展水平較高的爨族聚居區和夜郎僚、濮的中心地帶，以及今滇西保山地區，亦即主要的交通道路沿線及郡、縣據點周圍。〔註63〕這些漢族移民多來自巴蜀地區或經巴蜀而入，多為政府調遣而入；在形式上呈現出由北向南、分區推進的特點。他們在促使當地人口增長、支持郡縣設置、引進先進技術、傳播封建文化、推動邊疆開發和疆域形成以及穩定當地局勢等歷史進程中發揮了重大作用。〔註64〕

二、南詔大理國時期

開皇九年（589年），隋滅陳，結束了南北分裂的局面。隨即展開了對南寧州爨區的經營。開皇十年（590年）前後，隋朝直接在爨區設置了南寧州總管府（駐今曲靖），以韋沖為總管，同時派遣上柱國王長述率領軍隊進入雲南，與韋沖文武相呼應，統兵駐鎮雲南。〔註65〕由於進駐雲南的隋朝官兵暴虐，當地首領昆州刺史爨翫等起兵反叛，波及滇東、滇中和洱海地區。官府除了出兵征討之外，對當地的政事與民生置之不問，不久捨棄其地。於是，這些駐鎮征戰的官兵便成為隋代漢族進入雲南的主要部分。

唐朝建立後，立即著手經營雲南地區。從武德（618～626年）到貞觀（627～649年）年間，唐朝先後在今雲南境內設置了南寧州（駐今曲靖）、黎州（駐今華寧）、褒州（駐今姚安縣北）、曲州（駐今昭通）……等104個羈縻州，每個羈縻州下又設數量不等的羈縻縣。〔註66〕此後，青藏高原上吐蕃的崛起

〔註62〕（晉）常璩撰，劉琳校注：《華陽國志校注》卷4《南中志》，巴蜀書社1984年版，第371頁。

〔註63〕參見尤中：《雲南民族史》，雲南大學出版社1994年版，第53頁。

〔註64〕參見古永繼：《秦漢時西南地區外來移民的遷徙特點及在邊疆開發中的作用》，《雲南民族大學學報》（哲社版）2006年第3期。

〔註65〕參見《隋書》卷47《韋世康列傳》，中華書局1973年版，第1270頁。

〔註66〕參見尤中：《中國西南民族史》，雲南人民出版社1985年版，第144頁。

打亂了唐王朝對雲南的經營步驟。為了扼制吐蕃，也為了全面加強對洱海地區的經營，高宗麟德元年（664 年）五月，唐朝在姚州（今雲南姚安）設置了姚州都督府，「於昆明之梇棟川置姚州都督府，每年差兵募五百人鎮守。」〔註67〕《舊唐書》載張柬之「尋轉蜀州刺史。舊例，每歲差兵募五百人往姚州鎮守，路越山險，死者甚多」。〔註68〕這些兵士到姚州者常常是有去無回，「死者甚多」。究其原因，應該是有很多逃亡或被俘虜或留止雲南不歸。逃亡兵士一般都不敢返回原籍，漸漸留居原地。而當官的怕負責任，便推說因「路越山險」或水土不服死亡了事。

這個時期的雲南漢族移民，除了戍兵逃散流落之外，也有不少內地失業邊民、流民等集結逃入雲南。《舊唐書·張柬之傳》載：「劍南逋逃，中原亡命，有二千餘戶，見散在彼州，專以掠奪為業。」《張柬之傳》中還稱：「且姚府總管五十七州，巨猾遊客，不可勝數。」這些「劍南捕逃」、「中原亡命」和流民等由於「姚府所置之官」只知「詭謀狡算，恣情割剝，貪叨劫掠，積以為常」，而大量流入邊疆雲南。為制止邊民外逃邊疆雲南，張柬之上罷姚州疏，「乞省罷姚州，使隸巂府，歲時朝覲，同之蕃國。瀘南諸鎮，亦皆悉廢，於瀘北置關，百姓自非奉使入蕃，不許交通往來」。〔註69〕從中可見邊民外逃嚴重，也可看出政府對此束手無策。

在唐朝的扶持下，南詔崛起，在統一滇西洱海地區以及兼併東部爨區後，南詔產生了割據一方的企圖。南詔的持續擴展與唐朝在雲南的利益發生了激烈衝突。天寶九年（750 年），閣羅鳳遣軍攻下姚州，殺死姚州都督張虔陀，奪取姚州都督府所轄的 32 處羈縻州。次年四月，唐朝令劍南節度使鮮于仲通領兵征討南詔。鮮于仲通等分別率 8 萬唐軍分二道出戎州（治今四川宜賓）、巂州（治今四川西昌），進軍至西洱河與閣羅鳳激戰，唐軍大敗，全軍陷沒，「士卒死者六萬人，仲通僅以身免」。〔註70〕之後，玄宗又命漢中郡太守司空襲禮、內使賈奇俊率兵再置姚州都督府，並以將軍賈瓘為姚州都督，準備發動第二次對南詔的進攻。但南詔先發制人，在賈瓘築城未就之際，派大軍將

〔註67〕（唐）杜佑撰，王文錦等點校：《通典》卷 187《邊防三·南蠻上·哀牢》，中華書局 1988 年版，第 5062 頁。

〔註68〕《舊唐書》卷 91《張柬之列傳》，中華書局 1975 年版，第 2939 頁。

〔註69〕《舊唐書》卷 91《張柬之列傳》，中華書局 1975 年版，第 2940～2941 頁。

〔註70〕《資治通鑒》卷 216《唐紀三十二·玄宗下之上》，中華書局 1956 年版，第 6906～6907 頁。

洪光乘等會同吐蕃神川都知兵馬使論綺里徐，包圍並攻破姚州城，賈瓘被俘，唐軍瓦解潰散。〔註71〕天寶十三年（754年），唐朝發動第三次向南詔的進攻，令前姚州都督、侍御史、劍南留後李宓「率師七萬再討南蠻。宓渡瀘水，為蠻所誘，至和城，不戰而敗，李宓死於陣。」〔註72〕唐軍「全軍皆沒」，史稱這一次戰役「流血成川，積屍壅水」。〔註73〕為進攻南詔，楊國忠等「制大募兩京及河南、北兵以擊南詔；人聞雲南多瘴癘，未戰士卒死者什八九，莫肯應募。楊國忠遣御史分道捕人，連枷送詣軍所。舊制，百姓有勳者免征役，時調兵既多，國忠奏先取高勳。於是行者愁怨，父母妻子送之，所在哭聲振野。」〔註74〕唐朝天寶年間三次出兵征討雲南，均被南詔打敗，「前後死者幾二十萬人。」〔註75〕由於「不戰而敗」，雙方沒有經過激烈戰爭，唐兵即潰敗，其死者不至過多，絕大部分應是受傷，或被俘，或流散於滇西洱海地區。而且南詔「遂收亡將等屍，祭而葬之，以存恩舊」，〔註76〕厚葬死者，不至殺害俘虜，而被奴役，因西洱河區域在這時期是奴隸社會，戰爭中俘虜奴隸，因而增加大量戰爭形式進入雲南的漢族移民。〔註77〕後來這些漢族移民逐漸融合於滇西白蠻之中，成為今天白族的組成部分，現下關地區的白族奉唐代漢族大將李宓為本主就是明證。

　　天寶戰爭後，南詔與唐關係惡化並叛唐，內地安祿山又發動叛亂，唐玄宗被迫逃到成都，大唐自身難保。為獲得更多的人口與財富，南詔統治者乘機不斷對唐用兵。至德元年（756年），南詔與吐蕃合兵攻掠嶲州等地，《舊唐書·南詔傳》說：「會安祿山反，閣羅鳳乘釁攻陷嶲州及會同軍……有鄭回者，本相州人，天寶中舉明經，授嶲州西瀘縣令，嶲州陷，為所擄。」〔註78〕此

〔註71〕參見《南詔德化碑》，方國瑜主編：《雲南史料叢刊》卷2，雲南大學出版社1998年版，第380頁。

〔註72〕《舊唐書》卷106《楊國忠列傳》，中華書局1975年版，第3243頁。

〔註73〕《南詔德化碑》，方國瑜主編：《雲南史料叢刊》卷2，雲南大學出版社1998年版，第380頁。

〔註74〕《資治通鑒》卷216《唐紀三十二·玄宗下之上》，中華書局1956年版，第6907頁。

〔註75〕《資治通鑒》卷217《唐紀三十三·玄宗下之下》，中華書局1956年版，第6927頁。

〔註76〕《南詔德化碑》，方國瑜主編：《雲南史料叢刊》卷2，雲南大學出版社1998年版，第380頁。

〔註77〕參見方國瑜：《雲南民族史講義》，雲南人民出版社2013年，第470頁。

〔註78〕《舊唐書》卷197《南蠻西南蠻列傳》，中華書局1975年版，第5281頁。

番進攻嶲州，南詔俘虜了唐嶲州西瀘縣令鄭回等人，他後為南詔的清平官，故其被俘事見於紀錄，同時俘虜而來的百姓數目當不少。《南詔德化碑》載此役擄掠漢人時說：「越嶲固拒被夷，會同請降無害。子女玉帛，百里塞途。牛羊積儲，一月館穀。……越嶲再掃，臺登滌除；都督見擒，兵士盡虜。」〔註79〕俘掠之多，可見一斑。大和三年（829年）十一月，南詔再次叛唐，發兵攻陷邛州，攻掠成都，《舊唐書・南詔傳》說：「蜀川出軍與戰，不利。陷我邛州，逼成都府，入梓州西郭，驅劫玉帛子女而去」。〔註80〕《新唐書・南詔傳》也對此事進行了記載，而且較之《舊唐書・南詔傳》更加詳細：「西川節度使杜元穎治無狀，障候弛沓相蒙，時大和三年也。嵯巔乃悉眾掩邛、戎、嶲三州，陷之。入成都，止西郭十日，慰齎居人，市不擾肆。將還，乃掠子女、工技數萬引而南，人懼自殺者不勝計。救兵逐，嵯巔身自殿，至大度河，謂華人曰：『此吾南境，爾去國，當哭。』眾號慟，赴水死者十三。南詔自是工文織，與中國埒」。〔註81〕新、舊《唐書》均說被俘百姓中，有子女工技，「南詔自是工文織，與中國埒」。樊綽《雲南志》卷七載南詔：「俗不解織綾羅。自太和三年蠻賊寇西川，虜掠巧兒及女工非少，如今悉解織綾羅也」。〔註82〕李京《雲南志略》也載：「唐太和中，蒙氏取邛、戎、嶲三州，遂入成都，掠子女工技數萬人南歸，雲南有纂組文繡自此始」。〔註83〕從西川俘虜子女工技等織工以後，四川地區先進的紡織手工業技術進入雲南，南詔的絲織業有了顯著進步，其他技術工業，亦多受影響。自大中十二年（858年）至咸通七年（866年）南詔還大肆侵略安南、邕州，爭戰激烈，俘掠人口極眾。《資治通鑒》載：咸通二年「秋，七月，南詔攻邕州，陷之。……至鎮，城邑居人什不存一。」並說咸通年間，「南詔兩陷交趾，所殺虜且十五萬人。」〔註84〕總之，南詔侵擾唐境，目的不止攻城奪地，而在俘掠人口，被擄來的漢人數量一定很多。

〔註79〕《南詔德化碑》，方國瑜主編：《雲南史料叢刊》卷2，雲南大學出版社1998年版，第380頁。

〔註80〕《舊唐書》卷197《南蠻西南蠻列傳》，中華書局1975年版，第5284頁。

〔註81〕《新唐書》卷222中《南蠻列傳》，中華書局1975年版，第6282頁。

〔註82〕（唐）樊綽撰，向達原校，木芹補注：《雲南志補注》卷7《雲南管內物產第七》，雲南人民出版社1995年版，第100頁。

〔註83〕（元）李京撰，王叔武輯校：《雲南志略輯校・諸夷風俗・白人》，雲南民族出版社1986年版，第86頁。

〔註84〕《資治通鑒》卷250《唐紀六十六・懿宗上》，中華書局1956年版，第8095頁。

方國瑜先生研究認為，上述情況，被南詔俘虜的漢人最少估計先後也要有兩個十萬人。〔註85〕

　　大理國時期，大理與宋朝處於相對隔絕的狀態，雲南與內地的關係總體較少，見於紀錄的漢族人口遷徙的情形也少。如：北宋神宗熙寧七年（1074年），峨眉進士楊佐應募入大理國買馬，「自傾其家貲」，備辦貨物，並雇十數人相隨前往，至束密（今姚安）時，「遙見數蠻鋤高山，俄望及華人，遑遽叫號，招群蠻蚍聚。佐乃具巾紓，罄折而立，命其徒皆俯伏，毋輒動；須臾，有老鬈自山而下，問佐何來？佐長揖不拜，俾其徒素諳夷語者，具以本路奉旨招誘買馬事對，徐以二端茜羅啖之。老鬈涕泣而徐言：『我乃漢嘉（在今四川雅安）之耕民也。皇祐中（1049至1054年），以歲饑，來活於茲，今髮白齒落，垂死矣，不圖復見鄉人也。』」〔註86〕如老鬈所說，他們入遷雲南是因「歲饑」，及至楊佐買馬時約20餘年，但在楊佐看來，他們已經「夷」化成了「蠻」人，並且言語難通，需「俾其徒素諳夷語者」相對。此外，楚雄《護法明公德運碑贊摩崖》中載：「□□□□宋國建武軍進士，兩戰場屋，畫虎無成，□□南國，十有六年，蒙公清照，如族□人，□命□□□□」。又「□□□□武軍進士□□□□□士奉命記」。據方國瑜先生研究指出，撰碑者至雲南應在宋紹興十二年（1142年），是時大理國在邕州市馬，撰文者的身世應為流寓之漢人。〔註87〕可見，當時四川等地由於天災、兵災等，有漢族人口逃亡入遷到雲南。

　　綜上，南詔大理國時期進入雲南的漢族移民，主要分布在滇西洱海周圍地區，其移民入遷類型主要有逃亡戍兵、戰爭俘掠以及邊民逃難而入等。這些漢族進入雲南後，往往被南詔大理國統治者分散雜居於當地民族之中。在當地統治民族的統治和壓迫下，他們極易喪失自己的民族特徵而發生「夷化」或「白族化」。〔註88〕如：唐初的姚州是內地漢人戍兵、邊民流落較多的地方，但是到了天寶年間，「弄棟城在故姚州川中，南北百餘里，東西三十餘里。廢城在東岩山上。當川中有平岩，周回五六頃，新築弄棟城在其上。管雜蠻數

〔註85〕參見方國瑜：《雲南民族史講義》，雲南人民出版社2013年，第474頁。
〔註86〕（宋）楊佐撰：《雲南買馬記》，方國瑜主編：《雲南史料叢刊》卷2，雲南大學出版社1998年版，第246頁。
〔註87〕參見《威楚德運碑贊摩崖》，方國瑜主編：《雲南史料叢刊》卷2，雲南大學出版社1998年版，第438～443頁。
〔註88〕陸韌：《唐宋至元代雲南漢族的曲折發展》，《民族研究》1997年第5期。

部落，悉無漢人。姚州百姓陷蠻者，皆被移隸遠處。」〔註89〕說明唐初入遷姚州的內地漢人在天寶戰爭後已「悉無漢人」，他們均已被南詔統治者「移隸遠處」。入遷流落的漢人，同當地民族白蠻一道，利用自身的文化技術優勢以及優越的自然條件對當地的經濟文化發展發揮了重大作用。如《通典·邊防》所載西洱河畔的松外諸蠻，「自云其先本漢人」、「有城郭」，「其土有稻、麥、粟、豆，種獲亦與中夏同」，還說當地「有絲麻，女工蠶織之事」。〔註90〕樊綽《雲南志》卷八也說當地民眾「衣服略與漢同」。〔註91〕卷六又說雲南城（今雲南驛），「城池郭邑皆如漢制」。〔註92〕元初郭松年巡行雲南時，記載稱：「其宮室、樓觀、言語、書數，以至冠昏喪祭之禮，干戈戰陳之法，雖不能盡善盡美，其規模、服色、動作、云為，略本於漢」。〔註93〕可見當地的發展受漢族移民很大的影響。入遷雲南的漢族移民中最著名的人物，莫過於原唐嶲州西瀘縣令鄭回。雲南王閣邏鳳陷嶲州時鄭回被虜帶至雲南，鄭回「通經術」，閣邏鳳非常重視他，後先為皇室子弟如鳳迦異、異牟尋、尋夢湊的教師，在異牟尋繼為雲南王後，被任命為南詔的清平官（「蠻相」，相當於唐的宰相）。〔註94〕他在唐德宗貞元十年（794年）的「唐詔和盟」中起了舉足輕重的促進作用，正如方國瑜先生所說：「鄭回為唐臣任南詔清平官，異牟尋歸唐朝鄭回之力居多，且此行動對南詔關係甚大，南詔後期緬懷先世鑿石造像供奉異牟尋，鄭回亦在其內，此實可能也。」〔註95〕可以認為，鄭回以其個人活動之力，影響到了當地民族的歷史進程。正是由於數量眾多的漢族移民加入了雲南多民族隊伍的行列，才使得當地的經濟文化迅速發展。

〔註89〕（唐）樊綽撰，向達原校，木芹補注：《雲南志補注》卷6《雲南城鎮第六》，雲南人民出版社1995年版，第79頁。

〔註90〕（唐）杜佑撰，王文錦等點校：《通典》卷187《邊防三·南蠻上·松外諸蠻》，中華書局1988年版，第5067頁。

〔註91〕（唐）樊綽撰，向達原校，木芹補注：《雲南志補注》卷8《蠻夷風俗第八》，雲南人民出版社1995年版，第114頁。

〔註92〕（唐）樊綽撰，向達原校，木芹補注：《雲南志補注》卷6《雲南城鎮第六》，雲南人民出版社1995年版，第77頁。

〔註93〕（元）郭松年撰，王叔武校注：《大理行記校注》，雲南民族出版社1986年版，第20頁。

〔註94〕《資治通鑑》卷232《唐紀四十八·德宗七》，中華書局1956年版，第7479～7480頁。

〔註95〕《劍川石寶山石窟造像概說》，方國瑜主編：《雲南史料叢刊》卷2，雲南大學出版社1998年版，第415頁。

第三節　入遷雲南的外來少數民族移民

在古代的雲南，除上文所論漢族移民的入遷活動外，其他少數民族的遷徙與流動才是當地人類活動的主流趨勢，總體上有幾種體現：

一、氐羌系民族

在今天的雲南，生活著彝、納西、哈尼、傈僳、阿昌、景頗、怒、獨龍、拉祜、基諾以及白、藏、普米等漢藏語系藏緬語族的若干民族。對西南藏緬語族的來源，學術界多認為其同歷史上的西北氐羌族群有著直接的關係。譬如，尤中先生認為：「古代居住在西南地區屬於氐羌系統的部落，是分別發展為近代藏緬語族各兄弟民族的核心。」〔註96〕馬曜先生也認為：「戰國秦獻公時，在秦國勢力壓迫下，北方又有一部分羌族南下到大渡河、安寧河流域，與原來分布在這一帶的土著居民相會，經過融合和分化，形成今藏緬語各族。」〔註97〕從考古資料來看，雲南洱海和金沙江中游等地區的文化與西北地區古代氐羌先民的原始文化有較多關係。〔註98〕前文已述及，在新石器時代時期，氐羌民族已南下到滇西一帶，成為當地的主要人群系統。這些新石器時代自北向南移遷的藏緬語民族的先民，由於他們在南遷的時間、通道選擇、路線等方面各不相同，在南遷過程中也不斷發生著文化面貌上的分化，開始形成不同的人群支系。〔註99〕

進入有文字記載的歷史時期，一般是在春秋、戰國及至魏、晉時期，氐羌系民族的南遷進入了高潮階段。史載，西北的甘、青高原是氐羌系民族的主要游牧聚居區，其生產生活狀況是「所居無常，依隨水草。地少五穀，以產牧為業。」〔註100〕氐羌系民族的人們，從新石器時代以來，自西北地區南下，在一個很長時期內都不曾中斷過。秦屬公時秦國的西擴，迫使部分戎族遷入西羌地區，這對羌的發展無疑是一個重要的促進作用。秦滅西戎，對西羌造成了嚴重威脅。西北羌人「畏秦之威」，於是在原來向外遷徙路線的基礎上，開始了更大規模、更遠距離的遷徙。《後漢書・西羌傳》載：「至爰劍曾孫忍時，秦獻公初立，欲復穆公之跡，兵臨渭首，滅狄獂戎。忍季父卬畏秦

〔註96〕尤中：《中國西南民族史》，雲南人民出版社1985年版，第13頁。
〔註97〕馬曜主編：《雲南簡史》（新增訂本），雲南人民出版社2009年版，第3頁。
〔註98〕參見李昆聲、胡習珍：《雲南考古60年》，《思想戰線》2009年第4期。
〔註99〕參見石碩：《藏彝走廊歷史上的民族流動》，《民族研究》2014年第1期。
〔註100〕《後漢書》卷87《西羌傳》，中華書局1965年版，第2869頁。

之威，將其種人附落而南，出賜支河曲西數千里，與眾羌絕遠，不復交通。其後子孫分別，各自為種，任隨所之。或為犛牛種，越嶲羌是也；或為白馬種，廣漢羌是也；或為參狼種，武都羌是也。」〔註101〕這是先秦時期，史籍記載的羌人較大的一次南遷。其中一支——「犛牛種」繼續向西南遷徙到達後來漢代所設的越嶲郡，其地在今川西南和滇西北一帶。《華陽國志・蜀志・越嶲郡定筰縣》說：「筰，筰夷也。汶山曰夷，南中曰昆明，漢嘉、越嶲曰筰，蜀曰邛，皆夷種也。」〔註102〕《華陽國志・南中志》還說「夷人大種曰『昆』，小種曰『叟』，……如汶山、漢嘉夷也」，〔註103〕這裡稱為夷、嶲、邛、筰、昆明、叟等，都是古羌人後裔，屬於羌的支系。在南中的兩大支系昆和叟就是羌族。昆在洱海區域，叟在滇池區域，這兩支是在越嶲分派不同路線遷徙而來雲南的。〔註104〕西漢初年，在西北陝、甘、青連接地帶的氐羌聚居中心區，仍然有一部分氐羌稱之為「叟」。甚至到晉朝時期仍如此。叟族的大部分居住在越嶲郡及朱提郡。在雲南的部分大多與昆明族雜居。1936 年，昭通縣城西 40 公里的灑魚河畔的古墓中，發掘出土一顆銅印，上刻陰文「漢叟邑長」四字，同時出土的還有漢磚。這枚「漢叟邑長」之印，是漢王朝頒給當地叟族首領的信物，令其管理當地的叟族。〔註105〕以上記載與考古資料所見氐羌民族的分布區大致吻合。因此，《史記・西南夷列傳》記載公元前二世紀雲南境內的部落時才說「皆氐類也。」〔註106〕而當時雲南境內的部落狀況，較之春秋、戰國的先秦時期，基本上是一致的。〔註107〕這些入遷的氐羌系民族也被稱作「夷」系民族，〔註108〕主要分布於滇西北地區。

秦漢時期，入遷雲南的氐羌系民族還有僰人。僰人，《史記・司馬相如列傳》說：「相如為郎數歲，會唐蒙使略通夜郎西僰中，發巴蜀吏卒千人，郡又多為發轉漕萬餘人，用興法誅其渠帥，巴蜀民大驚恐。」《集解》說：僰為「羌

〔註101〕《後漢書》卷 87《西羌傳》，中華書局 1965 年版，第 2875～2876 頁。

〔註102〕（晉）常璩撰，劉琳校注：《華陽國志校注》卷 3《蜀志》，巴蜀書社 1984 年版，第 320 頁。

〔註103〕（晉）常璩撰，劉琳校注：《華陽國志校注》卷 4《南中志》，巴蜀書社 1984 年版，第 364 頁。

〔註104〕參見方國瑜：《雲南民族史講義》，雲南人民出版社 2013 年版，第 64 頁。

〔註105〕參見尤中：《雲南民族史》，雲南大學出版社 1994 年版，第 27～28 頁。

〔註106〕《史記》卷 116《西南夷列傳》，中華書局 1959 年版，第 2991 頁。

〔註107〕參見尤中：《雲南民族史》，雲南大學出版社 1994 年版，第 8 頁。

〔註108〕參見蒙默：《試論漢代西南民族中的「夷」與「羌」》，《歷史研究》1985 年第 1 期。

之別種也。」《索隱》注說：「夜郎屬牂柯，僰屬犍為。」〔註109〕此時僰人的
經濟文化已發展到很高的水平，並南遷至滇東北、滇東地區。僰人最早見於
《呂氏春秋‧恃君覽》：「氐羌呼唐，離水之西，僰人、野人……多無君長。」
〔註110〕在先秦時期，氐羌中分化出來的一支「僰人」南遷至今四川南部的宜
賓地區，建立了僰侯國。《史記，西南夷列傳》張守節《正義》說：「今益州
南戎州北臨大江，古僰國。」〔註111〕「僰侯國」後來被秦國蜀郡太守李冰所
擊破。漢武帝建元六年（前135年），設犍為郡，僰族聚居的地方設僰道，列
為犍為郡十二縣之首。由於巴蜀漢民增多，逐漸被擠壓排斥，僰族開始大量
南遷。《華陽國志‧蜀志》僰道縣條載：「本有僰人，故《秦紀》言僰童之富，
漢民多，漸斥徙之。」〔註112〕在這種歷史背景下，他們便沿著秦時開通的五
尺道來到了朱提（今昭通），並給朱提境內的湖澤取名為「千頃池」，《太平御
覽》載：「朱提郡，在犍為南千八百里，治朱提縣。川中縱廣五、六十里。有
大泉，池水千頃，名千頃池。又有龍池，以灌溉種稻，與僰道接。」〔註113〕
這時的僰族，經濟文化發展水平較高，因而能通曉和服從封建王朝的禮儀法
規，被認為是「夷中最仁，有仁道」。〔註114〕漢武帝開通西南夷道，因經過僰
人地區，而被稱為僰道。東漢以後至漢晉時期，隨著南中爨氏大姓的興起，
其統治下的各民族群體都被稱為爨蠻。此時的僰人主要分布於滇池以東及周
邊地區，一部分進入了滇中和滇西地區，並與入遷的漢族交往密切。唐時，
僰人的大部分，在吸收了漢族移民和漢族文化的基礎上形成為新的民族群體
——白蠻，成為了今天白族的先民。元人李京的《雲南志略》對此作了符合
歷史事實的概括：「白人，有姓氏。漢武帝開僰道，通西南夷道，今敘州屬縣
是也。故中慶、威楚、大理、永昌皆僰人，今轉為白人矣。」〔註115〕說明魏

〔註109〕《史記》卷117《司馬相如列傳》，中華書局1959年版，第3044頁。

〔註110〕高誘注：《呂氏春秋》卷20《恃君覽第八》，《諸子集成》第6冊，中華書局
　　　　1954年版，第255～256頁。

〔註111〕《史記》卷116《西南夷列傳》，中華書局1959年版，第2993頁。

〔註112〕（晉）常璩撰，劉琳校注：《華陽國志校注》卷3《蜀志》，巴蜀書社1984年
　　　　版，第285頁。

〔註113〕（宋）李昉等撰：《太平御覽》卷791《四夷部十二‧朱提》引《永昌郡傳》，
　　　　中華書局1960年版，第3509頁。

〔註114〕（北魏）酈道元著，陳橋驛校證：《水經注》卷33《江水》引《地理風俗記》，
　　　　中華書局2007年版，第770頁。

〔註115〕（元）李京撰，王叔武輯校：《雲南志略輯校‧諸夷風俗‧白人》，雲南民族
　　　　出版社1986年版，第86頁。

晉南北朝及至唐宋時期，氐羌族群在向雲南遷徙的過程中，逐漸分化發展為今雲南地區藏緬語族各民族。其他如昆明族、叟族等經過與漢族等民族的融合發展，到唐宋時被稱為烏蠻，成為今天漢藏語系藏緬語族彝語支的先民。

二、百越系民族

前文新石器時代考古表明，滇池、滇東北、滇東南和滇南等地區文化的主人以古代百越先民為主。「百越」一詞最早見於戰國後期呂不韋命賓客所寫的《呂氏春秋・恃君覽》，其文說：「揚漢之南，百越之際。」〔註116〕「百越」是分布在中國南方及中南半島的一個古老族群，由於支系眾多、不相統屬，戰國末年被史家稱為「百越」。其具體分布情況，史載「今之蒼梧、鬱林、合浦、交趾、九真、南海、日南，皆粵分也。」又載「臣瓚曰：自交趾至會稽七八千里，百越雜處，各有種姓，不得盡云少康之後也。」〔註117〕可見當時「百越」主要分布於今浙江、福建、廣東、廣西及越南北部等地。其實，交趾以西也有越人，《史記・大宛列傳》即稱昆明之西千餘里有乘象國，名曰「滇越」。〔註118〕從地理上說，雲南東部與廣西相接，而在公元前三世紀之時，今廣東、廣西一帶是「百越」的主要聚居中心，屬於「百越」系統的部落即由此向西延伸，散及今貴州和雲南的東部及東南部、南部、西南部邊境與中印半島各國北部連接地帶。〔註119〕另外，當代分子人類學的研究者也對百越後裔的遺傳結構進行了研究，認為百越有單起源的遺傳學跡象，可能大約三、四萬年前發源於廣東一帶，而後在發展過程中由廣東向東北、西北、西南三個方向遷徙。〔註120〕說明雲南相關地區在先秦時期有不少屬於「百越」系統的部落。以後，兩廣地區的越人又相繼進入。戰國至西漢時期，嶺南地區的越人在中央王朝大力開發長江以南的軍事壓力下，又繼續進入雲南。〔註121〕

漢晉時期，全國比較著名的越人族群有句吳、於越、東甌、閩越、南越、

〔註116〕高誘注：《呂氏春秋》卷 20《恃君覽第八》，《諸子集成》第 6 冊，中華書局 1954 年版，第 255 頁。

〔註117〕《漢書》卷 28 下《地理志》，中華書局 1962 年版，第 1669 頁。

〔註118〕《史記》卷 123《大宛列傳》，中華書局 1959 年版，第 3166 頁。

〔註119〕參見尤中：《中國西南民族史》，雲南人民出版社 1985 年版，第 11 頁。

〔註120〕參見李輝：《百越遺傳結構的一元二分跡象》，《廣西民族研究》2002 年第 4 期。

〔註121〕參見蒼銘：《雲南民族遷徙文化研究》，雲南民族出版社 1997 年版，第 12 頁。

西甌、駱越等。對於此時期的雲南,《華陽國志・南中志》載:「南中在昔蓋夷越之地,滇濮、句町、夜郎、葉榆、嶲唐侯王國以十數。」〔註122〕「夷」指氐羌系民族,「越」指百越系民族。雲南屬於百越系統的民族主要有滇越、僚、鳩僚等,他們主要分布於滇東南、滇南以及滇西南地區,一般居住在河谷或平壩地區,並與濮系民族等其他系統的民族交錯雜居,故稱「夷越之地」。這和東南沿海及兩廣地區越人集中居住的情況,是有所不同的。〔註123〕

秦統一六國後,在甌、閩地區置閩中郡(治今福建福州),在南越、西甌及駱越地設置南海郡(治今廣東廣州)、桂林郡(治今廣西桂平西南)、象郡(治今廣西崇左境),並大徙中原漢民與百越雜處。這樣,隨著秦中央王朝對越人地區的設治和開發,越人地區受到較大的衝擊,出現大規模的人口分布變動,有跡象表明,其中一部分閩越人,很可能遷到了雲南瀾滄江以西的哀牢地區(今雲南保山等地)。〔註124〕

閩越是百越的一支,主要分布在今福建。秦併天下,在閩越之地設閩中郡。秦末閩越王無諸助漢滅秦有功,又因閩越遠離中原,統治不易,所以羈縻治之,以無諸為閩越王。〔註125〕到漢武帝時,閩越王余善自稱「武帝」為漢所不容,所以元封元年(前110年),漢武帝派兵攻殺余善,結束了閩越的割據局面。《史記,東越列傳》稱:「於是天子曰東越狹多阻,閩越悍,數反覆,詔軍吏皆將其民徙處江淮間。東越地遂虛。」〔註126〕這批被迫遷徙到江淮間的閩越,以後逐漸漢化,成為漢民族的一個組成部分,因而百越民族群體的分布地向南收縮,漢朝的勢力更向東南推進,但仍有少部分留居者成為後來的山越。〔註127〕據此,石鍾健先生研究認為:「閩越是越人南遷的另一支,他們逃遷的時期,可能同東甌相先後。閩越所取的路線,大概也是水路,其前一段路程與東甌相同(沿著東海、南海,而後溯珠江,入西江),其後一段路程即入東京灣(今北部灣)後,溯江河口而上,至老街,捨舟登陸,進入

〔註122〕(晉)常璩撰,劉琳校注:《華陽國志校注》卷4《南中志》,巴蜀書社1984年版,第333頁。

〔註123〕參見汪寧生:《古代雲貴高原上的越人》,百越民族史研究會編:《百越民族史論集》,中國社會科學出版社1982年版,第234頁。

〔註124〕參見蒼銘:《雲南邊地移民史》,民族出版社2004年版,第12頁。

〔註125〕參見《史記》卷114《東越列傳》,中華書局1959年版,第2979頁。

〔註126〕《史記》卷114《東越列傳》,中華書局1959年版,第2984頁。

〔註127〕參見王文光、李曉斌:《百越民族發展演變史——從越、僚到壯侗語族各民族》,民族出版社2007年版,第86頁。

南中，即今雲南，此後經晉寧、大理，到達永昌郡（今保山）。」〔註128〕此後，晉人常璩的《華陽國志·南中志》有關永昌郡民族分布的記載中說，其地「有穿胸、儋耳種，閩越蒲、雞僚」，下文又說當地「有閩蒲」，〔註129〕所以永昌地區有「閩越」。

　　唐宋時期以越民族群體為主發展而來的各個部分，廣泛分布於今天的兩廣、四川南部、雲南、貴州延至中南半島。其中紅河以東的部分大都納入了唐宋王朝的郡縣統治之中，如，唐代百越後裔主要分布在劍南道和嶺南道，由於北宋初期基本上沿襲唐代的行政區劃，百越後裔仍主要分布在劍南道南部和嶺南道。〔註130〕紅河以西部分則在扶南、真臘的統治下緩慢地發展著。這一時期，今兩廣及貴州、四川等地的越人多被稱為「僚」。中央王朝對越人的統治比以往更為深入，在具體的統治方略上，主要採取了「以夷治夷」的羈縻制度，總體關係和諧，但矛盾和衝突也時有發生，並由此引發了僚人的遷徙。其中以北宋時期儂智高部的遷徙最為注目。

　　唐代時儂氏為地方貴族上層，到宋代時被交趾控制。《宋史·蠻夷三》載：「廣源州蠻儂氏，州在邕州西南鬱江之源，地峭絕深阻，產黃金、丹砂，頗有邑居聚落。俗椎髻左衽，善戰鬥，輕死好亂。其先，韋氏、黃氏、周氏、儂氏為首領，互相劫掠。唐邕管經略使徐申厚撫之，黃氏納質，而十三部二十九州之蠻皆定。自交趾蠻據有安南，而廣源雖號邕管羈縻州，其實服役於交趾。」〔註131〕說明大約唐末到五代十國時期，中原王朝對西南邊疆已無力控制，致使「廣源雖號邕管羈縻州，其實服役於交趾。」此後，交趾多次出兵騷擾邊境。儂智高「內怨交趾」，出於對交趾的劫掠不滿，北宋仁宗慶曆八年（1048年），於安德州（今廣西靖西縣安德鄉）反抗交趾，建立南天國，改年號景瑞。儂智高徙居安德州後，派遣使者至邕州，請求內附，希望得到宋朝的支持以對抗交趾李朝。但由於宋朝北部、西北部邊防戰事吃緊，無力南顧，所以拒絕了儂智高的請求，而且此時宋朝的地方官又不能很好地執行民

〔註128〕石鍾健：《論西甌的來源及其有關問題》，中國百越民族史學會、雲南民族事務委員會編：《百越史論集》，雲南民族出版社1989年版，第107頁。

〔註129〕（晉）常璩撰，劉琳校注：《華陽國志校注》卷4《南中志》，巴蜀書社1984年版，第428、430頁。

〔註130〕參見王文光、李曉斌：《百越民族發展演變史——從越、僚到壯侗語族各民族》，民族出版社2007年版，第239～241頁。

〔註131〕《宋史》卷495《蠻夷列傳》，中華書局1985年版，第14214頁。

族政策，故最終又引起了儂智高對宋的反抗。北宋皇祐四年（1052年），儂智高率兵攻陷邕州（今南寧市），建立大南國，稱仁惠皇帝，改年號為啟曆，正式起兵反抗北宋的統治。儂智高師的反宋戰爭，震動了宋朝朝廷。在嚴峻形勢下，皇祐五年（1053年），宋仁宗起用有作戰經驗的狄青去征討儂智高。最終，儂智高「大敗走」，「由合江口入大理國」，〔註132〕起義失敗後其部眾也退入「特磨道」（今富寧、廣南一帶），人口逐漸繁衍增多。明初景泰《雲南圖經志書》卷3《廣南府》云：「俗類百夷。其地多儂人，世傳以為儂智高之後。男子束髮於頂，多服青衣，下裙曳地，賤者掩脛而已。婦人散綰絲髻，跣足，裙帶垂後，皆戴尖頂大笠。習俗儉約，大率與百夷同。疾病不服藥，惟務祭鬼而已。」〔註133〕明末天啟《滇志》亦載：「儂人，其種在廣南。……其酋為儂智高裔，部夷亦因號儂。」〔註134〕可見「儂人」之稱，也因其當地統治者姓儂，其統治區域內的「部夷亦因號儂」。清道光《開化府志》也作了記載：「儂人，廣南儂智高遺種，散居八里。……親死，素食麻衣，土巫卜期火葬，不拘日月遠近，歲終，服即除。」〔註135〕宋時，「儂人」以「特磨道」為中心，並遍及附近各地。宋以後，儂氏後裔勢力很大，並且由儂氏貴族統治了當地居民。如，《元史·世祖本紀》載至元十二年（1275年）二月乙丑，「宋福州團練使、知特摩道事農士貴，率知那寡州農天或、知阿吉州農昌成、知上林州農道賢，州縣三十有七，戶十萬，詣雲南行中書省請降。」〔註136〕元朝即此於特磨道設廣南西路宣撫司，並設置土官，其土官皆「為儂智高後裔」，隸屬雲南行省。

三、濮系民族

　　雲南地區還居住著許多被稱為「濮」的部落群體。關於「濮」的概念，至今未有一致看法。這裡所說的「濮」，指江漢之「百濮」以及瀾滄江之濮。

〔註132〕《宋史》卷495《蠻夷列傳》，中華書局1985年版，第14215～14217頁。
〔註133〕（明）陳文修，李春龍、劉景毛校注：景泰《雲南圖經志書校注》卷3《廣南府·事要·風俗》，雲南民族出版社2002年版，第190～191頁。
〔註134〕（明）劉文徵撰，古永繼校點：《滇志》卷30《羈縻志第十二·種人·儂人》，雲南教育出版社1991年版，第1001頁。
〔註135〕（清）湯大賓、周炳原纂，婁自昌、李君明點注：《開化府志點注》卷9《風俗·種人》，蘭州大學出版社2004年版，第244頁。
〔註136〕《元史》卷8《世祖本紀五》，中華書局1976年版，第163頁。

　　「百濮」是指先秦時期活躍於中國南方的一大族群，起源於江漢平原地區，因所含部族繁多，故稱「百濮」。從考古學上說，其範圍大體以江漢平原為主，包括鄂西北和河南南陽地區，被概稱為長江中游和漢水流域的新石器時代文化。〔註137〕春秋以後，楚國開始向江漢地區擴展，濮的活動範圍逐漸縮小。《史記‧楚世家》載熊通自立為楚武王後，「始開濮地而有之」，〔註138〕大片濮地為楚所佔，從而造成江漢濮人的遷徙流動。濮人中的大部分留居原地加入楚人，並融合到楚人中隨同楚人成為後來漢族的組成部分。另一部分則遷往川、滇、黔等西南地區。此後，江漢地區基本上已不見濮人，而秦漢以後，關於百濮在西南地區的文獻記載則頻繁出現，〔註139〕如《華陽國志‧南中志》載建寧郡談稿縣「有濮、僚。」〔註140〕談稿縣為西漢時所立，隸屬牂牁郡，東漢因之。漢末蜀漢省。晉武帝復立，改屬建寧郡，其故治在今雲南富源附近，其地本為夜郎故地，因而屬百越分布範圍。又載：「興古郡，建興三年（315 年）置。……多鳩僚、濮。」〔註141〕興古郡是秦漢時駱越的分布區，為今滇東南與廣西百色、貴州興義相連接地區，在此前文獻中沒有出現過當地有濮的記錄，而魏晉時卻出現濮與鳩僚同居當地的情況，亦可推測這裡的濮人是楚滅濮後遷徙而來的。《華陽國志‧南中志》還載興古郡下的句町縣：「故句町王國名也。其置自濮王，姓毋，漢時受封迄今。」〔註142〕說明句町縣也有濮人分布，並明確表明句町置縣之前是句町王國，這裡原是濮人佔領的地方，首領姓毋。以上所列，說明濮人向雲南等地遷徙移動的可能性是存在的。另外，從考古學上講，這些經遷徙進入川、滇、黔的濮人，在與當地人民的融合發展中創造了燦爛的文化，即以二次葬為主要特徵的「大石墓」文化，其主要分布於川南的西昌等地和滇西的姚安、祥雲、彌渡、南澗、

〔註137〕參見湖北省文物考古研究所：《五十年來湖北省文物考古工作》，文物出版社編：《新中國考古五十年》，文物出版社 1999 年版，第 278～280 頁。

〔註138〕《史記》卷 40《楚世家第十》，中華書局 1959 年版，第 1695 頁。

〔註139〕參見王文光、段麗波：《昆明族源流考釋》，《貴州民族學院學報》（哲社版）2006 年第 6 期。

〔註140〕（晉）常璩撰，劉琳校注：《華陽國志校注》卷 4《南中志》，巴蜀書社 1984 年版，第 410 頁。

〔註141〕（晉）常璩撰，劉琳校注：《華陽國志校注》卷 4《南中志》，巴蜀書社 1984 年版，第 455 頁。

〔註142〕（晉）常璩撰，劉琳校注：《華陽國志校注》卷 4《南中志》，巴蜀書社 1984 年版，第 458 頁。

賓川、巍山、雙江等地。〔註143〕最終，遷入雲南的這些濮人，其中的先進部分在戰國時期，分別建立或參與建立了滇國、夜郎等地方政權。另外的部分，如越巂、建寧和部分牂牁之濮等，則成為彝語支民族先民的組成部分。滇中滇池區域的濮人，由於大量氐羌系統的「昆明」人東進和僰人南下的影響，被迫跟隨滇國的主體民族越人一起向南移動，後來成為滇南壯、傣等民族的先民。其餘濮人也在漢晉時期與百越等民族逐漸融合成為新的「僚」，部分成為近代仡佬族的先民。〔註144〕

此外，雲南西南部地區孟高棉語族民族的先民——西漢之「苞滿」、東漢之「閩濮」的民族群體也稱為「濮」，為瀾滄江之濮。如，《史記·司馬相如列傳》載「苞滿」時說：「漢興，七十有八載，德茂存於六世，威武紛紜，……於是乃命使西征，隨流而攘，風之所被，罔無披靡。……略斯榆，舉苞滿，結軌還轅，東鄉將報，至於蜀都。」〔註145〕東漢時期還有與「苞滿」同屬的「閩濮」，《華陽國志·南中志》載：「寧州之極西南也，有閩濮……」〔註146〕由於史料對他們的記載極少，所以有關他們的政治、經濟等情況，知之甚少。大體上，他們是秦漢時期從中南半島北上遷徙而來的。〔註147〕

四、蜀人南遷與楚人入滇

先秦時期外來民族的遷徙中還包括蜀人的南遷。周慎王五年（前316年），秦滅蜀，〔註148〕因秦大量向蜀地移民，導致蜀王室殘部勢力以及蜀人大規模南遷。〔註149〕南遷的蜀人主要經五尺道、零關道南下，〔註150〕大量進入今川滇交接地帶。《史記·三代世表·正義》引《譜記》所記：蜀「國破，子孫居

〔註143〕參見張增祺：《中國西南民族考古》，雲南人民出版社2012年版，第57頁。
〔註144〕參見瞿國強：《先秦西南民族史論》，黑龍江教育出版社2012年版，第182頁。
〔註145〕《史記》卷117《司馬相如列傳》，中華書局1959年版，第3049頁。
〔註146〕（晉）常璩撰，劉琳校注：《華陽國志校注》卷4《南中志》，巴蜀書社1984年版，第430頁。
〔註147〕參見王文光、段紅雲：《中國古代的民族識別》（修訂本），雲南大學出版社2011年版，第193頁。
〔註148〕參見（晉）常璩撰，劉琳校注：《華陽國志校注》卷3《蜀志》，巴蜀書社1984年版，第192頁。
〔註149〕參見石碩：《藏彝走廊歷史上的民族流動》，《民族研究》2014年第1期。
〔註150〕參見石碩：《漢代西南夷中「嶲」之人群內涵——兼論蜀人南遷以及與西南夷的融合》，《民族研究》2009年第6期

姚（今雲南大姚）、嶲（指嶲唐縣，在今雲南保山）等處。」〔註151〕另據史載，約戰國後期至西漢初年，蜀王子率兵三萬人征服南方交趾一帶，自稱「安陽王」，而此地之前「未有郡縣」，原為「雒民」的居住區，有「雒王、雒侯」進行統治。〔註152〕此外，《史記‧三代世表》還記：「蜀王，黃帝後世也，至今在漢西南五千里，常來朝降，輸獻於漢。」〔註153〕對此，石碩先生研究指出，漢晉時期史籍中有關西南夷記載出現的「嶲」、「叟」等人群稱謂應與南遷的這些蜀人有關。〔註154〕本文認為在以上兩次蜀人南遷過程中，當有部分蜀民遺落雲南境內，後來，這些南遷蜀人均融入當地藏緬語族彝語支民族之中。

　　楚人也曾進入雲南。楚人原生活於今河南西南部和湖北西北部一帶。西周後期，楚國與諸夏的聯繫增多，勢力逐漸強大起來。楚文化是以楚人為主創造的有自身特徵的文化，以湖北江漢平原為中心，分布於長江中下游各省。其文化的構成較為複雜，在繼承荊蠻和淮夷等本地文化的基礎上，又不斷吸收了大量中原文化和少量吳越、巴蜀等文化因素。楚國的先世，據說是出於帝顓頊高陽氏和帝嚳的火正祝融氏，即楚人原本為華夏族。即《史記‧楚世家》所云：「楚之先祖出自帝顓頊高陽。高陽者，黃帝之孫，昌意之子也。」但實際上楚人的始祖是周文王時的鬻熊。《史記‧楚世家》還載：「周文王之時，季連之苗裔曰鬻熊。鬻熊子事文王，蚤卒。其子曰熊麗。熊麗生熊狂，熊狂生熊繹。熊繹當周成王之時，舉文、武勤勞之後嗣，而封熊繹於楚蠻，封以子男之田。」其地在荊山（在今湖北西部、武當山東南、漢水西岸），又稱荊蠻。並且在周夷王時（約前9世紀）和楚武王三十五年（前706年）時，楚王還都以「蠻夷」自居，不與「中國」相同。《史記‧楚世家》記載周夷王時楚國君熊渠興兵伐庸和楊粵，至於鄂，言「我蠻夷也，不與中國之號諡」；楚武王三十五年，熊通伐隨，「隨曰：『我無罪。』楚曰：『我蠻夷也。今諸侯皆為叛相侵，或相殺。我有敝甲，欲以觀中國之政，請王室尊吾號。』隨人

〔註151〕《史記》卷13《三代世表第一》，中華書局1959年版，第507頁。
〔註152〕參見（北魏）酈道元著，陳橋驛校證：《水經注》卷37《葉榆河》引《交州外域記》，中華書局2007年版，第861頁。亦見《史記》卷113《南越列傳》「索隱」引《廣州記》，中華書局1959年版，第2969頁。
〔註153〕《史記》卷13《三代世表第一》，中華書局1959年版，第506頁。
〔註154〕參見石碩：《漢代西南夷中「嶲」之人群內涵——兼論蜀人南遷以及與西南夷的融合》，《民族研究》2009年第6期；石碩：《漢晉之際西南夷中的「叟」及其與蜀的關係》，《民族研究》2011年第6期。

為之周，請尊楚，王室不聽，還報楚。三十七年，楚熊通怒曰：『吾先鬻熊，
文王之師也，蚤終。成王舉我先公，乃以子男田令居楚，蠻夷皆率服，而王
不加位，我自尊耳。』乃自立為武王，與隨人盟而去。」〔註155〕雖自稱「蠻
夷」，但已充滿華夏意識。及至春秋晚期，楚族已為諸夏接受；到戰國時，已
在彬彬華夏之風中華夏化。然而，分布在山區生產生活條件較差的部分，則
更多地保持原有的經濟文化生活，和其他落後的苗蠻一樣，在長沙武陵一帶
繼續發展，成為後來的「武陵蠻」。〔註156〕在楚國開疆拓土的過程中，共滅國
六十餘個，經歷了一個向北、向東、向西擴張的戰略。其中楚向西經略的過
程，其實也就是對西南地區開發和經營的過程。〔註157〕戰國時期社會經濟急
劇變化，戰國七雄都力爭統一天下，逐步形成秦、楚爭霸的局面。前 316 年
（秦惠文王後元九年，楚懷王十三年），秦派司馬錯伐蜀，〔註158〕嚴重威脅著
楚國的西南境。前 298 年（秦昭襄王九年，楚懷王三十一年），楚懷王被虜入
秦，「秦因留楚王，要以割巫、黔中之郡」，〔註159〕此為秦國向東南擴展勢力
的戰略意圖。前 285 年（秦昭襄王二十二年，楚頃襄王十四年），秦蜀守張若
攻取筰人之地（今四川涼山地區及漢源縣一帶）。〔註160〕前 280 年（秦昭襄王
二十七年，楚頃襄王十九年），秦又使司馬錯發隴西，攻取了楚的黔中地區（今
湖南常德一帶）。〔註161〕或許黔中等郡關係到楚國的命運，也許就在此時，楚
國為穩定其西南後方，便派大將莊蹻「將兵循江上，略巴、黔中以西。……
蹻至滇池，方三百里，旁平地，肥饒數千里，以兵威定屬楚。」〔註162〕莊蹻
沿長江而上，經通滇古道，攻取巴、牂牁、夜郎等地，並從今曲靖地區進入
滇池地區。前 277 年（秦昭襄王三十年，楚頃襄二十二年），秦蜀守張若伐楚，
再次攻佔楚的巫、黔中等郡。〔註163〕幾年內，秦對黔中攻佔再攻佔，說明秦、
楚在黔中郡等地區展開了激烈的爭奪。秦佔據了巫、黔中郡，「道塞不通」，

〔註155〕《史記》卷 40《楚世家第十》，中華書局 1959 年版，第 1689～1695 頁。

〔註156〕王文光、段紅雲：《中國古代的民族識別》（修訂本），雲南大學出版社 2011
　　　　年版，第 287 頁。

〔註157〕參見鄒芙都：《論楚國對西南地區的經營》，《雲南社會科學》2005 年第 2 期。

〔註158〕參見《史記》卷 5《秦本紀第五》，中華書局 1959 年版，第 207 頁。

〔註159〕《史記》卷 40《楚世家第十》，中華書局 1959 年版，第 1728 頁。

〔註160〕參見（晉）常璩撰，劉琳校注：《華陽國志校注》卷 3《蜀志》，巴蜀書社 1984
　　　　年版，第 200 頁。

〔註161〕參見《史記》卷 5《秦本紀第五》，中華書局 1959 年版，第 213 頁。

〔註162〕《史記》卷 116《西南夷列傳》，中華書局 1959 年版，第 2993 頁。

〔註163〕參見《史記》卷 5《秦本紀第五》，中華書局 1959 年版，第 213 頁。

切斷了莊蹻返回楚國的退路，莊蹻無法「歸報」，「因還，以其眾王滇，變服，從其俗，以長之」。〔註164〕於是莊蹻從此留在滇池地區為滇王，最後融合到滇人之中。其部眾有多少人，史料中無明載。既然莊蹻率軍為與秦爭戰，又古代行軍，輜重兵不能少，估計當有數萬人。儘管為了便於統治數量大得多的當地民族，他們改變了自己的服裝和風俗習慣，但也必然帶去了相對先進的文化，加強了長江中游地區與雲南地區的聯繫，使得雲南滇池地區形成了與長江中游地區關係密切的青銅文化。如 1999 年雲南昆明羊甫頭墓地發掘出土了一大批色彩鮮豔、圖案精美的漆器，〔註165〕其發展與楚緊密相關，可以認為與楚漆器的風格是一脈相承的。又如晉寧石寨山、江川李家山出土的靴形銅鉞形制與江陵拍馬山、湖南衡山等地所出基本一致，兩地年代相近，說明滇文化中這種器物應起源於楚。等等。說明滇文化遺存了許多楚文化的因素。〔註166〕

〔註164〕《史記》卷 116《西南夷列傳》，中華書局 1959 年版，第 2993 頁。
〔註165〕參見雲南省考古研究所、昆明市博物館、官渡區博物館：《雲南昆明羊甫頭墓地發掘簡報》，《文物》2001 年第 4 期。
〔註166〕參見鄒芙都：《論楚國對西南地區的經營》，《雲南社會科學》2005 年第 2 期。

第二章 元明清時期雲南外來少數民族移民的入遷

第一節 元初的雲南社會及元明清時期雲南的設治

一、元初雲南的民族分布及社會經濟概況

經過元代以前的民族遷徙和民族融和，不僅雲南地區的民族成分變得更加複雜，而且各民族的分布也更趨交錯雜居的態勢。這些外地人口遷居雲南，經幾代繁衍，即成土著。元初居住在雲南地區的原有民族，元人李京《雲南志略》記載，主要有白人、羅羅、金齒百夷、末些蠻、土獠蠻、野蠻、斡泥蠻、蒲蠻等，他們大多處於孕育、形成的階段。

（一）白人

元初的白人即今白族先民，是秦、漢以來的僰族及隋唐時期的白蠻在大量吸收漢文化及漢族人口的基礎上形成的，是在雲南除漢族外影響最大的民族。《雲南志略》記載：「白人，有姓氏。漢武帝開僰道，通西南夷道，今敘州屬縣是也。故中慶、威楚、大理、永昌皆僰人，今轉為白人矣。……則白人之為僰人，明矣。」〔註1〕李京明確說明白人的源流以及分布區域：中慶路（駐今昆明）、威楚路（駐今楚雄）、大理路（駐今大理）、永昌府（駐今保山）

〔註1〕（元）李京撰，王叔武輯校：《雲南志略輯校·諸夷風俗·白人》，雲南民族出版社1986年版，第86頁。（下文有關「白人」之史料無注釋者均出自本書86～88頁。）

一線的城鎮及平壩中都有白人分布，此外曲靖路及其所屬各州縣的城鎮及城鎮周圍的平壩也是白人的聚居區。〔註2〕

語言方面，「白人語：著衣曰衣衣，吃飯曰咽羹茹，樵採曰拆薪，帛曰罽，酒曰尊，鞍鞊曰悼泥，牆曰磚垣」，說明白語在當時的使用很廣泛。

農業是白人的主要生產部門，白人的絕大部分人口都在壩區耕種水田，而且其農業生產技術與內地的漢族相接近，「冬夏無寒暑，四時花木不絕。多水田，謂五畝為一雙。山水明秀，亞於江南，麻、麥、蔬、果頗同中國。」由於白人的生產發展水平較高，居住區域又靠內，為了便於與內地漢族地區進行商業上的交往。所以，在當地形成定期的集市——街子，並用貝作貨幣，使與金、銀、鈔同時流通。《雲南志略》說：「市井謂之街子，午前聚集，抵暮而罷。交易用貝子，俗呼為貤，以一為莊，四莊為手，四手為苗。五苗為索。」

白人還普遍地信仰佛教，「佛教甚盛。戒律精嚴者名得道，俗甚重之。」白人的生活習俗方面，《雲南志略》作了詳細的記載，如服飾、飲食、居住、婚姻喪葬等習俗介於「夷」、漢之間，〔註3〕「小兒各持松明火相燒為戲」，則是關於火把節的最早文獻記載。

（二）羅羅

李京的《雲南志略》明確指出：「羅羅，即烏蠻也。」〔註4〕羅羅是由南詔、大理國時期的「烏蠻」發展演變而來的。元代烏蠻中的鹿盧蠻被稱為「羅羅」，後來的明清時其他民族遂以「羅羅」泛稱彝族。唐朝開元年間，爨歸王駐石城，統治元朝時期的曲靖路一帶。在爨氏統治下的人民既有「烏蠻」，也有「白蠻」，他們因之被稱為「爨人」，「爨人」又分「白爨」和「黑爨」。所以，元朝時期的羅羅即「烏蠻」仍稱為「黑爨」，白人則稱為「白爨」。羅羅的分布區域是順元（駐今貴陽）、曲靖、烏蒙（駐今昭通）、烏撒（駐今威寧）、越巂（今四川涼山）一帶，即今貴州西部與雲南東北部、川南、川西南相連接地帶均可見到。在雲南境內，除怒江、瀾滄江下游以西的地區外，其他區域均有彝族聚居或與其他民族相雜居。〔註5〕

〔註2〕參見尤中：《雲南民族史》，雲南大學出版社1994年版，第296頁。

〔註3〕參見尤中：《雲南民族史》，雲南大學出版社1994年版，第303頁。

〔註4〕（元）李京撰，王叔武輯校：《雲南志略輯校·諸夷風俗·羅羅》，雲南民族出版社1986年版，第89頁。（下文有關「羅羅」之史料無注釋者均出自本書89～91頁。）

〔註5〕參見方鐵主編：《西南通史》，中州古籍出版社2003年版，第747頁。

　　李京記載羅羅集中居住的烏撒地區時說，「節氣如上都，宜牧養，出名馬、牛羊」。〔註6〕可見，羅羅多居住在山區和半山區，經濟以畜牧為主，在壩子也與其他民族相雜居。比起白人來，元初的羅羅總體生產力水平較低，表現在物質生活水平的低下，如：「婦人披髮，衣布衣，貴者錦綠，賤者披羊皮。乘馬則並足橫坐。室女耳穿大環，剪髮齊眉，裙不過膝。男女無貴賤皆披氈，跣足，手面經年不洗。……雖貴，床無褥，松毛鋪地，惟一氈一席而已。」

　　羅羅富於原始的尚武精神，諸部落間時常發生激烈的冤家械鬥，「左右佩雙刀，喜鬥好殺，父子昆弟之間，一言不相下，則兵刃相接，以輕死為勇。」「遇戰鬥，視死如歸」。由於戰鬥的需要，羅羅「善造堅甲利刃，有價值數十馬者。標槍勁弩，置毒矢末，沾血立死。」

　　由於物質生活低下，羅羅的文化也較原始，多信巫鬼。名為「大奚婆」的男巫，同時也是巫醫，「有疾不識醫藥，惟用男巫」。男巫還是酋長左右的決策者，「以雞骨占吉凶；酋長左右斯須不可闕，事無鉅細皆決之」。

　　在婚姻家庭方面，李京記載羅羅「妻妾不相妒忌。……正妻曰耐德……」，在婚姻形態上行多妻制，且「夫婦之禮，晝不相見，夜同寢。子生十歲，不得見其父」，男女雙方除夜晚同宿外，其餘時間多不生活在一起。這種方式與近世摩梭人的「走婚」大約相類。其婚姻，「嫁娶尚舅家，無可匹者，方許別娶」，實行的是姑舅表婚。這種習慣在彝族中從元代一直持續到近代。李京還記載，凡娶婦之家，除男巫「大奚婆」享有「初夜權」之外，「次則諸房昆弟皆舞之，謂之和睦；後方與其夫成婚。」甚至「昆弟有一人不如此者，則為不義，反相為惡。」酋長的「正妻曰耐德，非耐德所生，不得繼父之位。若耐德無子，或有子未及娶而死者，則為娶妻，諸人皆得亂，有所生，則為已死之男女。如酋長無繼嗣，則立妻女為酋長，婦人無女侍，惟男子十數奉左右，皆私之。」這些記載，表明原始宗教在羅羅社會的勢力與影響是巨大的，也表明元代的羅羅社會還保留著原始的群婚制殘餘及轉房習俗。

　　羅羅的葬俗，《雲南志略》有以下記載：「酋長死，以豹皮裹屍而焚，葬其骨於山，非骨肉莫知其處。葬畢，用七寶偶人，藏之高樓，盜取鄰近貴人之首以祭。如不得，則不能祭。祭祀時，親戚畢至，宰殺牛羊動以千數，少

〔註6〕（元）李京撰，王叔武輯校：《雲南志略輯校・物產》，雲南民族出版社 1986年版，第 100 頁。

者不下數百。」表明羅羅社會實行火葬。至今,大、小涼山地區的彝族仍行火葬。

(三)金齒百夷

元代,仍然沿襲唐朝時期的叫法稱傣族先民為「金齒百夷」,明代稱「百夷」或「白夷」,清代稱為「擺夷」,其內部則自稱「傣」。《雲南志略》說:「西南之蠻,百夷最盛。北接吐蕃,南抵交趾,風俗大概相同。」可見元代傣族分布之廣,在元代雲南行省的西南部、南部、東南部邊疆是他們的主要聚居區。李京還從紋身、飾齒習俗對百夷進行了分類:「金齒蠻」、「漆齒蠻」、「繡面蠻」、「花腳蠻」及「花角蠻」等。〔註7〕

從經濟上看,「金齒百夷」的各個部分都普遍從事比較發達的稻作農業生產,手工業生產也有相當的水平。由於處於土司管轄地區,加上對外交通不便,所以商業交換並不發達,「交易五日一集,且則婦人為市,日中男子為市,以氈、布、茶、鹽互相貿易。」但是,當地「地多桑柘,四時皆蠶」,表明桑蠶業在他們的經濟生活中佔有重要地位,其絲織業也應該很發達。在生產生活中,女子是主要的生產者,「盡力農事,勤苦不輟。及產,方得少暇」,而其男子則「不事稼穡,唯護小兒」。

元代各地區的「金齒百夷」之間沒有統屬關係,經常發生攻掠與仇殺,「雜霸無統紀,略有仇隙,互相戕賊。遇破敵,斬首置於樓下,軍校畢集,結束甚武,髻插雉尾,手執兵戈,繞俘馘而舞,仍殺雞祭之,使巫祝之曰:『爾酋長、人民速來歸我!』」

元代時,由於內部的奴隸制經濟未曾充分發展起來,能夠統一各部分的最大的奴隸主權力並不曾出現,所以在「金齒百夷」的各部中,還沒有統一的、各部通用的文字,各地「百夷」仍然是「記識無文字,刻木為約」。

婚姻習俗方面,李京記載說:「嫁娶不分宗族,不重處女,淫亂同狗彘。」此外,女子婚前有充分的性自由,「未嫁而死,所通之男人持一幡相送,幡至百者為絕美。父母哭曰:『女愛者眾,何期夭耶!』」他們還有一種特殊的「產翁制」風俗,女子「既產,即抱子浴於江,歸付其父。動作如故。」李京對此大為不解,以至於附會為「至於雞亦雌卵則雄伏也」。

〔註7〕參見(元)李京撰,王叔武輯校:《雲南志略輯校・諸夷風俗・金齒百夷》,雲南民族出版社 1986 年版,第 93 頁。(下文有關「金齒百夷」之史料無注釋者均出自本書 91～93 頁。)

（四）末些蠻

末些蠻，即今納西族先民。納西族先民是古代西羌的一支，漢代「牦牛夷」、晉代「摩沙夷」、唐代「磨些」、「磨蠻」與「些蠻」，都與末些有密切的淵源關係。關於末些的分布地域，《雲南志略》說：「末些蠻，在大理北，與吐蕃接界，臨金沙江。」〔註 8〕元代末些人的分布區域，與南詔、大理國時期完全相同。他們主要聚居在麗江路（治今麗江）所屬各府、州、縣境內，柏興府（治今四川鹽源）、鶴慶路也有一部分散居。

關於末些的經濟生活，李京說：「末些蠻……地涼，多羊、馬及麝香、名鐵。」自唐代以來，末些族即以善於冶鐵、鑄劍著稱於西南各民族中。當然，在生產中使用的也是鐵質生產工具。然而，直到元朝時期，末些族中的農業生產還沒有充分發展起來，其生活「俗甚儉約」，在他們的糧食中，「飲食疏薄，一歲之糧，圓根（蔓菁）已半實糧也。」「貧家」甚至「鹽外不知別味」。畜牧業生產卻較之農業生產相對地更為發達，各個體家庭都擁有數量不等的羊、馬群等。

李京說末些蠻「依江附險，酋寨星列，不相統攝。」大理國後期，末些貴族大酋長阿良（麥良）因迎降蒙古軍隊有功，受到元朝的扶持，被授給世襲土官的職位。但阿良和他的子孫們，都還不曾把分散在各地的末些部落統一起來。末些的各部落，仍舊分別保持著他們原來的部落組織，「酋寨星列」，散居在金沙江上游兩岸，互相間並沒有統屬關係，而是由各部落的貴族分子分別管理自己的部落。但內部已有明顯的貧富貴賤的差別，小首領對大酋長表示服從，「有力者尊敬官長」。部落與部落之間經常發生械鬥，其人尚武好鬥，「善戰善獵，挾短刀，以硨磲為飾。少不如意，鳴鉦相讎殺」，但婦女一出來調解，雙方便立即停戰。這說明原始的母系氏族制度在他們中間還有殘存，婦女在氏族、部落中有較高的威信，受到相當程度的尊重。

末些的生活儉約，在衣著方面也較粗劣簡單，「婦人披氈，皂衣，跣足，風鬟高髻。女子剪髮齊眉，以毛繩為裙。」男女在婚姻關係方面似乎更為自由，女子「裸霜不以為恥」，而且男女間「淫亂無禁忌」。

葬俗方面，李京說：「人死，則用竹簣舁至山下，無棺槨，貴賤皆焚一所，

〔註 8〕（元）李京撰，王叔武輯校：《雲南志略輯校．諸夷風俗．末些蠻》，雲南民族出版社 1986 年版，第 93 頁。（下文有關「末些蠻」之史料無注釋者均出自本書 93～94 頁。）

不收其骨；非命死者，則別焚之。」通行源於氐羌民族的共同習俗——火葬，並一直沿襲至今。

末些族文化生活的某些方面與彝族相近，「頗與烏蠻同」。但卻不信仰彝族中的那種巫鬼，而只崇拜自然的天。李京記載，元代末些人「不事神佛」，只是在每年的「正月十五日登山祭天，極嚴潔。」在這一天，「男女動百數，各執其手，團旋歌舞以為樂。」

（五）土獠蠻

元朝時期，雲南行省東北部與四川行省連接地帶，有一個民族群體被稱為「土獠」。從名稱推斷，它應是以往「僚」族的一部分。李京記載了這個民族居地的大致方位：「土獠蠻，敘州（今宜賓）南、烏蒙（今昭通）北皆是。」〔註9〕尤中先生認為，這裡的「土獠」顯然就是《新唐書‧南蠻傳》裏所記載的戎（今宜賓）、瀘（今瀘州）間的「葛僚」。因為僅就分布區域來看，元代「土獠」的分布區域與唐代「葛僚」的分布區域完全一致，而「葛僚」即「仡佬」。宋朝以後，仡佬族的分布區域已經從湘西、黔東地帶往西，直達川、滇、黔三省連接地帶。〔註10〕

關於土獠蠻的經濟狀況，李京說是「山田薄少，刀耕火種。所收稻穀，懸於竹棚之下，日旋搗而食，常以採荔枝、販茶為業云。」由以上記載來看，土獠蠻囿於自然條件的限制，他們在山區從事比較原始、粗放的農業生產，因而產量也比較低下。土獠蠻對外的貿易交換看來也產生了，手工業也有了一定程度的發展，部分人還從事果園的種植和商品的販運活動。只是由於其整個農業的發展水平不高，所以估計其貿易經濟也不會很發達。

關於土獠蠻的習俗，李京說，「男子及十四、五，則左右擊去兩齒，然後婚娶。豬、羊同室而居。無匕筋，手搏飯而食。足蹈高橇，上下山阪如奔鹿。婦人跣足、高髻，樺皮為冠，耳墜大雙環，衣黑布，項帶鎖牌以為飾。」明代貴州境內，部分仡佬族被稱為「打牙仡佬」。元代敘州南、烏蒙北的這部分「土獠蠻」，無疑為仡佬族中的「打牙仡佬」。懸棺崖葬是土獠蠻富有特色的葬俗，「人死，則以棺木盛之，置於千仞顛崖之上，以先墮者為吉。」

〔註9〕（元）李京撰，王叔武輯校：《雲南志略輯校‧諸夷風俗‧土獠蠻》，雲南民族出版社1986年版，第94頁。（下文有關「土獠蠻」之史料無注釋者均出自本書94～95頁。）

〔註10〕參見尤中：《雲南民族史》，雲南大學出版社1994年版，第321頁。

（六）野蠻

「野蠻」與今景頗族有淵源關係。元代的「野蠻」南詔時期稱「裸形蠻」。「野蠻」也是氐羌系統民族，是烏蠻支系中發展最為緩慢的部分，所以在元明清時才被漢族他稱為「野蠻」。李京記載：「野蠻，在尋傳以西，散居岩谷。無衣服，以木皮蔽體，形醜惡。男少女多，一夫有十數妻。持木弓以禦侵暴。不事農畝，入山林採草木及動物而食。無器皿，以芭蕉葉藉之。」〔註11〕表明「野蠻」分布在「尋傳蠻」的西部，即伊洛瓦底江以西地帶。

關於其生產、生活狀況，李京記載「野蠻」的情況與樊綽《雲南志》的記載相差不大，〔註12〕因此，可以認為元代時「野蠻」的居住區域和生產生活狀況等較之南詔時期基本上沒有改變。

（七）斡泥蠻

「斡泥蠻」是今哈尼族的先民，元代的文獻又記為「窩泥」、「禾泥」等，屬氐羌系統民族，在唐、宋時稱「和蠻」，與烏蠻有親緣關係，文化生活與羅羅有一定區別。《雲南志略》對其記載不甚詳細，「斡泥蠻，在臨安西南五百里，巢居山林。治生極儉，家有積貝，以一百二十索為一窖，藏之地中。將死，則囑其子曰：『我平日藏若干，汝可取幾處，餘者勿動，我來生用之。』其愚如此。」〔註13〕

「斡泥蠻」主要居住在「臨安西南五百里」，亦即今紅河、元陽、金平、開遠、綠春、文山、江城、元江、墨江、思茅和普洱一帶，西雙版納、景東、景谷、雙柏、南華、鄧川、昭通和鎮雄等地也有少量分布。「斡泥蠻」主要由漢晉時期的昆明、嶲族部落演變而來，「白斡泥」也吸收了一些混雜在斡泥地

〔註11〕（元）李京撰，王叔武輯校：《雲南志略輯校·諸夷風俗·野蠻》，雲南民族出版社1986年版，第95頁。

〔註12〕參見（唐）樊綽撰，向達原校，木芹補注：《雲南志補注》卷4《名類第四·裸形蠻》，雲南人民出版社1995年版，第59～60頁：「裸形蠻，在尋傳城西三百里為窠穴，謂之為野蠻。閣羅鳳既定尋傳而令野蠻散居山谷。其蠻不戰自調伏集，戰自召之。其男女遍滿山野。亦無君長。作攂欄舍屋。多女少男。無農田，無衣服，惟取木皮以蔽形。或五妻十妻共養一丈夫，盡日持弓，不下攂欄。有外來侵暴者則射之。其妻入山林，採拾蟲魚菜螺蜆等歸啖食之。去咸通三年十二月二十一日，亦為群隊，當陣面上。如有不前衝者，監陣正蠻旋刃其後。」

〔註13〕（元）李京撰，王叔武輯校：《雲南志略輯校·諸夷風俗·斡泥蠻》，雲南民族出版社1986年版，第95～96頁。

區的樊蠻人口。〔註14〕

李京稱斡泥蠻「巢居山林」，說明該民族主要是多居於上述分布地區的山區或半山區，同區域的河谷平壩中則為「百夷」（「白衣」，傣族）所居，如《元史·世祖本紀》記載：「至元十五年（1278年）⋯⋯夏四月⋯⋯丁丑，雲南行省招降臨安白衣、和泥分地城寨一百九所。」〔註15〕可見，斡泥住山區，白衣則住河谷平壩中；雲南行省招降臨安路的「和泥」與「白衣」分地城寨達一百零九所之多，各地城寨之間似互不隸屬，內部尚保持著鬆散的氏族、部落組織。

從李京的記載還可以看出「斡泥蠻」的社會經濟狀況：斡泥人「家有積貝」，已經出現貨幣，並以貝為貨幣，說明農業和手工業應有了一定程度的發展，對外的商業交換關係已經發生，但並不十分發達，所以人們在交換中獲得的貝幣，大部分被積貯窖藏起來，這種情形反映出貝幣在他們那裡還不能起到廣泛流通的作用。

（八）蒲蠻

《雲南志略》對「蒲蠻」的記載只有寥寥數語：「蒲蠻，一名撲子蠻，在瀾滄江以西。性勇健，專為盜賊，騎馬不用鞍。跣足，衣短甲，膝脛皆露。善用槍弩。首插雉尾，馳突如飛。」〔註16〕

「蒲蠻，一名撲子蠻」，說明蒲蠻同前代南詔時期的「撲子蠻」一脈相承。其族源可以追溯到漢晉及南北朝時期的「閩濮」。元代文獻稱呼的「蒲蠻」、「蒲人」或「撲子蠻」等，是近代布朗族和德昂族（1985年由崩龍族改稱）的先民，自稱為「布朗」，主要聚居「在瀾滄江以西」，即瀾滄江、怒江的中下游，今保山、德宏、臨滄、思茅、景東和西雙版納等地，與當地的傣、哈尼、阿昌等民族雜居在一起。元朝在蒲人較集中的地區設置土府，選擇當地蒲人的首領充任土官，以後蒲人地區的農業、手工業均有一定的發展。〔註17〕

分布在不同地區的「蒲蠻」，其內部的政治、經濟、文化發展亦不平衡。李京《雲南志略》記載的「蒲蠻」是其中最落後的部分，分布在瀾滄江下游

〔註14〕參見方鐵主編：《西南通史》，中州古籍出版社2003年版，第749頁。

〔註15〕《元史》卷10《世祖本紀七》，中華書局1976年版，第200頁。

〔註16〕（元）李京撰，王叔武輯校：《雲南志略輯校·諸夷風俗·蒲蠻》，雲南民族出版社1986年版，第96頁。

〔註17〕參見方鐵主編：《西南通史》，中州古籍出版社2003年版，第749～750頁。

以西的邊疆地區，這部分「蒲蠻」仍然生活在比較落後的原始社會中。從李京對「蒲蠻」的記載，可以看出這是個風氣勇悍的民族，勇敢而以剽掠為榮。

元初，雲南地區除李京《雲南志略》所記以上八種原有民族外，見於文獻記載的尚有撬人（今獨龍族先民）、峨昌（今阿昌族先民）、儂人、沙人和山僚（今壯族先民）等民族。此外元代的民族構成中還增加了一些新成分，主要是漢人、蒙古人、回回、西番等新移入民族，下文將作重點論述。

二、元明清中央政府對雲南的統治與經營

（一）元明清雲南的設治

葛劍雄先生指出，移民史的研究同一切歷史時期發生的事件一樣，離不開具體的疆域、政區的範圍和地理座標的確定，也離不開歷史時期地理環境的復原。另一方面，歷史上的移民活動既有適應地理研究的一面，也有促使地理環境（人文和自然）發生變化的一面。因此，分析某一地區中行政區域設置的過程和這些政區相互間的關係，就可以復原出該地區的開發過程，也就可能瞭解該地區內的人口遷移過程和方向。〔註18〕

蒙古族興起漠北後，迅速發展壯大，在降畏兀兒、滅西夏、滅金之後，消滅南宋就提到蒙古帝國的議程上來了。要滅南宋，必作「斡腹之舉」的南北包抄，首先征服「西南諸蕃」，從西南各民族中汲取人力物力，然後自西南出動一支軍隊，南北兩面夾攻南宋。〔註19〕因此，先征服大理便成了蒙古帝國滅南宋的一個重要戰略方針。

公元1253年，蒙哥汗命忽必烈率軍十萬，遠征大理。蒙古大軍兵分三路，過大渡河，抵金沙江，乘皮囊及木筏以渡，一舉攻克大理，結束了自唐代天寶戰爭以來雲南500多年的獨立局面，大理國時期推行的「白族化」也至此終結。〔註20〕在基本上平定雲南及其附近地區以後，元朝陸續設置了「五城」和十九個萬戶府等一些統治機構，並派遣宗王率重兵戍守。至元四年（1267年），元世祖遣雲南王忽哥赤鎮大理（又稱「哈剌章」，包括今滇西的騰沖、保山、大理州、楚雄州一帶）、鄯闡（又稱「押赤」，包括今紅河以北至曲靖

〔註18〕參見葛劍雄：《中國移民史》（第1卷），福建人民出版社1997年版，第155頁。
〔註19〕《元史》卷149《郭寶玉列傳》，中華書局1976年版，第3520頁。
〔註20〕參見林超民：《漢族移民與雲南統一》，《雲南民族大學學報》（哲社版）2005年第3期。

地區一帶）、茶罕章（包括今麗江地區和怒江州）、赤禿哥兒（指今貴陽以西
的貴州西部和雲南昭通地區）、金齒（包括今德宏州和臨滄地區西部地帶）等
處，並置達魯花赤總管。〔註21〕四年後，發生雲南王忽哥赤被都元帥寶合丁
等毒死的事件。此時，元朝統一多民族國家的地方治理形式已基本確定下來，
因而，忽必烈思慮再三，決定在雲南建立行省，並將此重任交給重臣賽典赤‧
瞻思丁。至元十三年（1276年），賽典赤把初期所設的萬戶、千戶、百戶等改
為路、府、州、縣，正式建立雲南行中書省，並把南詔以來雲南的政治經濟
中心從滇西大理移至滇東中慶（今昆明）。雲南行省建立以後，「為路三十七、
府二，屬府三，屬州五十四，屬縣四十七，其餘甸寨軍民等府不在此數」，「其
地東至普安路之橫山，西至緬地之江頭城，凡三千九百里而遠；南至臨安路
之鹿滄江，北至羅羅斯之大渡河，凡四千里而近。」〔註22〕其轄境比現今雲
南省的範圍要廣遠的多。從此，雲南地區正式脫離四川的管轄，「雲南」正式
成為中國一個省級行政區劃的名稱。

　　雲南行省建立後，一切軍政事務，都由平章政事統一管理，聽從元朝中
央的指揮調度。此外，元廷在雲南行省還派駐稱為「雲南王」或「梁王」的
蒙古宗王代表皇帝在雲南進行統治。其行省以下地方官員有流、土之分，於
是始有「土官」之名。具體為，元代在一定數量的路、府、州、縣範圍內，
分設宣慰司都元帥府，長官多由蒙古貴族軍官充當，邊疆則由少數民族中的
上層分子擔任，其職責為「掌軍民之務，分道以總郡縣，行省有政令則布於
下，郡縣有請則為達於省。有邊陲軍旅之事，則兼都元帥府」，即負責行省與
郡縣之間的溝通，因注重鎮守和征討而帶有明顯的軍事機構性質。在宣慰司
以下，邊遠地區又設立招討司、安撫司和宣撫司。〔註23〕這一來，在多民族
而情況複雜的雲南地方，元朝也像在內地漢族地區一樣，建立起一套比較完
備的行政組織機構，路、府、州、縣與宣慰司參差而治，形成嚴密的統治系
統，保證了元朝封建中央集權統治權力的貫徹執行。

　　總之，元朝在雲南等西南邊疆地區建立行省，又在少數民族地區實行土
官制度，從而發展了元朝中央政府在邊疆民族地區的權力，溝通了這些地方
同內地的聯繫，比較穩固地將社會發展不平衡的雲南少數民族地區統一到國

〔註21〕參見《元史》卷6《世祖本紀三》，中華書局1976年版，第116頁。括號內解
　　　　釋參見尤中：《雲南民族史》，雲南大學出版社1994年版，第274頁。
〔註22〕《元史》卷61《地理志四》，中華書局1976年版，第1457頁。
〔註23〕參見《元史》卷91《百官志七》，中華書局1976年版，第2308頁。

家版圖之內。由於規定了各個土官的管轄範圍和權限，各民族的分布地域也基本上固定下來。元代所形成的土官制度，積極地推動了邊疆地區的內地化和非漢民族的漢化進程。

此外，元王朝在統一雲南建立行省後，推行的政治、經濟、文化等政策對境內各民族的形成和發展產生了深遠的影響，如下令在中慶等路拘刷漏籍人戶，實行屯田政策，並開採礦藏和徵收賦稅等。正如《元史·地理一》所言：「蓋嶺北、遼陽與甘肅、四川、雲南、湖廣之邊，唐所謂羈縻之州，往往在是，今皆賦役之，比於內地。」〔註24〕元代積極經營雲南，較少有「內華夏、外蠻夷」一類的傳統意識，其決心之堅定與態度之積極，為前代所未見，同時還表現在統治者在雲南努力發展農業，興修水利工程，建立學校，提倡儒學等方面。與此同時，統治者還不遺餘力在其地廣開驛道，開發交通。據研究，元代在雲南先後開通的驛路主要有：大理經察罕章入蜀道、中慶經烏蒙至敘州道、中慶達邕州道、中慶經建都至成都道、中慶經普安達黃平道、中慶經烏撒達瀘州道、大理或中慶至車裏道、中慶經蒙自至安南道、中慶經大理至緬國道等九條雲南通往毗鄰地區的驛路，以及安寧、路品、祿豐、舍資、路甸、威楚、祿葛、砂橋、普潤、普棚、小雲南、白山石、河尾關、樣備、打牛坪、永平、沙磨和、永昌、騰沖等十九處省內重要驛站，〔註25〕這些驛路的開通，將居住在邊疆與中原地區的不同民族緊密地聯繫在一起，促進了雲南與內地及東南亞地區各民族的經濟文化交流，使雲南各民族成為全國人口中的一個有機組成部分，有利於相互間共同經濟文化生活的形成，雲南發展的速度明顯加快，外來移民的來源地及入遷途徑方式等也發生了改變。

元朝末年，以紅巾軍為首的各族人民大起義，摧毀了元朝的統治。元順帝至正二十八年（明洪武元年，1368 年）春，農民起義軍領袖朱元璋在應天（今南京）建立明朝。元室北徙後，蒙古貴族不僅佔有漠南、漠北、東北和西北的廣闊地區，而且各路元軍仍然保存著強大的實力，活動於山西、陝西、甘肅和雲南等地，同明軍進行較量。鎮守雲南的梁王把匝剌瓦爾密仍控制滇中的中慶路到曲靖路等地帶，每年派使者繞道塞外晉見元帝，執臣節如故；〔註26〕滇西的大理地區，則在土官總管段氏的實際控制之下。當中原

〔註24〕《元史》卷58《地理志一》，中華書局 1976 年版，第 1346 頁。
〔註25〕參見方鐵：《唐宋元明清的治邊方略與雲南通道變遷》，《中國邊疆史地研究》2009 年第 1 期。
〔註26〕參見《明史》卷 124《把匝剌瓦爾密列傳》，中華書局 1974 年版，第 3719 頁。

基本平定時，朱元璋因「雲南險僻，不欲用兵」，打算通過和平手段招降梁王來統一雲南，於是派使臣待制王禕、湖廣參政吳雲先後至雲南招諭，梁王不同意招降，且殺害兩使臣。在此情況下，明朝不得不以軍事手段統一雲南，「太祖知王終不可以諭降，乃命傅友德為征南將軍，藍玉、沐英為副，帥師征之」。〔註27〕

洪武十四年（1381年）十二月，征南將軍傅友德、永昌侯藍玉、西平侯沐英等率大軍由辰（今湖南沅陵）、沅（今湖南芷江）趨貴州攻克普安、普定，進兵曲靖，擊敗梁王將領平章達里麻於白石江。明軍乘勝而進，包圍昆明，「梁王把匝剌瓦爾密率其妃屬及其親信臣驢兒達德俱赴滇池死」，其右丞觀音保等出降。〔註28〕次年正月，傅友德率師進駐威楚（今楚雄），諭令大理段世投降。段世遣使致書傅友德表示願意歸附明王朝，但是要「依唐、宋故事，奉正朔，定朝貢，以為外藩」，〔註29〕且聚兵扼控上關、下關。傅友德答書駁斥，並進兵大理。命王弼趨上關，沐英先取下關，遣胡海洋軍繞點蒼山而上，樹立旗幟，段兵驚潰。沐英於是斬關入城，「獲段世及段寶二孫苴仁、苴義。」明軍攻克大理後，乘勝分兵「取鶴慶，略麗江，收三營寨，破石門關，又略金齒等處，又略建昌。故元平章月魯貼木兒降，雲南悉平。」〔註30〕

平定雲南後，朱元璋在列舉歷代雲南少數民族反叛的有名事件後，說：「今之計，非惟制其不叛，重在使其無叛耳。」〔註31〕朱元璋指出使邊疆地區安定的關鍵，是施行統治重在「使其無叛」。可以說，這就是朱元璋為明王朝統一雲南制定的基本原則。圍繞這個原則，朱元璋為鞏固在雲南的統治採取了一系列措施，如：

在包括雲南、貴州、廣西和川西南在內的西南邊疆地區，朱元璋總的策略是遣親信率重兵以守之。他以深受寵信的養子沐英為雲南總兵官，通過在各地設置的衛所對西南邊疆進行嚴格控制。洪武十五年（1382年）雲南初定，次年春三月明太祖朱元璋令傅友德和藍玉率征南大軍班師，而留其養子西平

〔註27〕《明史》卷124《把匝剌瓦爾密列傳》，中華書局1974年版，第3720頁。
〔註28〕（清）倪蛻輯，李埏校點：《滇雲歷年傳》卷6，雲南大學出版社1992年版，第247～248頁。
〔註29〕（清）倪蛻輯，李埏校點：《滇雲歷年傳》卷6，雲南大學出版社1992年版，第251頁。
〔註30〕（清）倪蛻輯，李埏校點：《滇雲歷年傳》卷6，雲南大學出版社1992年版，第252頁。
〔註31〕（明）《太祖洪武實錄》卷142，洪武十五年二月丙寅。

侯沐英鎮守雲南。〔註32〕沐英，字文英，安徽定遠人，八歲時朱元璋收為義子。他治滇十年，打下了沐氏在雲南統治的基礎。其後子孫世襲，從沐英到沐天波共 12 世 16 人，鎮守雲南達 270 餘年，其家族先後有「二王、一侯、一伯、九國公、四都督」。掌握雲南軍政大權大體與明朝國運相始終。沐氏家族長期鎮守雲南，隨宜處理各種矛盾爭端，對穩定雲南局勢和安定邊疆起到了積極的作用。〔註33〕

　　洪武二十五年（1392 年），沐英病死，太祖追封其為黔寧昭靖王，誥云：「西南諸夷，非仁勇者，難以控馭。自尔鎮後，於今十有一年矣。朕無西南之憂，所以屢加恩眷。」〔註34〕可看出，明朝統治雲南的基本目標是通過遣兵置守爭取「無西南之憂」。另一方面，由於受加強中央集權和實行衛所軍事制度等宏觀治策的影響，同時以朱元璋為代表的明統治者，對雲南諸族強悍且不易管理的特點也有較多瞭解，因此在雲南各地亦派駐了眾多軍隊。

　　《明史・兵志》稱「明以武功定天下，革元舊制，自京師達於郡縣，皆立衛所。外統之都司，內統於五軍都督府。」〔註35〕明初，集全國衛軍精銳於京師，全國各地特別是軍事要衝的「度要害地」則分設衛所，即「天下既定，度要害地，係一郡者設所，連郡者設衛。大率五千六百人為衛，千一百二十人為千戶所，百十有二人為百戶所。」〔註36〕朱元璋在平定雲南之初即擬定了「諸將所部兵，既定其地，因以留戍」的策略，〔註39〕《明實錄》亦載：「上諭友德等，以雲南既平，留江西、浙江、湖廣、河南四都司兵守之，控制要害。考元時所留兵數，並計歲用及稅糧徭役之法，與凡事之便宜以聞。」〔註38〕在雲南基本被平定後，除留一部分軍隊「控制要害」外，大部分軍隊一度撤回內地。但雲南的實際情況遠比朱元璋最初想像的複雜，按初擬策略留戍鎮守存在著很大的困難。因此，沐英提出，「雲南土地甚廣，而荒蕪居多，宜置屯令軍士開耕，以備儲偫。」他的建議得到朱元璋的讚賞和支持，「屯田之政，可以紓民力，足兵食，邊防之計，莫善於此。」〔註39〕於是，明王朝

〔註32〕參見《明史》卷 3《太祖本紀三》，中華書局 1974 年版，第 40 頁。

〔註33〕參見方鐵主編：《西南通史》，中州古籍出版社 2003 年版，第 589～590 頁。

〔註34〕（明）《太祖洪武實錄》卷 222，洪武二十五年冬十月己巳。

〔註35〕《明史》卷 89《兵志一》，中華書局 1974 年版，第 2175 頁。

〔註36〕《明史》卷 90《兵志二》，中華書局 1974 年版，第 2193 頁。

〔註37〕參見《明史》卷 90《兵志二》，中華書局 1974 年版，第 2193 頁。

〔註38〕（明）《太祖洪武實錄》卷 143，洪武十五年三月丁丑。

〔註39〕（明）《太祖洪武實錄》卷 179，洪武十九年九月庚申。

在雲南設置衛所屯田的制度。其主要特點是：（1）軍皆世籍，父死子繼，不
得輒改；（2）駐地固定，除非朝廷命令，否則駐地不能變動；（3）軍隊在駐
地屯田戍守，安家落戶，不能任意流動，更不允許逃亡，如若軍戶死絕，必
得從其原籍另調其家族中人前來充抵；（4）凡為軍者必須結婚，攜同妻室前
往駐地。〔註40〕其結果，使大量的漢人以軍屯形式遷移到雲南。雲南都司所
轄衛所數，從明初洪武年間以來，時有改變。據研究，雲南都司領有 20 衛、
3 禦、17 個直隸千戶所，共計 131 個千戶所建制。如果每個千戶所的官兵都
是足額滿員的話，那麼駐雲南的衛所官兵（正軍）當有 146720 人。又因每一
正軍赴衛所駐紮，需有一名軍餘隨行佐助。因而，雲南都司的 131 個千戶所，
當有 14 萬左右的正軍和不到 14 萬的軍餘，也就是當有近 28 萬人的官軍數。
又《明史‧兵志四》說：「軍士應起解者，皆僉妻。」〔註41〕明朝兵制，所有
衛軍，每一軍士為一戶。那麼，有明一代，調往雲南的衛軍就有可能形成近
28 萬餘核心家庭戶。是故，明代進入雲南的衛所軍事移民的第一代人口有可
能達到 80 餘萬。〔註42〕

由於派駐雲南的衛軍數目龐大，給養便成為令人頭疼的問題。洪武十五
年（1382 年）三月，據雲南布政司報告，「雲南、臨安、楚雄、曲靖、普安、
普定、烏撒等衛及霑益、盤江等千戶所，見儲糧數僅有一十八萬二千有奇，
以給軍食，恐有不足。」〔註43〕為解決駐軍的給養，同時基於雲南地區有大
量適合耕種的土地，明朝在雲南各地推廣包括軍屯、民屯在內的屯田，〔註44〕
其中以軍屯的規模最大，影響也最為深遠。由於衛所制度具有的特點，鎮守
各地的軍士及家庭成員事實上成為強制性遷徙的移民。

明朝在元朝對雲南進行統治的基礎之上，更進一步針對雲南地方的特殊
情況，採取了一系列的措施。主要體現為明初在元代的基礎上對地方政權機
構作了調整，設置了嚴密的行政統治機構，與所置立的軍隊機構都司衛所互

〔註40〕參見尤中：《雲南民族史》，雲南大學出版社 1994 年版，第 353 頁。

〔註41〕《明史》卷 92《兵志四》，中華書局 1974 年版，第 2258 頁。

〔註42〕參見陸韌：《變遷與交融——明代雲南漢族移民研究》，雲南教育出版社 2001
年版，第 43～48 頁。

〔註43〕（明）《太祖洪武實錄》卷 143，洪武十五年三月丁丑。

〔註44〕另有明代雲南有「商屯」的說法，有學者認為此觀點是錯誤的，其說法緣於
《明史‧食貨志》中將「商屯」與「開中」混為一談，誤導了後人。參見古
永繼：《明代雲南地區出現過商屯嗎？——〈明史‧食貨志〉「商屯說」糾謬》，
《思想戰線》2005 年第 6 期。

為表裏。亦即將元代的行中書省改為承宣布政使司、提刑按察使司、都指揮使司，分別掌管一省的行政、司法和指揮用兵之權。這三個部門也稱三司，三司職掌不同，地位不相上下，一省大事，共同會案處理。為防止地方官府尾大不掉形成割據，明朝廷中央都察院還派出都御史、副都御史、僉都御史等到地方各省巡撫，其地位在三司之上。在巡撫期間，他們有權代表朝廷處理一省的各種大事，一年差滿，回京報告。成化年間（1465 年至 1487 年）以後，巡撫成為常設，開衙署於各省。於是，三司之上，乃有巡撫總決一省政務，代表朝廷在地方執行集權統治。〔註45〕

　　明朝在雲南施行統治制度的一項重要內容，是在元朝設置土官的基礎上全面推行土司制度。《明史・土司傳》說：「迨有明躡元故事，大為恢拓，分別司郡州縣，額以賦役，聽我驅調，而法始備矣。然其道在於羈縻。彼大姓相擅，世積威約，而必假我爵祿，寵之名號，乃易為統攝，故奔走惟命。然調遣日繁，急而生變，恃功怙過，侵擾益深，故歷朝徵發，利害各半。其要在於撫綏得人，恩威兼濟，則得其死力而不足為患。」〔註46〕此記載簡要地道出了明代土司制度的實質、內容和基本特點，即利用當地土著少數民族中的貴族分子沿襲充任地方政權機構中的長官，以便依據地方經濟情況「額以賦役」，政治上則聽從封建中央的「驅調」。這實際上是朱元璋「馴服之道、必寬猛適宜」策略思想以及前代「以夷治夷」傳統的進一步發展，其目的還是為了做到「守在四夷」。明朝中期前後，在雲南靠內的一大部分類似元代中慶路、大理路那樣社會經濟迅速發展起來的府、州、縣地區以及在一些土司不服從管理而改流條件基本具備的地區，又先後以流官代替土司實行「改土歸流」，目的仍然是為了維護中央政府對邊疆地區的實際控制，即真正實現「守在四夷」。〔註47〕可以認為，明朝的「改土歸流」是一種統一國家把對邊疆少數民族的間接統治改變為直接統治的政策，亦是一種促進邊疆少數民族地區內地化、漢化的積極措施。

　　此外，明代還在元代的基礎上大力推廣儒學，發展交通，發展農業徵收農業稅等等。明代作為中國主體民族漢族所建立和統治的最後一個封建王朝，二百多年中，雲南多民族分布格局趨於穩定，為近現代民族格局的形成奠定

〔註45〕參見尤中：《雲南民族史》，雲南大學出版社 1994 年版，第 347～348 頁。

〔註46〕《明史》卷 310《土司列傳》，中華書局 1974 年版，第 7981 頁。

〔註47〕參見方鐵：《明朝統治者眼中的西南邊疆》，雲南大學歷史系編：《史學論叢》（第八輯），雲南大學出版社 2000 年版，第 413～435 頁。

了基礎。

　　元、明鼎革數百年後，滿族崛起於白山黑水之間，勢力逐漸強盛，終至入主中原，取代明王朝而君臨全國，建立了元代後又一個以少數民族為統治主體的大一統封建王朝——清朝。清代是中國多民族國家疆域版圖、民族格局最終定型的重要歷史時期，各民族在共同的歷史舞臺上，創造了中國封建社會的最後輝煌，也共同經歷了國家從強盛到衰落、直至為殖民列強欺凌的悲慘歷程。因此，有清一代始終貫穿著各民族人民同呼吸、共命運的歷史主題。

　　明崇禎十七年（1644 年），李自成率領農民起義軍攻入北京，明朝滅亡。山海關明朝守將吳三桂迎清軍入關，不久清軍佔領中國北方。順治三年（1646年），清軍由漢中攻入四川，張獻忠起義軍失利，餘部由孫可望、李定國等率領退入貴州和雲南。十三年，李定國等北伐失敗，遂將南明永曆帝朱由榔迎入雲南據守，雲南遂成為清軍與南明流亡政府最後爭奪的地區。

　　順治十五年（1658 年），清朝遣大軍進攻雲南。清兵征服雲南後，順治十六年（1659 年）三月，經略輔臣洪承疇疏奏：「雲南山川峻險，幅員遼闊，非腹裏地方可比。請敕議政王、貝勒、大臣密議，三路大兵，作何分留駐守？貴州中路漢兵，作何分布安設？」順治詔議政王、貝勒、大臣商議。後議政王等奏：「平西、平南、靖南三藩內，應移一王駐鎮雲南。漢中已屬腹裏，兼有四川阻隔，不必藩王駐防。應移一王分駐粵東，一王分駐蜀中。何王應駐何省？恭候上裁。」順治帝遂「命平西王駐鎮雲南，平南王駐鎮廣東，靖南王駐鎮四川。」〔註48〕康熙元年（1662 年），南明永曆帝被俘死後，洪承疇上疏「用明黔國公沐英故事，請以三桂世鎮雲南」。〔註49〕為了穩定雲南的政治形勢，清統治者同意留吳三桂統兵鎮守雲南，其餘清軍將領則大多陸續調回內地。此後，雲南進入長達十餘年的吳三桂專制統治時期。這一時期，吳三桂利用雲南地處邊疆、天高皇帝遠的條件，不斷積聚力量，招兵買馬，暗中進行謀反準備。

　　但此期間，清朝在全國範圍內的統治已趨穩定，便對掌有大權的臣子採取措施，謀劃削減他們的權力。康熙十二年（1673 年）十一月，吳三桂反清起兵，「自號周王天下都招討兵馬大元帥」。〔註50〕消息傳到京城，朝野震驚，

〔註48〕參見（清）《世祖實錄》卷124，順治十六年三月甲寅。
〔註49〕《清史稿》卷474《吳三桂列傳》，中華書局1977 年版，第12841 頁。
〔註50〕《清史稿》卷474《吳三桂列傳》，中華書局1977 年版，第12843 頁。

康熙帝決定出兵平叛。二十年（1681 年）十月，清軍將領貝子彰泰、賴塔、趙良棟、蔡毓榮等率軍進入雲南城，吳世璠自殺，雲南平定。吳三桂勢力被平定後，清朝加強了對雲南的控制。

　　清朝繼承了歷代封建統治治邊思想的核心傳統，仍是「守中治邊」及「守在四夷」。〔註51〕受其治邊思想的支配，清朝對雲南各民族地區的治理，就其政治、經濟制度的實際內容及其所採取的各種政策措施來說，是明朝時期的繼續和發展。在政權機構設置方面，與明代相比是同樣設置了承宣布政使和提刑按察使分管行政和司法，但他們不是最高長官，而是總督和巡撫的下屬官員。省以下的機構是府、州、縣。〔註52〕為加強對邊疆的控制，做到保衛邊疆，維護國家統一，清朝在雲南等邊陲地區實行富有特色的駐軍制度。如，總督和巡撫有帶兵權力，下轄一定數量的綠營兵。清代的綠營兵制度，設置督標、撫標、提標、提督等統率若干鎮、協、營於各地戍守，有事調遣，事畢返回駐防區。此外，為加強駐守的軍事力量，清朝又在雲南等地大量派駐防軍、鄉兵等地方軍隊。這一做法有效地鞏固了邊疆地區，對加強國防具有重要的意義。〔註53〕

　　明朝中期前後，在雲南靠內地區的一些地方進行了改土歸流，但靠內地區的土司並沒有完全廢除；邊疆以傣族為主的廣大地區，土司權力也不曾動搖。這反映了雲南各少數民族內部政治、經濟、文化的發展仍不平衡。針對這一情況，清朝在雲南的一些地區繼續實行元、明以來的土司制度。而土司制度的基本內容則和明朝時期相同，《清史稿·土司一》說：「西南諸省，水複山重，草木蒙昧，雲霧晦冥，人生其間，叢叢虱虱，言語飲食，迥殊華風，曰苗、曰蠻，史冊屢紀，顧略有區別。無君長不相統屬之謂苗，各長其部割據一方之謂蠻。……遠者自漢、唐，近亦自宋、元，各君其君，各子其子，根底深固，族姻互結。假我爵祿，寵之名號，乃易為統攝，故奔走惟命，皆蠻之類。……清初因明制，屬平西、定南諸藩鎮撫之。……至雍正初，而有改土歸流之議。……其土官銜號，曰宣慰司，曰宣撫司，曰招討司，曰安撫司，曰長官司。以勞績之多寡，分尊卑之等差，而府、州、縣之名亦往往有之。凡宣慰、宣撫、安撫、長官等司之承襲隸兵部，土府、土州之承襲隸吏

〔註51〕參見方鐵：《清朝治理雲南邊疆民族地區的思想及舉措》，《思想戰線》2001 年第 1 期。

〔註52〕參見尤中：《雲南民族史》，雲南大學出版社 1994 年版，第 465～467 頁。

〔註53〕參見方鐵主編：《西南通史》，中州古籍出版社 2003 年版，第 687～688 頁。

部。凡土司貢賦，或比年一貢，或三年一貢，各因其土產，穀米、牛馬、皮、布，皆折以銀，而會計於戶部。」〔註54〕可見，清代土司制度的內容是明朝時期的延續。其差別在於，明代視土司為「外夷」，正如朱元璋所說：「中國之兵，豈外夷報怨之具？」〔註55〕而到了清代，土司已不再是「外夷」，而被當作「內地」來看待了。

清朝在雲南建立統治後，有一問題也涉及到了雲南。這就是清中期全國人口急劇增長，內地發達地區人滿為患，由此出現長時間人口向人煙稀少地區大量遷徙的情形。雍正元年（1723年），帝詔：「國家承平日久，生齒殷繁，地土所出，僅可贍給。倘遇荒歉，民食維艱。將來戶口日滋，何以為業？唯開墾一事，於百姓最有裨益。……嗣後，各省凡有可耕之處，聽民相度地宜，自墾自報，地方官不得勒索，胥吏亦不得阻撓。」〔註56〕乾隆帝亦說：自清初百餘年來，「承平日久版籍益增，天下戶口之數，視昔多至十餘倍，以一人耕種而供十數人之食，蓋藏已不能如前充裕。……猶幸朕臨御以來，闢土開疆，幅員日廓，小民皆得開墾邊外土地，以暫謀口食。」〔註57〕可見，清朝統治者對內地移民進入邊疆地區墾荒種地事實上持默許態度，從而造成了向雲南等地的規模空前的百姓移民墾荒運動。此外，清代還對明代遺留的勳莊以及屯田制度進行了改革，從而擴大了耕種面積，增加了賦稅收入，以此加強封建中央在雲南地方的經濟力量，使雲南經濟與全國漸趨一致。

明中期，統治者便在雲南靠內地區的鶴慶土府、尋甸土府、廣西土府、武定土府、順寧土府（駐今鳳慶）進行改土歸流。清代，改土歸流是一件大事，雖然統治者將其視作對邊疆少數民族地區進行強化統治的手段，而更主要的在於說明，清王朝具有統治中國的正當資格。雍正四年（1726年），鄂爾泰巡撫雲南兼總督事，奏言：「雲、貴大患，無如苗、蠻。欲安民，必先制夷；欲制夷，必改土歸流。」〔註58〕方鐵教授新近根據鄂爾泰的相關奏疏如《雲貴事宜疏》、《改土歸流疏》等的研究分析，認為雍正朝在雲貴等省進行大規模的改土歸流，主要目的與土司地區的地主經濟是否發展大體無關，而是為

〔註54〕《清史稿》卷512《土司列傳一》，中華書局1977年版，第14203～14207頁。
〔註55〕《明史》卷316《貴州土司列傳》，中華書局1974年版，第8168頁。
〔註56〕（清）《世宗實錄》卷6，雍正元年四月乙亥。
〔註57〕（清）《高宗實錄》卷1441，乾隆五十八年十一月戊午。
〔註58〕（清）魏源撰，韓錫鐸、孫文良點校：《聖武記》卷7《土司苗瑤回民·雍正西南夷改流記上》，中華書局出版社1984年版，第284頁。

了解決部分土司肆虐違法、危害社會的行為以及土司與朝廷爭奪土地、礦藏等資源，阻撓驛路開通與外來移民進入等問題；另外，雍正朝對一些「目前雖無大害，日久將為隱憂」的邊疆土司，也決定盡早改流，以絕後患。〔註59〕經過改土歸流，改流地區的社會得以穩定，經濟持續發展，政治上也與全國逐漸統一。

（二）元明清雲南的行政區域範圍（政區沿革）

中國最早的地理書《尚書‧禹貢》把中國的行政區劃狀況追溯到傳說中的夏禹時代，其載「禹別九州，隨山濬川，任土作貢」。唐孔穎達《正義》曰：「禹分別九州之界，隨其所至之山，刊除其木，深大其川，使得注海。水害既除，地復本性，任其土地所有，定其貢賦之差。」雲南地區被劃在「九州」之一的梁州範圍內，「華陽、黑水惟梁州」之說，〔註60〕已為人們所熟知。

春秋至戰國時期，雲南境內出現很多的民族部落，其中很大一部分分別附屬於巴、蜀、楚，並通過他們與內地中原地區相聯繫。公元前 221 年，秦朝統一全國，建立了封建王朝的中央集權制。《史記‧西南夷列傳》說，「秦時，常頞略通五尺道，諸此國頗置吏焉。」〔註61〕秦在滇東北地區進行了直接的統治，但秦朝當時所設置的郡縣，基本上就在「五尺道」沿線，對更遠的地方則尚難於深入。

西漢在秦朝的基礎上，在全國範圍內進行郡縣的設置。《漢書‧地理志》說：「漢興，因秦制度，崇恩德，行簡易，以撫海內。至武帝攘卻胡、越，開地斥境，南置交阯，北置朔方之州，兼徐、梁、幽、并夏、周之制，改雍曰梁，改梁曰益，凡十三部，置刺史。」〔註62〕即漢初沿襲秦時的郡縣制度，使全國的政治、經濟局面逐漸穩定。漢武帝時，把原來《禹貢》所記載的九州進行了分合調整，成為十三州，分別置刺史以進行監察。原來的梁州改稱益州，設益州刺史進行監察。漢武帝平定「西南夷」，原「西南夷」地區新設的四個郡，便在益州刺史部內（治今成都）。這四個郡即，武帝建元六年（前

〔註59〕參見方鐵：《雍正朝改土歸流新探》，朱誠如、王天有主編：《明清論叢》（第十二輯），故宮出版社 2012 年版，第 259～268 頁。

〔註60〕李學勤主編：《十三經注疏‧尚書正義》卷 6《禹貢第一》，北京大學出版社 1999 年版，第 132、153 頁。

〔註61〕《史記》卷 116《西南夷列傳》，中華書局 1959 年版，第 2993 頁。

〔註62〕《漢書》卷 28 上《地理志第八上》，中華書局 1962 年版，第 1543 頁。

135 年）所設犍為郡（治僰道，今四川宜賓）、武帝元鼎六年（前 111 年）所設的越嶲郡（治邛都，今四川西昌）和牂柯郡（治故且蘭，今貴州黃平西南）以及武帝元豐二年（前 109 年）所設的益州郡（治滇池，今雲南晉寧縣晉城）。〔註 63〕此四郡之地，或全部、或部分在今雲南境內，除較僻遠的普洱、西雙版納、臨滄、德宏、保山的部分地區外，各地都已普遍設置郡縣。

東漢時的疆域及郡縣設置皆沿襲於西漢，仍將全國劃分為十三州、部。雲南地區的郡縣亦屬益州，且在益州南部。除西漢所設犍為郡、越嶲郡、牂柯郡以及益州郡都保留外，東漢還於永平十二年（69 年）在益州西南邊境設置永昌郡（治不韋縣，今保山），亦屬益州刺史部。〔註 64〕

蜀漢，諸葛亮南征雲南後，在兩漢基礎上對雲南地區郡縣的設置進行了調整：改益州郡為建寧郡、改犍為屬國為朱提郡、調整牂柯郡、增設興古郡、調整越嶲郡、增設雲南郡、調整永昌郡，這七個郡均在蜀國南部，所以稱當時的雲南地區為「南中七郡」，且設庲降都督（駐味縣，今曲靖）總攝七郡。〔註 65〕

西晉時期，將原屬益州的南中七郡中的四郡（建寧、興古、雲南、永昌）劃出來，單獨設立寧州，第一次把雲南作為中央直接統治的一個大行政區，為全國十九州之一，轄境較之近代雲南省略小。〔註 66〕此制延續到南北朝，南朝雖繼承晉時對寧州的統治，但實際控制的程度明顯減弱，其統治勢力也逐漸衰退以至撤出，雲南地方勢力得到發展，互相爭奪。

到七世紀中葉（唐玄宗時期），唐王朝扶植南詔建國，統治了廣大區域。《新唐書·南詔傳》說「東距爨，東南屬交趾，西摩伽陀，西北與吐蕃接，南女王，西南驃，北抵益州，東北際黔、巫。」〔註 67〕這個區域比現在的雲南還要大。此後，以大理為中心的雲南地方民族政權，一直延續到十三世紀中葉（南宋後期）。

蒙古人建立的統一多民族國家元朝，規模空前，疆域遼闊，奠定了中國多民族形成和發展的基本地理空間。如前文所述，元代蒙古勢力進入雲南後，

〔註 63〕參見《漢書》卷 28 上《地理志第八上》，中華書局 1962 年版，第 1599～1602 頁。

〔註 64〕參見《後漢書》卷 113《郡國志五》，中華書局 1965 年版，第 3509～3514 頁。

〔註 65〕參見尤中編著：《雲南地方沿革史》，雲南人民出版社 1990 年版，第 45～48 頁。

〔註 66〕參見尤中編著：《雲南地方沿革史》，雲南人民出版社 1990 年版，第 60 頁。

〔註 67〕《新唐書》卷 222 上《南蠻列傳上》，中華書局 1975 年版，第 6267 頁。

其在雲南的設治經歷了三次變化，即先設五城治理，繼設十九萬戶府，以後建立雲南行省，設立路、府、州、縣制。雲南行省所轄之地，「為路三十七，府二，屬府三，屬州五十四，屬縣四十七。其餘甸寨軍民等府不在此數。……其地東至普安路之橫山，西至緬地之江頭城（今緬甸實階區東部之傑沙），凡三千九百里而遠；南至臨安路之鹿滄江（今越南萊州省北部的黑河），北至羅羅斯（今四川西昌地區、涼山州）之大渡河，凡四千里而近。」〔註68〕除路、府、州、縣外，還置大理金齒、平緬路、曲靖等多處宣慰司，下屬若干宣撫司等。路、府、州、縣與宣慰司等參差而治，其轄境比近代雲南省的面積要大三分之一左右。〔註69〕此外，元代雲南行省號令所及，尚有西南區域之緬國、八百國及老撾，即今緬甸全境除阿拉干以外之地，泰國湄南河上游的景邁區域及老撾區域。元代，以雲南為據點，實行擴張侵略政策，以上這些雖非雲南行省管轄，但列為藩屬，受雲南行省節制，所以雲南行省的範圍亦可以包括這些區域。〔註70〕因此，元代雲南行省統治的範圍，包括了今雲南全省、貴州省的西部、四川省的西南部以及今緬甸的北部、越南的西南部、老撾和泰國的北部地區在內。

洪武十五年（1382年），明軍平定雲南，置雲南布政司，管轄五十二府：大理、永昌、姚安、楚雄、武定、臨安、騰衝、普安、仁德、澂江、廣西、元江、和泥、柔遠、芒施、鎮康、南甸、麓川、鎮西、平緬、麗江、北勝、曲靖、烏撒、芒部、烏蒙、東川、建昌、德川、會川、柏興、普定、雲遠、徹里、孟傑、木按、蒙憐、蒙萊、木朵、孟愛、通西、木來、木連、木邦、孟定、謀黏、蒙光、孟隆、孟絹、太公、蒙慶、木蘭；另設有六十三州、五十四縣、二千戶所及六蠻部。〔註71〕此外，明初洪武至永樂朝還先後在雲南極邊地區設置了十個宣慰司：麓川（轄今德宏州及邊外若干地區）、孟養（轄境相當今緬甸八莫、開泰以北，伊洛瓦底江以西，那伽山脈以東地區，治今緬甸孟養）、木邦（轄境相當於今緬甸撣邦東北部地區，治今緬甸興威）、緬甸（其地在木邦以西，孟養以南，今緬甸曼德勒為中心的伊洛瓦底江中游地區）、大古喇（在伊洛瓦底江入海三角洲之白古，即馬革為得棱子地）、底兀剌（在緬甸宣慰司之南，舊蒲甘伊洛瓦底江以東即洞吾之地）、底馬撒（在

〔註68〕《元史》卷61《地理志四》，中華書局1976年版，第1457頁。

〔註69〕參見尤中編著：《雲南地方沿革史》，雲南人民出版社1990年版，第228頁。

〔註70〕參見方國瑜：《雲南民族史講義》，雲南人民出版社2013年版，第4頁。

〔註71〕參見（明）《太祖洪武實錄》卷143，洪武十五年三月己未。

薩爾溫江入海，丹那悉林地帶，南至土瓦）、八百大甸（其地在今緬甸撣邦東部和泰國清邁地區）、老撾（其地在今老撾境內）、車裏（轄境相當於今中國雲南西雙版納），以及孟艮（在今緬甸南撣邦景棟一帶）、孟定（在南定河流域及以南地區）二禦夷府。〔註72〕比之元代，明在雲南的統治更加深入。此時的雲南布政司，統治範圍與元朝的雲南行省大體相近，即包括了今雲南全省、貴州西部、四川西南部和中南半島北部的一部分。洪武十六、十七年，原屬雲南布政司的鎮雄（元芒部路）、烏蒙、烏撒和東川軍民府改屬四川布政司；〔註73〕建昌衛、越巂衛、鹽井衛、會川衛軍民指揮使司亦改屬四川行都指揮使司。〔註74〕永樂十一年（1413年），明設貴州等處承宣布政使司，〔註75〕貴州遂正式建制為省，原隸屬於雲南布政司的普安、普定等地區改歸貴州布政司統轄。〔註76〕明嘉靖時，緬甸宣慰司逐漸強大，建立了洞吾王朝，並實行對外擴張政策，至明代中後期，明初所設的孟養、木邦、緬甸、八百、老撾、古喇、底兀剌、底馬撒等宣慰司及孟艮禦夷府逐漸為其控制，雲南所保惟有隴川、車裏二宣慰司及孟定禦夷府。〔註77〕所以，雲南布政司轄境在幾經調整後，「領府十九，禦夷府二，州四十，禦夷州三，縣三十，宣慰司八，宣撫司四，安撫司五，長官司三十三，禦夷長官司二」，其轄境「北至永寧，東至富州，西至干崖，南至木邦」，〔註78〕其區域較元代已大為縮小。

清代，中國統一的多民族國家的疆域已基本確定下來，在其統治雲南後，於清初設巡撫（治雲南府，今昆明），並設雲貴總督。以後代之以雲南總督和貴州總督，但時撤時並。在行政建制上基本沿襲明朝，省下設府、州、縣三級，在省與府之間又設有分守道、分巡道等，如「雲南三迤」的設置，此後還增設了廳的建制，作為固定的行政單位，在邊遠地區仍保留了土司制度。清代的政區建置在不同的時期有所不同，雲南的轄境範圍，初期和後期亦不

〔註72〕 參見段紅雲：《明代中緬邊疆的變遷及其影響》，《雲南民族大學學報》（哲社版）2011年第5期。

〔註73〕 參見《明史》卷43《地理志四》，中華書局1974年版，第1038～1040頁。

〔註74〕 參見《明史》卷43《地理志四》，中華書局1974年版，第1050～1052頁。

〔註75〕 參見《明史》卷46《地理志七》，中華書局1974年版，第1197頁。

〔註76〕 參見《明史》卷46《地理志七》，中華書局1974年版，第1201～1203頁。

〔註77〕 參見段紅雲：《明代中緬邊疆的變遷及其影響》，《雲南民族大學學報》（哲社版）2011年第5期。

〔註78〕 《明史》卷46《地理志七》，中華書局1974年版，第1171頁。

完全一樣，與明朝時期相較亦不盡相同，而最終穩定的地域範圍，則較之近、現代略有出入。可以這樣說：近現代的雲南地域範圍，是在清朝時期光緒末年最後固定下來的。清初順治、康熙朝的六十多年，基本沿襲明末雲南的管轄範圍未變。至雍正年間，為了加速改土歸流政策，清廷將東川（雍正四年、1726年）、烏蒙、鎮雄（均為雍正五年、1727年）等地從四川劃歸雲南。〔註79〕雲南西部、西南部、南部、東南部的邊境範圍，則在雍正、乾隆、光緒年間都曾發生過局部的伸縮變遷。就雲南的設治來說，康熙年間，全省共有二十個府、一個直隸州。而清末光緒二十四年（1898年）的雲南省，「東至廣西泗城（駐今凌雲縣），南至交阯界（今越南北方），北至四川會理，西至天馬關（在今瑞麗市西南境外的猛卯三角地內），接緬甸界。……廣二千五百一十里，袤一千一百五十里」，轄有「府十四，直隸廳六，直隸州三，廳十二，州二十六，縣四十一；又土府一，土州三，土司十八」，〔註80〕其範圍與今雲南省大體一致，但比之元代小得太多。

　　以上為本文研究的空間範圍。正如譚其驤先生所說：「不管是幾百年也好，幾千年也好，在這個範圍之內活動的民族，我們都認為是中國史上的民族。」〔註81〕

第二節　北方少數民族移民的入遷

　　元明清時期，有大量內地居民移遷雲南。除大量漢族人口外，還有數量不等的少數民族入遷雲南。就北方少數民族移民來說，大略有蒙古人、回回、契丹、西番以及滿洲等。由於歷史條件不同，移民的來源，主要有軍事鎮戍、仕宦任職、官方移民、謫遷、流放、商旅和自然流徙等。移民的分布十分廣泛，其活動對雲南地區的社會發展和民族關係，均產生了重要而深遠的影響。但由於史料的缺乏，對他們的研究無疑非常困難，即使盡最大的努力，也只能涉及其中的一小部分，可是如果缺少了這一部分，就不可能有完整的雲南移民史。

〔註79〕參見《清史稿》卷74《地理志二十一》，中華書局1977年版，第2321～2322頁。

〔註80〕《清史稿》卷74《地理志二十一》，中華書局1977年版，第2321～2322頁。

〔註81〕譚其驤：《歷史上的中國和中國歷代疆域》，《中國邊疆史地研究》1991年第1期。

一、蒙古人

　　雲南最早的蒙古族先民是從蒙古汗國征大理國時開始進入雲南地區的。雲南的蒙古族自稱「蒙古」，通海縣興蒙鄉的蒙古族也自稱「蒙古」、「蒙古勒」等，即蒙古人。鄰近漢族曾稱蒙古族為「漁夫」，這與歷史上當地的蒙古族擅長漁業有關，彝族則稱蒙古族為「卡卓」。〔註82〕

　　蒙古族是一個歷史悠久的民族，起源於中國北方的大草原，其直系祖先是東胡後裔室韋。唐代「蒙兀室韋」的記載，是漢文典籍中最早的蒙古名稱。據記載，九世紀時的蒙古人已有階級分化，至十二世紀已出現許多大小不一的部落，且各部落之間經常發生戰爭，結果鐵木真在部眾的支持下，打敗了其他部落，統一了蒙古草原。1206 年，鐵木真被推舉為大汗，尊號為成吉思汗。這不僅是一個普通的名稱變化，還標誌著大蒙古汗國的建立，也標誌著蒙古民族共同體的形成。從此，成吉思汗統轄的大漠南北概稱為蒙古地區，所轄各個部落的居民統稱為蒙古人。〔註83〕

　　蒙古汗國建立後，為實現迂迴包圍南宋的戰略，1252 年，大汗蒙哥命令其弟忽必烈統率十萬軍隊進攻雲南。次年，蒙古大軍從寧夏經甘肅入四川，然後兵分三路：西路軍由大將兀良合臺率領，路經今松潘、裏塘、稻城、中甸一帶；東路、中路經今茂州、魚通、瀘定、漢源，到西昌後分兵，東路軍由諸王抄合也只烈率領，路經今德昌、會理；中路軍由忽必烈親領，路經今鹽源、寧蒗，抵金沙江後，「乘革囊及栰以渡」，隨即進軍大理，滅了雲南的地方割據政權大理國。1254 年忽必烈還師，留大將兀良合臺戌守雲南。〔註84〕於是，雲南開始有了蒙古人。

　　1279 年，即在平定雲南 25 年後，蒙古統治者才最終滅亡南宋。在此期間，由於蒙古統治者把雲南視為進攻南宋的戰略要地，雲南也構成了蒙古包圍南宋的一個犄角，因此，就在這一過程中，尤其在元朝統一全國後，因幅員遼闊，蒙古統治者先後從北方調了許多蒙古、回回、漢軍等到雲南來屯田戌守，這些屯軍主要分布在永昌（今保山）以東、紅河以北的白族和彝族地區。其中，進駐雲南的蒙古軍相當多。這也是雲南蒙古人的主要來源。

〔註82〕參見雲南省地方志編纂委員會總纂：《雲南省志》卷 61《民族志》，雲南人民出版社 1998 年版，第 666 頁。

〔註83〕參見《蒙古族簡史》編寫組、《蒙古族簡史》修訂本編寫組編：《蒙古族簡史》，民族出版社 2009 年版，第 7～29 頁。

〔註84〕《元史》卷 4《世祖本紀一》，中華書局 1976 年版，第 58～60 頁。

　　雲南平定後，元統治者為加強在雲南等邊檄地區的統治，在當地派駐有大量包括蒙古軍在內的鎮戍軍，其使命主要是對邊疆各民族地區進行監視鎮遏。鎮戍軍的糧餉供應，在編民納稅之外，屯田支持也發揮了很大作用。《元史》記載：「國初，用兵征討，遇堅城大敵，則必屯田以守之。海內既一，於是內而各衛，外而行省，皆立屯田，以資軍餉。……至於雲南八番，海南、海北，雖非屯田之所，而以為蠻夷腹心之地，則又因制兵屯旅以控扼之。」〔註85〕元代立於雲南曲陀關（今通海縣河西鎮北 30 里）的《都元帥府修文廟碑記》也記載說：「雲南去京師萬里，諸彝雜處，叛服不常，必威之以兵，則久安而長治。」〔註86〕為保證元朝在當地的統治，鎮戍的蒙古軍是以軍戶的形式駐屯於雲南的一些重要城鎮和要害地方，「上馬則備戰鬥，下馬則屯聚牧養」，〔註87〕多在當地定居下來，久之成為移民。據《元史・兵志》的記載，雲南地區有軍屯的地方是：中慶路（今滇中地區）、威楚路（今楚雄州西部、普洱市北部）、武定路（今楚雄州東部）、鶴慶路、曲靖路、澂江路、仁德府（今尋甸縣）、臨安路（今紅河州、文山州西部）、大理路、烏蒙路（今昭通）、梁千戶翼軍屯（在今玉溪）。而大理路的軍屯主要在永昌（駐今保山）、騰沖二府境內（二府當時屬大理路）。鎮戍的蒙古軍於駐地進行屯田生產，而且，一般都是與漢軍、爨僰軍或落落（彝族先民）軍等共同在一起屯田。但這些軍屯戶並不很穩定，隨時有流散和逃亡，〔註88〕同時屯軍還擔負著鎮戍巡邏的任務，由於軍事上的征伐、平叛，亦存在流動的情況。《元史・本紀》就記載：大德元年（1297 年）九月壬戌，「八番、順元等處（今貴州中部和南部）初隸湖廣，後改隸雲南，雲南戍兵不至，其屯駐舊軍逃亡者眾。」〔註89〕尤其是天曆二年（1329 年）前後「鎮兵之變」被鎮壓後，蒙古軍屯戶流散者更多。總之，元時雲南的絕大部分地方，都曾經為蒙古駐軍所到達。入明以後，蒙古駐軍大多都未再返回北方，以後漸漸融合在當地其他民族之中了。至今一直確認自己祖籍是元代蒙古人的，還有滇南通海縣鳳山腳下的中村、白閣、下村、交椅灣、陶家嘴等五個自然村，四千餘戶居民。〔註90〕

〔註85〕《元史》卷 100《兵志三》，中華書局 1976 年版，第 2558 頁。

〔註86〕（元）李泰撰：《曲陀關元帥府碑》，方國瑜主編：《雲南史料叢刊》卷 3，雲南大學出版社 1998 年版，第 336～337 頁。

〔註87〕《元史》卷 98《兵志一》，中華書局 1976 年版，第 2508 頁。

〔註88〕參見尤中：《中國西南民族史》，雲南人民出版社 1985 年版，第 607～609 頁。

〔註89〕《元史》卷 19《成宗本紀二》，中華書局 1976 年版，第 413 頁。

〔註90〕參見杜玉亭、陳呂範：《雲南蒙古族簡史》，雲南人民出版社 1979 年版，第 1 頁。

此外，統領蒙古駐軍的「諸王」也不少。據統計，元代自 1253 年蒙古軍征雲南至 1381 年明軍入雲南止，出鎮雲南的蒙古諸王有近 20 位，《元史》列傳中的人物仕宦雲南者凡 79 傳 100 人，其中蒙古人 31 人（分屬 12 個部族），色目人 32 人，漢人及其他民族 37 人。〔註91〕如鎮守雲南的大將兀良合臺所率領的，就有四個蒙古王（「四王」）的精銳騎兵。〔註92〕據史載，至元四年（1267 年）五月丁丑，忽必烈為了加強對雲南的統治，封其第五個兒子忽哥赤為「雲南王」，賜駝鈕金鍍銀印，坐鎮雲南；〔註93〕之後在至元二十七年（1290 年）冬十月壬申，更在雲南封了一個高於「雲南王」的「梁王」，首次封為「梁王」者是「皇孫甘麻剌」。〔註94〕但先後封為梁王或云南王者，史籍多記述缺略，不詳其事蹟。他們統率眾多的親兵，自然成為入遷雲南蒙古人的一個重要來源。雲南還有一些沒有名號的「諸王」，因為沒有突出的政治作用，他們的名字和事蹟自然也就默默無聞了。其中，《元史·文宗本紀》等所記載的有關雲南諸王的兵變，便可見其一斑。天曆二年（1329 年）三月，「雲南諸王答失不花、禿堅不花⋯⋯集眾五萬，數丞相也兒吉尼專擅十罪，將殺之。」〔註95〕至順元年（1330 年）正月，「雲南諸王禿堅及萬戶伯忽、阿禾、怯朝等叛，攻中慶路，陷之，殺廉訪司官。」二月，禿堅、伯忽等攻陷仁德府（今尋甸縣），至馬龍州，轉攻晉寧州，進而奪取了雲南省會中慶（今昆明）等廣大地區，「禿堅自立為雲南王，伯忽為丞相，阿禾、忽剌忽等為平章等官」，立城柵，抗拒朝命。〔註96〕當時新任元朝皇帝的文宗為了保持自己的權威，只好興師動眾，命令「鎮西武靖王搠思班、豫王阿剌忒納失里及行省、行院官同討雲南，兵十餘萬」，〔註97〕在雲南進行了反覆的較量，才把這次「鎮兵之變」平息。很顯然，如果不是這次震動元朝廷的兵變，在元朝歷史上就不會知道雲南有個蒙古「諸王」叫禿堅。這一事件不僅說明元朝時在雲南所封的蒙古諸王較多，而且他們在軍事、經濟上都有較大的實力，而且分封諸王往往擁有自己的幕僚，這樣，隨諸王進入雲南的蒙古隨從也應不少。因此，有些著作中估計，

〔註91〕參見夏光南：《元代雲南史地叢考》，中華書局 1968 年版，第 75～78 頁。
〔註92〕參見《元史》卷 121《速不臺列傳》，中華書局 1976 年版，第 2981 頁。
〔註93〕參見《元史》卷 6《世祖本紀三》，中華書局 1976 年版，第 116 頁。
〔註94〕《元史》卷 16《世祖本紀十三》，中華書局 1976 年版，第 340 頁。
〔註95〕《元史》卷 33《文宗本紀二》，中華書局 1976 年版，第 732 頁。
〔註96〕參見《元史》卷 34《文宗本紀三》，中華書局 1976 年版，第 749～752 頁。
〔註97〕《元史》卷 35《文宗本紀四》，中華書局 1976 年版，第 775 頁。

元代駐守雲南的蒙古軍有十餘萬人，有的則估計當有二十萬人。正因為蒙古軍在雲南的實力較大，又地處邊疆，梁王在元朝滅亡後還敢於同明朝對抗。《明史‧沐英傳》說：「元梁王遣平章達里麻以兵十餘萬拒於曲靖。」〔註98〕結果，駐紮在雲南的蒙古軍便沒有退回蒙古故地，只好落籍在雲南。

元朝統治雲南時，不僅封有蒙古諸王，還委任了蒙古高級官吏。蒙古軍每征服一地，總要派出達魯花赤進行「監治」。達魯花赤位於當地其他官員之上，掌握最後裁定的權力，以保障蒙古的統治。至元二年（1265 年）二月，元廷正式規定：「以蒙古人充各路達魯花赤，漢人充總管，回回人充同知，永為定制。」〔註99〕從《元史》的記載來看，收入的將吏多為顯宦，尤以蒙古人、色目人為多，其入仕地方者廣泛分散於全國各地。特別是元中期以後，隨著內遷蒙古人漢化程度的加深，充任地方各類官員者益多。他們有的還在雲南土官制度下擔任甚至世襲一些基層官吏，而且往往攜眷入仕，任職既久，其子孫後代多入籍於當地。史書記載中這種事例甚多，如屬燕只吉歹氏的蒙古人別兒怯不花，英宗授其懷遠大將軍、八番宣撫司達魯花赤之職，並世襲八番宣撫司的長官。他赴任以後，當地「峒民感悅」，「有累歲不服者，皆喜曰：吾故賢帥子孫也，其敢違命？」〔註100〕這些仕宦於雲南的蒙古人多屬武職，以兀良合臺居首。其中亦有數代為宦入仕雲南者，如紐璘子也速答兒，從世祖忽必烈入蜀，至元十一年（1274 年），以兵討羅氏鬼國亦奚不薛及都掌、烏蒙諸蠻，平之，遷蒙古軍都萬戶。成宗時，拜為四川等處行中書省平章政事。武宗時，由四川遷雲南，加左丞相，仍為平章政事，南征叛蠻時感瘴毒而卒（其長子為南加臺，官四川行省平章政事）。〔註101〕其孫答失八都魯，以世襲萬戶鎮守羅羅宣慰司，後出征雲南以功升大理宣慰司都元帥，子字羅帖木兒為雲南行省理問及四川行省左丞，孫識里木為雲南行省左丞。〔註102〕與蒙古軍屯戶一樣，仕宦於雲南的蒙古官吏也並不十分穩定，而有流動和調遷的情況，如 1258 年，兀良合臺奉蒙哥命率「四王」精銳騎兵三千及蠻、僰萬人與蒙哥、忽必烈約明年會師長沙。次年與忽必烈大軍會合於鄂州（今漢口）。

〔註98〕《明史》卷 126《沐英列傳》，中華書局 1974 年版，第 3757 頁。
〔註99〕《元史》卷 6《世祖本紀三》，中華書局 1976 年版，第 106 頁。
〔註100〕《元史》卷 140《別兒怯不花列傳》，中華書局 1976 年版，第 3365 頁。
〔註101〕參見《元史》卷 129《紐璘列傳》，中華書局 1976 年版，第 3145～3146 頁。
〔註102〕參見《元史》卷 142《答失八都魯列傳》，中華書局 1976 年版，第 3395～3397 頁。

蒙哥死，忽必烈繼承汗位，「兀良合臺至上都」，不再得到世祖忽必烈的信任，亦未再回雲南。〔註103〕

元中葉後，雲南也成接納犯罪官員的謫遷之所。元中書右丞相脫脫，字大用，馬劄兒臺長子，丞相伯顏之侄。至正十五年（1355年）三月，以事「流脫脫於雲南大理宣慰司鎮西路」。〔註104〕原官右丞的蒙古人埜喇，謫貶至澂江府河陽縣（今澄江縣）華藏寺（又稱華山古寺）。〔註105〕

元亡明興，以上所列的蒙古駐軍、「諸王」、各類官員及其蒙古家屬、幕僚等遠離家鄉萬里，無法北還，大部分落籍雲南，少量蒙古貴族在明軍平定雲南後與同明軍對抗的大理段氏一起被遷往北方安置，一些蒙古將士、官吏在反抗明軍的戰爭中喪生，而明初落籍雲南的這些蒙古人，又在這數百年時間裏，絕大部分融入到其他民族中去了。〔註106〕但也仍然有一部分以明確的蒙古人身份雜居於當地各少數民族和漢族之中。如景泰《雲南圖經志書》記載：「雲南土著之民不獨僰人（白族）而已，有曰白羅羅（彝族）、曰達達（蒙古族）、曰色目（主要為回族），及四方之為商賈、軍旅移徙曰漢人者雜處焉。」〔註107〕此說明明初時，雲南地區達達人已同其他民族「雜處」，且「達達」被視為「土著之民」了。明朝建立後對蒙古、色目人採取抑制、同化政策，如洪武五年（1372年），《明會典》規定「令蒙古色目人氏，既居中國，許與中國人家結婚姻，不許與本類自相嫁娶，違者男女兩家抄沒入官為奴婢。」〔註108〕使得許多蒙古人為免遭迫害，不敢暴露自己的民族成分，從而使元滅亡後流落各地的蒙古人大量融入到漢族及其他民族中。至今雖已六百多年，但這許多落籍雲南的蒙古人仍保留著不少歷史遺跡。例如：安寧市燕塔村的馬姓，今為漢族，仍認為祖先是蒙古族，在他們的《始祖碑序》中明確記述其為「元朝貴族」：「馬氏始祖諱也池卜花，元朝貴族也，至隋龍卜吉，落籍燕塔，……

〔註103〕參見《元史》卷121《速不臺列傳》，中華書局1976年版，第2981～2982頁。

〔註104〕《元史》卷138《脫脫列傳》，中華書局1976年版，第3348頁。

〔註105〕參見（清）李熙齡等纂修：道光《澂江府志》卷13《名宦‧流寓附》，鳳凰出版社編撰：《中國地方志集成‧雲南府縣志輯》第26輯，鳳凰出版社2009年版，第241頁。

〔註106〕參見馬世雯：《蒙古族文化史》，雲南民族出版社2000年版，第25頁。

〔註107〕（明）陳文修，李春龍、劉景毛校注：景泰《雲南圖經志書校注》卷1《雲南府‧事要‧風俗》，雲南民族出版社2002年版，第4頁。

〔註108〕（明）申時行等修：《明會典》（萬曆朝重修本）卷20《戶部七‧戶口二‧婚姻》，中華書局1989年版，第135頁。

迄今歷世十五代，戶增二百餘家，皆始祖之積厚而流光也。」〔註109〕據民國
《路南縣志・忠義》記載「楊以成」時，說其為「元忠臣普魯海牙八世孫」，「海
牙公，生蒙古，仕元，官至武德將軍、大理路總管，移駐路南。洪武初，死國
難，贈閬里伯。」海牙「子泰，隱居不仕，易姓為楊，遂為路南人」。〔註110〕
這家楊姓自明清以至民國都有人做官，成為路南（今石林縣）漢族中的望族，
他們仍認為祖籍是蒙古族。此外，據有關志書記載，元代有一位名叫「湯撒
喇忽」的世襲蒙古人「百戶」駐守蒙自，至今蒙自市余家寨的居民仍自認其
祖先為蒙古族；在文山和昭通等地，也有蒙古人落籍的記錄。即使在滇西北
麗江巨甸的納西族聚居區，也有一些蒙古族遺居，至今已融合於納西族的「元」
姓祖先就是蒙古族。〔註111〕而聚居在通海縣興蒙鄉的蒙古族則始終沒有隱瞞
自己的蒙古族屬稱謂。總之，元朝時期的特點是大量蒙古人得以在統一多民
族國家的疆域範圍內方便地進入雲南。如今居於玉溪地區旃、奎、王、趙、
楊、官等姓的先輩及石林縣楊姓、安寧馬姓、朵姓的先輩等等，均為此時期
入遷雲南。〔註112〕

　　明代，亦有蒙古人入遷雲南。如通海夥姓蒙古族，原籍蒙古塔灘里人，
明洪武十四年（1381年）由南京隨軍入滇，於永樂六年（1408年）落籍通海
縣夥家營。〔註113〕此外，著名馬克思主義哲學家艾思奇（李生萱）的祖先也
是蒙古族，李姓籍貫滇西騰沖縣，其祖父李德潤墓碑記載：「李氏本蜀之巴縣
籍，明洪武時有襲蒙古名曰里斯波者，以武略從軍入滇至騰家於陽溫登村，
即今之和順，為吾家遷騰之始祖……」其後代就在騰沖定居下來。說明騰沖
李姓蒙古族的先祖「里斯波」也屬明初隨軍從四川到雲南鎮戍。至今，李姓
一部分後裔仍居騰沖，另一部分移居昆明及省內外。〔註114〕

〔註109〕雲南省地方志編纂委員會總纂：《雲南省志》卷61《民族志》，雲南人民出版
　　　　社1998年版，第667頁。
〔註110〕參見馬標修，楊中潤纂：民國《路南縣志》卷8《人物・忠義》，鳳凰出版社
　　　　編撰：《中國地方志集成・雲南府縣志輯》第14輯，鳳凰出版社2009年版，
　　　　第354～355頁。
〔註111〕參見雲南省歷史研究所編著：《雲南少數民族》（修訂本），雲南人民出版社
　　　　1983年版，第549頁。
〔註112〕參見馬世雯：《蒙古族文化史》，雲南民族出版社2000年版，第27頁。
〔註113〕參見雲南省通海縣史志工作委員會編纂：《通海縣志》，雲南人民出版社1992
　　　　年版，第92頁。
〔註114〕參見馬世雯：《蒙古族文化史》，雲南民族出版社2000年版，第24頁。

清代，出於政治原因，滿、蒙貴族聯盟、聯姻，相互之間締結成血緣親屬關係，這樣的聯盟、聯姻是為了借助蒙古的力量打天下及統治中國。事實上，「清軍入關統一全國，蒙古八旗不僅與滿洲八旗一起『拱衛京師』，而且分駐全國各重要城鎮。……八旗蒙古為創立和鞏固『大清江山』作出了重要貢獻。」〔註115〕因此，清初康熙朝平「三藩之亂」中吳三桂的割據勢力等曾用重兵於雲南，其中亦當有一部分蒙古軍士入遷雲南。

二、回回

回族是「回回民族」的簡稱。雲南的回族自稱「回回」、「穆斯林」（阿拉伯語，意思是順從「安拉」旨意的人。世界上凡是信仰伊斯蘭教的任何民族和種族，都稱為「穆斯林」。雖然回族和穆斯林是兩個不同的概念，但在雲南，信仰伊斯蘭教的只有回族，講穆斯林一般就是指回族）、「穆民」（雲南回民一般理解為「穆罕默德的教生、教民」）、「朵斯梯」（波斯語，意為「朋友」、「親戚」）。〔註116〕

關於回族的來源，一般認為可上溯到公元 7 世紀中葉時，阿拉伯和波斯商人到中國經商，後留居廣州、泉州、杭州、揚州等地，歷經五代至宋末五六百年間的不斷發展，成為回族來源的一部分。而回族的主要來源則是 13 世紀初葉，由於成吉思汗西征而被迫東遷的中亞細亞各族人、波斯人和阿拉伯人以及由於當時東西交通大開而自願東來的商人。這些人都是信仰伊斯蘭教的，在元代官文書中通稱為「回回」。他們到中國後，絕大部分為軍士、農人和工匠，一小部分人做官或成為商人、宗教職業者和學者，由於通婚和社會經濟關係，與漢、維吾爾、蒙古等民族的人在長期相處的過程中融合形成了回回民族。〔註117〕

雲南回族是中國回族的組成部分，與全國回族同源同流，當然也有自己的特點。據大量歷史文獻資料研究證實，雲南回族的歷史應從元代開始。但有學者依據某些民間傳說及零星史料，認為雲南因地處西南「絲綢之路」要

〔註115〕翁獨健主編：《中國民族關係史綱要》，中國社會科學出版社 2001 年版，第721 頁。

〔註116〕參見雲南省地方志編纂委員會總纂：《雲南省志》卷 61《民族志》，雲南人民出版社 1998 年版，第 322 頁。

〔註117〕參見《回族簡史》編寫組、《回族簡史》修訂本編寫組編寫：《回族簡史》，民族出版社 2009 年版，第 1 頁。

道，漢晉及至唐宋時期與西域諸國的交通聯繫由來已久，這些信仰伊斯蘭教的「胡人」除經商者外，被擄至滇者亦不乏其人，因此，「雲南回族的最早來源，無疑始於這個時期」。〔註118〕然而由於當時尚未形成回族，他們的身份應只屬外國僑民之列。〔註119〕再者，從穆斯林社團出現的角度考慮，學術界一般都認為回族在雲南紮下根的時間應始於元代。

　　根據史料記載，回回大量入滇，應起自元代，及至明初及清初，回回移民又先後兩次大量入滇，故從元至清，回回共經歷了三次移居雲南的高潮，使雲南成為僅次於西北的第二個回民大聚居區。〔註120〕回回入滇的第一次高潮出現在元代，但在元王朝建立以前的蒙古汗國時期，已有不少回回隨蒙古軍到雲南。1253年，忽必烈、兀良合臺等率十萬大軍南下平大理國，〔註121〕這十萬大軍並不全是蒙古人，也包括中西亞的回回、回鶻、西夏諸族、契丹、漢等民族軍士，這是回回移居雲南的開端。《雲南回族史》認為，元代大約先後有十餘批次的回回士兵、工匠等群體性地進入雲南，每次多以萬計，少亦有數千人，其總數達十萬人之多。〔註122〕如前文所述，雲南作為蒙元攻宋的基地，自然成為元朝重點鎮戍的地區，其所遣戍者除有蒙古軍外，還有探馬赤軍（回回等諸色目軍）等。此外還設有屯軍，元代受遣到雲南屯田的軍人同樣也有一部分是回回人，這些隨軍進入雲南的回回比例最大，而遊宦、經商前來的只是少數，且屯駐和活動的區域與蒙古人基本相同，〔註123〕他們或從事征戰，或從事農墾，或從事軍器製造。元王朝建立後，忽必烈於至元十年（1273年）下詔：「令探馬赤隨處入社，與編民等。」〔註124〕由於這些軍士多數沒有眷屬，只能與當地共同居住的兄弟民族（漢、蒙古、白、彝等）婚姻交往，繁衍子孫，於是形成明人所說的「元時回回遍天下」的局面。〔註125〕

〔註118〕馬興東：《元代以前有關雲南回族族源問題的進一步探討》，《雲南社會科學》1990年第2期。

〔註119〕參見楊兆鈞主編：《雲南回族史》（修訂本），雲南民族出版社1994年版，第2頁。

〔註120〕參見郭淨、段玉明、楊福泉主編：《雲南少數民族概覽》，雲南人民出版社1999年版，第315頁。

〔註121〕參見《元史》卷4《世祖本紀一》，中華書局1976年版，第58～60頁。

〔註122〕參見楊兆鈞主編：《雲南回族史》（修訂本），雲南民族出版社1994年版，第27頁。

〔註123〕參見尤中：《中國西南民族史》，雲南人民出版社1985年版，第612頁。

〔註124〕《元史》卷93《食貨志一》，中華書局1976年版，第2356頁。

〔註125〕參見《明史》卷332《西域列傳四》，中華書局1974年版，第8598頁。

　　除回回軍士及軍將外，一些回回上層人士也被派往雲南充任地方官員，其家眷、隨從及其後裔相繼落籍。《元史‧世祖本紀》載，至元二年（1265年）二月，元廷正式規定：「以蒙古人充各路達魯花赤，漢人充總管，回回人充同知，永為定制。」〔註126〕因此，在當時雲南行省的官吏中，往往是蒙古人和回回參半，互為正副，說明蒙古人所到之處，回回常常相伴隨。另據楊志玖先生統計，自世祖朝至順帝朝，任職於雲南行中書省的回回人共9人，〔註127〕行省之下的各路、府、州、縣機構中以及土官制度下都有相當數量的回回官員。如原是中亞不花剌回回貴族別菴伯爾後裔的賽典赤‧贍思丁，一名烏馬兒，成吉思汗鐵木真出征中亞時，率所部千騎歸附，到中國後歷任要職，晚年時，在至元十一年（1274年）被忽必烈任命為雲南行省平章政事，至元十六年（1279年）在昆明逝世，被追封為咸陽王。據統計，賽典赤有五子二十三孫，長子納速剌丁，繼任雲南行省平章政事；次子哈散，曾任臨安、元江和廣南道宣慰使都元帥；三子忽辛，曾任雲南行省右丞；五子馬速忽，亦官雲南行省平章政事。納速剌丁和忽辛的兒子也有在雲南任職的，如納速剌丁之子忽先，亦任雲南行省平章政事；沙地官至雲南行省左丞。忽辛子賽伯杭，曾任中慶路達魯花赤等。〔註128〕由於賽典赤及其子孫長期在雲南擔任軍政要職，一門顯貴，其後裔代代繁衍生息，今天雲南回族的賽、沙、納、撒、閃、忽、速、馬、哈、合、胡、穆、王、楊、李等諸姓，其中除「馬」姓來源較為複雜外，其餘大多是賽典赤家族的後人。〔註129〕另據考證，明初航海家鄭和本姓馬，名三保（或三寶），雲南昆陽（今晉寧縣昆陽鎮）人，為賽典赤五子馬速忽之五世孫，也是賽典赤的第六世孫。〔註130〕

　　此外，元代的雲南已納入統一多民族國家的疆域範圍，與內地聯繫密切，大量內地商人與百姓也易於在國家範圍內流動遷徙，其中的部分到了雲南。如，元世祖至元間意大利人馬可波羅奉命使緬，途經押赤城（Jacin，今昆明），

〔註126〕《元史》卷6《世祖本紀三》，中華書局1976年版，第106頁。

〔註127〕參見楊志玖：《元代回回人的政治地位》，《歷史研究》1984年第3期。

〔註128〕參見《元史》卷125《賽典赤贍思丁列傳》，中華書局1976年版，第3063～3070頁。

〔註129〕參見《雲南回族概況》，雲南省編輯組、《中國少數民族社會歷史調查資料叢刊》修訂編輯委員會編：《雲南回族社會歷史調查》（三），民族出版社2009年版，第5頁。

〔註130〕參見馬興東：《雲南回族源流探索（下）》，《雲南民族學院學報》1989年第1期。

即看到當地「城大而名貴，商工甚眾」，其中就有回教徒與其他偶像教徒及若干聶思脫里派之基督教徒等數種居民雜居，〔註131〕回教徒即伊斯蘭教徒，當是回回人。這些從事商業活動的回回人，往來活動於交通沿線及經濟較發達地區，如昆明、曲靖、臨安、大理、永昌等地。

據《元史‧兵志》所記載，入遷雲南的畏吾兒人除隨軍征戰外，尤以屯田為多，如至元二十二年（1285年）冬十月，遣雪雪的斤領畏兀兒戶一千屯戍於合刺章（今大理地區）；〔註132〕至大元年（1308年）十二月，經雲南省丞進言，令徵調於荆襄的畏兀兒一千人仍使歸雲南屯戍，「以佐征討」；〔註133〕仁宗延祐三年（1316年），發畏吾兒及新附漢軍五千人到烏蒙軍屯，為田一千二百五十頃。〔註134〕除雪雪的斤外，據學者研究，元代入滇的畏兀兒官吏還有岳柱、阿里海牙、阿昔思、八丹、葉仙鼐、月舉連赤海牙、脫力世官等。〔註135〕有些學者認為這些元代入滇的畏兀兒人即是雲南回族源流之一，如「雲南回族中還有許多是從畏吾兒（即維吾爾）族變為回族的」，〔註136〕這種觀點值得商榷。因為回回和畏兀兒人在宗教信仰上是有差別的，如《維吾爾族簡史》說，維吾爾族人民在歷史上曾信過多種宗教，到十五世紀時，伊斯蘭教才排除其他宗教在維吾爾族地區成為全民信仰的宗教。〔註137〕《元代民族史》也研究指出，蒙元時期的畏兀兒地區佛教仍然興盛不衰，當時在畏兀兒之地，除佛教最盛外，也流行著其他的景教和伊斯蘭教等。〔註138〕說明入滇的畏兀兒人多信仰佛教，但不排除有一部分已信仰伊斯蘭教。無論如何，我們不能說因為共同的信仰，所以畏兀兒人就變為回族。就元代入滇落籍的畏兀兒人的下落而言，「由於它和蒙古人信仰是共同的，因而他們只能與崇尚巫教及佛教的被元代稱為爨僰的各土著民族構成婚姻關係而相互融合。」〔註139〕

〔註131〕參見《馬可波羅行紀雲南行紀》第117章《哈剌章州》，方國瑜主編：《雲南史料叢刊》卷3，雲南大學出版社1998年版，第142頁。

〔註132〕參見《元史》卷13《世祖本紀十》，中華書局1976年版，第280頁。

〔註133〕《元史》卷22《武宗本紀一》，中華書局1976年版，第506頁。

〔註134〕參見《元史》卷100《兵志三》，中華書局1976年版，第2578頁。

〔註135〕參見王胞生：《元代入滇的畏兀兒人》，《雲南民族學院學報》1991年第1期。

〔註136〕參見王文光、龍曉燕編著：《雲南民族的歷史與文化概要》，雲南大學出版社2009年版，第164頁。

〔註137〕參見《維吾爾族簡史》編寫組：《維吾爾族簡史》，新疆人民出版社1989年版，第367頁。

〔註138〕參見羅賢祐：《元代民族史》，四川民族出版社1996年版，第209～212頁。

〔註139〕參見王胞生：《元代入滇的畏兀兒人》，《雲南民族學院學報》1991年第1期。

　　以上說明，入遷雲南的回回及分布在以靠內地區各路、府、州、縣城中和交通要隘村鎮裏的格局，無疑是從元代開始奠定的。所以至元十六年（1279年），馬可波羅在他的《遊記》中才對押赤（今昆明）城內的「回教徒」有所記載。波斯國歷史學家施拉特也說押赤（Yachi）「大城全省居民皆奉回教」，〔註140〕說法未免誇大，但元代雲南境內回回人數眾多確是事實。

　　明初是回回人入滇的第二個高潮。是時，國內局勢尚不穩定，雲南也尚處於元朝殘餘勢力梁王的控制之下。洪武十四年（1381年）九月，朱元璋任命傅友德為征南將軍，藍玉、沐英為左、右副將軍，率大軍征討雲南，以掃清蒙元的殘餘勢力，其中藍、沐二人為回族，所以，民間才有「十大回回保國」的美談，在他們帶領的大軍中有相當一部分是來自江南、陝甘一帶的回回軍士。次年春三月平定雲南後，朱元璋令傅友德和藍玉率征南大軍班師，沐英則奉命率本部兵馬鎮守雲南，〔註141〕其中有大量回回官兵留下來擔任屯田戍守，形成了許多以「營」、「屯」、「廠」、「所」等命名的回回聚居村落。如：今昆明市呈貢區回回營是沐英部下前敵指揮使馬相國及其親族部下所形成；〔註142〕建水回族馬家，說先世是明初隨沐英征雲南的將士；騰衝烏索壩回族柳雲松家，據稱始祖是陝西人，明初武洪年間到雲南當兵，便落籍騰衝；保山回族沙澄說，其祖籍南京柳樹灣，明初隨軍來滇，初居大理，後遷居保山。等等。〔註143〕

　　此後明代有事於雲南，也常從內地徵兵，江淮回回多有隨軍來滇，日久落籍雲南。明初後，麓川（今德宏瑞麗）傣族的貴族分子企圖發展其割據勢力，並侵及周邊各土司之地，明廷派兵部尚書王驥率兵於正統六年（1441年）、八年（1443年）、十三年（1448年）對其進行三次征討，史稱「三征麓川」。《雲南回族史》認為，麓川平定後，政府又「屯江南回、漢兵士十二萬」於滇西各地駐紮，〔註144〕陸韌教授研究指出，「12萬大軍屯田滇西之事僅是建

〔註140〕（波斯）施拉特撰：《史事彙編哈剌章州》，方國瑜主編：《雲南史料叢刊》卷3，雲南大學出版社1998年版，第158頁。

〔註141〕參見《明史》卷3《太祖本紀三》，中華書局1974年版，第40頁。

〔註142〕參見楊兆鈞主編：《雲南回族史》（修訂本），雲南民族出版社1994年版，第65頁。

〔註143〕參見《雲南回族概況》，雲南省編輯組、《中國少數民族社會歷史調查資料叢刊》修訂編輯委員會編：《雲南回族社會歷史調查》（三），民族出版社2009年版，第8~9頁。

〔註144〕參見楊兆鈞主編：《雲南回族史》（修訂本），雲南民族出版社1994年版，第63頁。

議而已，並未實施」，並說這次戰爭「流落雲南各地的士卒非常零散，而且易為當地民族所同化，故其數字難以統計。」[註145] 這些零散落籍軍士中當有部分江南、陝甘籍回回，主要分布於大理、保山、騰沖等地的交通沿線。他們一部分駐防永昌，為此，還專門建立了「永昌回回軍千戶所」；[註146] 今騰沖五棵樹馬登高家，據說他們的先輩是從征麓川而來，後官至雲南都司，子孫世代居住騰沖觀音塘，至今已歷 19 代。[註147]

明代在全國實行屯田，雲南是主要的屯墾地區，一些奉詔入滇從事屯墾者也成為雲南回回的一大來源。據《滇系・事略》記載：洪武十七年（1384年），詔令「移中土大姓以實雲南」，[註148]「中土大姓」中部分包括江南各省及陝甘、河南等地的回回大戶。又如，洪武二十年（1387 年）冬十月，「詔長興侯耿炳文率陝西土軍三萬三千人往雲南屯種聽徵」，[註149] 次年二月，以長興侯耿炳文承制，「遣陝西都指揮同知馬燁，率西安等衛兵三萬三千屯戍雲南」。[註150] 其中，「土軍」實即關中地區的回漢為主的土著人民，而馬燁本人即是回回，所部回兵屯戍於今昭通、魯甸一帶，其後裔仍可查考。[註151]

此外，還有少數為官、經商或被「謫貶」放逐雲南的。如：馬堅於明洪武年間任「臨安千戶世職」，金自氓於明永樂年間任臨安府知府，後來這兩姓人定居建成建水縣城東的回龍村；[註152] 明代回回以善於經商著名，因此，經商入滇的也大有人在；[註153] 楚雄馬石鋪姚姓和賓川馬家莊等地回族先民

〔註145〕陸韌：《變遷與交融——明代雲南漢族移民研究》，雲南教育出版社2001年版，第 26～32 頁。

〔註146〕（明）劉文徵撰，古永繼校點：《滇志》卷 3《地理志第一之三・古蹟・永昌府》，雲南教育出版社 1991 年版，第 146 頁。

〔註147〕參見《雲南回族概況》，雲南省編輯組、《中國少數民族社會歷史調查資料叢刊》修訂編輯委員會編：《雲南回族社會歷史調查》（三），民族出版社 2009 年版，第 9 頁。

〔註148〕（清）師範撰：《滇系・事略》，方國瑜主編：《雲南史料叢刊》卷 13，雲南大學出版 2001 年版，第 10 頁。

〔註149〕（明）《太祖洪武實錄》卷 186，洪武二十年十月丙寅。

〔註150〕（明）《太祖洪武實錄》卷 188，洪武二十一年二月癸丑。

〔註151〕參見楊兆鈞主編：《雲南回族史》（修訂本），雲南民族出版社 1994 年版，第 71 頁。

〔註152〕參見紅河哈尼族彝族自治州民族志編寫辦公室編：《雲南省紅河哈尼族彝族自治州民族志》，雲南大學出版社 1989 年版，第 219 頁。

〔註153〕參見楊兆鈞主編：《雲南回族史》（修訂本），雲南民族出版社 1994 年版，第 75～77 頁。

為元朝官吏，被明朝「謫貶」，放逐到雲南。〔註154〕

明代還有西域回回內附落籍雲南的記載。如「塔西沙，西域回回，明太祖洪武三年（1370年）內附，授雲南左衛副千戶，遂占籍雲南。後以塔為姓。」「亦速，西域回回，洪武三年內附，授雲南左衛副千戶，遂家焉，世代為官，至今為回回望姓。」〔註155〕又如成化二十三年（1487年），天方（「天房」，又作「默伽」、「麻嘉」，今沙特阿拉伯之麥加）回回阿力因其兄納的「遊中土四十餘載，欲往雲南訪求」，所以攜帶貢物先抵廣東，後「赴京自訴。禮官請估其貢物，酬其直，許訪兄於雲南」，〔註156〕顯然回回納的已留居雲南多年。這些西域回回移居中原或云南的原因主要是內地高額的商業利潤、優惠的政治生活待遇以及寬容的宗教政策，此外還有一個原因，就是地處西域的土魯番等地因與明王朝多次反目，致使明朝多次將在內地進行正常公務和貿易的西域使臣、商旅等遣送到雲南、兩廣等地。〔註157〕

總的來看，元代入滇回回，以來自西北陝、甘等地為主，明代則以江南的回回為盛。這些先後遷入雲南的回回，一般都沿進軍路線、交通要道或屯田處所等定居下來。由於有著相同的政治地位及信仰，回回已有了明顯的民族意識，故在明代，回族這一民族共同體產生了。

清代，出現了回回入遷雲南的第三次高潮，此時期隨軍駐滇是入遷的主要因素。1644年清軍入關，建立清朝，但全國各地反清鬥爭仍在繼續。明桂王朱由榔（永曆帝）從兩廣、貴州等地轉戰退入雲南，這一過程，實際上可看作是一個相當規模的移民過程，〔註158〕當他從昆明動身到滇西時，史載「滇官兵男婦馬步從者數十萬人」，看來「數十萬人」中必有不少回回軍民，但最後隨之到達緬甸的「僅六百四十六人而已」，〔註159〕說明其中大多數應流落路

〔註154〕參見雲南省地方志編纂委員會總纂：《雲南省志》卷61《民族志》，雲南人民出版社2002年版，第326頁。

〔註155〕（明）《雲南左衛選簿》，轉引自楊兆鈞主編：《雲南回族史》（修訂本），雲南民族出版社1994年版，第65～66頁。

〔註156〕《明史》卷332《西域列傳四》，中華書局1974年版，第8622頁。

〔註157〕參見和龑：《關於明代回回的移向問題》，《中央民族學院學報》1987年第6期。

〔註158〕參見方慧：《元、明、清時期進入西南地區的外來人口》，《中央民族大學學報》1996年第5期。

〔註159〕（清）《求野錄》，方國瑜主編：《雲南史料叢刊》卷4，雲南大學出版1998年版，第732、734頁。

途中了。其中的回回軍民在騰沖、保山一帶落籍，留下明、朱等回回大姓。據說在桂王退入緬甸時，曾有一部分跟隨桂王的回回被阻於騰沖、保山一帶，後來以明為姓，用來表示對清的不甘屈服。〔註160〕

　　隨後，在雍正年間清廷對滇東北一帶少數民族地區推行「改土歸流」的過程中曾頻繁用兵，許多直隸（今河北）、山東、四川的回回士兵隨回回將領哈元生、冶大雄、許世亨、哈國興等在川、滇、黔三省交界處駐防，最後在滇東北落籍，在昭通、魯甸、會澤、巧家、東川等地發展起來許多回回村鎮，成為雲南回族較多的又一地區。〔註161〕如，清雍正年間直隸省河間（今河北獻縣一帶）的回回人哈元生，在雲貴總督鄂爾泰推行改土歸流政策時，奉命征討烏蒙土府，鎮壓彝族，曾任尋沾營參將，雍正九年升雲南提督。〔註162〕時元生所率士兵多為回民，隨軍落籍昭通。民國《昭通縣志稿》載：「前清哈元生兩次平昭，所帶兵丁多係回民，領土占籍，擇取地方，悉得東南一帶高原。其俗強悍，重耕牧，習武事。科舉時代，常中武魁，及入伍者，亦列顯宦。但居鄉人多，除農畜外及以走廠貿易為事，住城中者，皆聚積東南角，以造氈子、做皮貨為生計。在當時所設清真寺，共有四十八所，可云盛矣。」〔註163〕可見昭通一帶回回的發展與哈元生的活動有密切的關係，這一帶的回民主要來自河北。此外當地還有來自四川的回回，這和四川回回冶大雄入滇有關。史載，冶大雄為四川成都人，康熙年間入伍，乾隆時授雲南昭通鎮總兵，後從征金川有功，升雲南提督，加左都督銜。〔註164〕哈國興，直隸省河間回回貴州提督哈攀龍之子，乾隆十七年（1752年）武進士，先為雲南督標右營游擊，後遷任雲南東川營參將，因而率部落籍東川一帶。此後署騰越營副將、楚姚鎮總兵、普洱鎮總兵等，曾隨總督楊應琚兩

〔註160〕參見《雲南回族概況》，雲南省編輯組、《中國少數民族社會歷史調查資料叢刊》修訂編輯委員會編：《雲南回族社會歷史調查》（三），民族出版社2009年版，第10頁。

〔註161〕參見楊兆鈞主編：《雲南回族史》（修訂本），雲南民族出版社1994年版，第91頁。

〔註162〕參見《清史稿》卷298《哈元生列傳》，中華書局1977年版，第10408～10409頁。

〔註163〕盧金錫修，楊履黔、包鳴泉纂：民國《昭通縣志稿》卷6《第十五・氏族・種族》，鳳凰出版社編撰：《中國地方志集成・雲南府縣志輯》第4輯，鳳凰出版社2009年版，第380頁。

〔註164〕參見《清史稿》卷311《冶大雄列傳》，中華書局1977年版，第10648～10649頁。

次出征緬甸立功，升雲南提督。〔註 165〕四川新都回回許世亨，乾隆時從征金川，四十一年（1776 年）平定金川後，擢雲南騰越（今騰沖）鎮總兵，後率部落籍。〔註 166〕以上這些回回將領統率的士兵，大多為回回，落籍雲南日久即成移民。

回民入遷雲南還有自發流移的。如貴州威寧回族的先祖原居陝甘一帶，明初隨軍征雲南，後即佔領威寧屯兵駐守，日久落籍威寧。其後子孫繁衍，徙居滇東者頗多。威寧下壩《馬姓族譜》說：「子孫文武科弟，蘭騰桂芳，人煙廣眾，子孫昌盛，移昭、魯、東、宣等地。」又威寧馬家屯《馬姓族譜》序云：「明洪武十四年，邊省雲貴多事，我後世祖戎衣南征，掃平狼煙，有功於國，封為將軍之職，卜居於貴州省威寧縣馬家屯。數傳後至雍正初年，我再世祖馬超將軍，同哈元生將軍掃平烏蒙，功勳巨大，乃移居於昭通鳳凰山附近，報領土地遂次焉。」此後百餘年間，黔西威寧地區的回回人口仍在陸續向滇東地區遷徙，〔註 167〕增加了該地的回民數量，使滇東地區的回回人口成為雲南最多。

此外，乾隆四十六年（1781 年）和四十八年（1783 年），西北甘、青等地先後發生了青海循化撒拉族蘇四十三和甘肅通渭石峰堡回民田五的兩次反對地方官府的回民起義，清王朝用武力鎮壓後，強制把一些起義回民的子女遷到雲南。〔註 168〕這樣，到清代前、中期，雲南已成為僅次於西北的第二個回民聚居區。〔註 169〕咸、同年間杜文秀起義失敗後，清廷野蠻屠殺回回與各族人民，致使全省人口損失慘重，雲南回回更是大量慘遭屠殺或被迫逃亡，人口銳減，村落凋零，社會經濟文化的發展也遭受嚴重摧殘，以後才慢慢恢復發展起來。

〔註 165〕參見《清史稿》卷 311《哈攀龍列傳》，中華書局 1977 年版，第 10643～10644 頁。

〔註 166〕參見《清史稿》卷 334《許世亨列傳》，中華書局 1977 年版，第 11013～11014 頁。

〔註 167〕參見馬興東：《雲南回族源流探索（上）》，《雲南民族學院學報》1988 年第 4 期。

〔註 168〕參見《雲南回族概況》，雲南省編輯組、《中國少數民族社會歷史調查資料叢刊》修訂編輯委員會編：《雲南回族社會歷史調查》（三），民族出版社 2009 年版，第 10～11 頁。

〔註 169〕參見楊兆鈞主編：《雲南回族史》（修訂本），雲南民族出版社 1994 年版，第 93 頁。

三、契丹

契丹民族在中國北方民族史上佔有重要地位，尤其是其所建立的遼朝在中國北部的統治歷時二百一十年之久，在歷史上產生了重大的影響。「契丹」這一族名初見於史乘，是在撰寫於六世紀的《魏書‧契丹傳》中。〔註170〕《新唐書》說契丹「本東胡種」，〔註171〕可見契丹族族源可上溯到東胡。契丹語，經研究屬蒙古語族。從契丹的髮式、葬俗及語言等方面特徵來看，契丹與烏桓、鮮卑等基本相同，和蒙古族一樣屬於同一族系，都屬於東胡系統的民族。元代文獻中對 qitay 有不同的漢譯，有「乞塔」、「乞答」、「吸給」、「吉答」等，但以「契丹」為最常見。〔註172〕公元 916 年，契丹首領耶律阿保機建立契丹國，後改稱「遼」；1125 年，遼朝被在「白山黑水」間興起的女真建立的金滅亡；其後，耶律阿保機的八世孫耶律大石率部西遷，在中亞重新建國，史稱「西遼」，又稱哈剌契丹或黑契丹王朝。1218 年，「西遼」為成吉思汗的蒙古所滅。元代以後，契丹人逐漸從歷史舞臺上消逝。

對於遼亡後契丹人的下落，陳述先生在《契丹政治史稿》中指出，金滅遼後的契丹有兩種下落：1.部分隨耶律大石西遷建立「西遼」，後融入中亞民族中；2.部分退出金人的統治區域向北遷徙，並在成吉思汗時期投附蒙古，隨後這部分契丹人組織了一支軍隊隨蒙古軍南征，以後融入所鎮戍地的民族中，其餘北遷契丹餘眾則獨立發展成達斡爾人。對於隨軍南征的契丹軍士，書中提到：「現在雲南保山地區如施甸、保山、龍陵等縣有蔣姓人，即『阿莽蔣』姓之人，故老相傳，係來自耶律氏，在族譜裏也有同樣記載。」作者認為：「這些契丹耶律氏，顯然是從軍南來，以後就留駐著籍的。」〔註173〕羅賢祐先生也在《元代民族史》中指出遼亡後契丹人的三種大體流向：1.包括燕雲地區和塞外草原上的大部分契丹人在遼亡後都降附了金朝，他們仍留居原地，並成了金朝統治下的屬民，其中在職官員多轉事金廷，金末蒙古興起後，契丹人又紛紛投歸蒙古，成為蒙古軍之一部分；2.另有一部分契丹人眾在遼亡後由耶律大石帶領西走中亞，後來建立了「西遼」王朝，這部分西遷的契丹人在長期人數懸殊的環境中，逐漸消失了同當地居民的差異，其語言、習俗以及宗

〔註170〕參見《魏書》卷 100《契丹列傳》，中華書局 1974 年版，第 2223 頁。

〔註171〕《新唐書》卷 219《北狄列傳》，中華書局 1975 年版，第 6167 頁。

〔註172〕參見羅賢祐：《元代民族史》，四川民族出版社 1996 年版，第 268 頁。

〔註173〕陳述：《契丹政治史稿》，人民出版社 1986 年版，第 175 頁。

教信仰等都發生了明顯變化，西遼滅亡後，也就最終融合入當地土著民族之中了；3.還有一部分是遼亡後，以庫烈兒為首，率契丹人眾退出金的統治範圍向北遷徙，他們轉移到「北山」（即今根河北岸）山地後，仍然保持著原契丹部落的組織形式，過著射獵畜牧和粗放耕種的生活。〔註174〕孟志東先生的《雲南契丹後裔研究》一書則提出了契丹人的六大流向說：1.流向於金國女真族；2.流向於宋朝漢族；3.流向於高麗國朝鮮族；4.流向於西夏國党項族；5.流向於回鶻等族；6.流向於蒙古帝國蒙古族。並指出：「從族源上看，契丹族和蒙古族具有著同源異流關係。蒙古族曾為遼國的屬部，交往甚密。」「流向蒙古帝國的契丹人最多」，可說是「接踵投附成吉思汗」。〔註175〕

以上觀點都認為有部分契丹人歸附了蒙古，而根據《元史》有關記載可知，大約有數十萬契丹人降附了蒙古，他們隨著蒙古軍隊攻城略地，在伐金滅金及後來滅亡南宋等戰爭中都發揮了很大作用。〔註176〕如《元史》記載，「耶律禿花，契丹人。世居桓州，太祖時，率眾來歸。大軍入金境，為嚮導，獲所牧馬甚眾。後侍太祖，同飲班術河水。從伐金，大破忽察虎軍。又從木華黎收山東、河北，有功，拜太傅、總領也可那延，封濮國公，賜虎符、銀印，歲給錦幣三百六十匹。統萬戶札剌兒、劉黑馬、史天澤伐金，卒於西河州。」〔註177〕顯然，契丹人耶律禿花從桓州（今內蒙古錫林郭勒盟正藍旗所在地之北）投靠成吉思汗後，成了蒙古的得力幹將，並多次參與蒙古伐金的軍事行動，在其軍隊中，當有「契丹兵」。

耶律禿花死後，其子朱哥襲職，仍統劉黑馬等七萬戶，並與都元帥塔海紺卜多次率軍入蜀征戰，後卒於軍中。其子寶童繼嗣，但因身疾不任事，改由朱哥之弟、寶童之叔買住繼嗣，而以寶童充隨路新軍總管。蒙古軍攻佔成都後，該契丹家族「立成都府」居住，〔註178〕並繼續參與蒙古軍的南征。《元史》還載：「忙古帶，寶童之子也。世祖時，賜金符，襲父職，為隨路新軍總管，統領山西兩路新軍。從行省也速帶兒征蜀及思、播、建都諸蠻夷，有功，升萬戶。從攻羅必甸，至雲南，詔以其眾入緬，迎雲南王。金齒、白衣、答

〔註174〕參見羅賢祐：《元代民族史》，四川民族出版社1996年版，第271～274頁。

〔註175〕孟志東：《雲南契丹後裔研究》，中國社會科學出版社1995年版，第17～30頁。

〔註176〕參見羅賢祐：《元代民族史》，四川民族出版社1996年版，第275頁。

〔註177〕《元史》卷149《耶律禿花列傳》，中華書局1976年版，第3532頁。

〔註178〕參見《元史》卷149《耶律禿花列傳》，中華書局1976年版，第3532頁。

奔諸蠻，往往伏險要為備，忙古帶奮擊破之，凡十餘戰，至緬境，開金齒道，奉王以還，遷副都元帥。從諸王阿臺征交趾，至白鶴江，與交趾偽昭文王戰，奪其戰艦八十七艘。又從雲南王攻羅必甸，破之。二十九年（1292 年），入覲。成宗即位，授烏撒烏蒙等處宣慰使，兼管軍萬戶，遷大理金齒等處宣慰使都元帥。大德六年（1302 年），烏撒、羅羅斯叛，雲南行省命率師討平之。事聞，賜鈔三千貫、銀五十兩、金鞍轡及弓矢，以旌其功。九年（1305 年），討普安羅雄州叛賊阿填，擒殺之。進驃騎衛上將軍，遙授雲南諸路行中書省左丞，行大理金齒等處宣慰使都元帥，卒於軍。至大四年（1311 年），贈龍虎衛上將軍、平章政事，仍追封濮國公，諡威愍。子火你赤，襲萬戶。」〔註 179〕從中可看出，至元初年時，耶律禿花之曾孫忙古帶已襲父職，為隨路新軍總管，並統領山西兩路新軍征戰，還多次率部征蜀及攻打思、播、建都（今四川西昌）等地，其後率軍入滇，參加了元軍對緬、交趾的征戰，還率軍平叛雲南各地蠻夷。為旌其功，忙古帶被任大理金齒等處宣慰使都元帥，以永昌（今保山）為治所，後死於任上。又至元九年（1272 年）春正月丁丑，「敕皇子西平王奧魯赤、阿魯帖木兒、禿哥及南平王禿魯所部與四川行省也速帶兒部下，並忙古帶等十八族、欲速公弄等土番軍，同征建都。」〔註 180〕很顯然，「忙古帶等十八族」應為契丹軍士，忙古帶出任大理金齒等處宣慰使都元帥後，其統率的契丹族官兵多留居當地從事防戍和屯墾，又因至元十年（1273 年）元廷下詔：「令探馬赤隨處入社，與編民等。」〔註 181〕於是其屬下及族人可能落籍當地成為移民。

《元史·耶律禿花傳》最後只說忙古帶「子火你赤，襲萬戶」，而《耶律濮國威愍公墓誌銘》則記載忙古帶「生子二人，長和尼齊（即火你赤），宣武將軍、船橋萬戶府達嚕噶齊（又稱達魯花赤）。次旺札勒布哈，懷遠大將軍、雲南諸路軍馬右副都元帥，早卒。」〔註 182〕忙古帶次子旺札勒布哈早卒，但長子火你赤確與其父忙古帶一樣戰功顯赫，正因此才為元王朝委以宣武將軍、船橋萬戶府達嚕噶齊、建都都元帥、雲南招討使等重任。此後的元中期，火你赤的三個兒子分別被授予要職：長子阿律牙，任永昌宣撫使；次子阿律周，

〔註 179〕《元史》卷 149《耶律禿花列傳》，中華書局 1976 年版，第 3533～3534 頁。
〔註 180〕《元史》卷 7《世祖本紀四》，中華書局 1976 年版，第 139～140 頁。
〔註 181〕《元史》卷 93《食貨志一》，中華書局 1976 年版，第 2356 頁。
〔註 182〕《耶律濮國威愍公墓誌銘》，轉引自孟志東：《雲南契丹後裔研究》，中國社會
　　　　科學出版社 1995 年版，第 177 頁。

任騰越宣撫使；季子阿律成，任鶴慶宣撫使，「阿律」即「耶律」。元末時，阿律牙的長子阿鳳為永昌萬戶、永昌府通判；次子阿蘇魯（亦名阿幹），也是萬戶，並任施甸長官司正長官。〔註183〕可見，忙古帶家族人蔭興旺，已成真正的移民，並在以上這些地區繁衍生息至今。

契丹民族從戎蒙古軍而入滇，雖時間長短不一，其契丹下屬、隨員及家庭成員可能落籍雲南的還有以下：

石抹按只，「契丹人，世居太原。……（至元）九年（1272年），從征建都蠻，歲餘不下，按只先登其城，力戰，遂降之。軍還，道病卒」，其子不老承襲其職，後以功升懷遠大將軍、船橋軍馬總管及保寧等處萬戶。〔註184〕「建都」為今四川西昌地區，前文已述及，當時為羅羅斯宣慰司駐地，屬雲南行省。

石抹狗狗，「契丹人，其先曰高奴。……（至元）十七年（1280年），進明威將軍、管軍副萬戶。亦奚不薛蠻叛，從招討使藥剌海討平之。行省也速帶兒討都掌、烏蒙、蟻子諸蠻，戰於鴨樓關，狗狗最有功」。〔註185〕亦奚不薛（原易溪部，今貴州水西），至元二十七年（1290年）七月「立亦奚不薛宣慰司」，〔註186〕元貞元年（1295年）春正月，「以亦奚不薛復隸雲南行省」。〔註187〕可見當時的亦奚不薛屬雲南行省範圍。此外，都掌（今宜賓等地）、烏蒙（今昭通）等地元時也為雲南行省範圍。

述律傑（又名述律朵兒只），「大德四年庚子（1300年），緬人復叛。初，徹里（車裏）路總管寒賽遣侄刀溫入貢，為元江判官度宗顯所誣，朝廷遣兵討之，失利而還。行省遣都元帥述律傑往諭以大義，寒賽感悟，遂備珍貢，請增差賦，置驛傳」。〔註188〕後來，述律傑元帥被北調，任陝西行省參知政事，卒於陝西潼關之役，《元史，順帝七》記載，至正十五年（1355年）春正月，

〔註183〕參見楊毓驤：《雲南契丹後裔考說》，《思想戰線》1994年第2期；曹相：《雲南契丹後裔探源》，《雲南師範大學學報》（哲社版）1997年第4期；蔣元重：《流向雲南的契丹族》，《濰坊教育學院學報》2000年第4期以及孟志東：《雲南契丹後裔研究》，中國社會科學出版社1995年版，第59～61頁。

〔註184〕參見《元史》卷154《石抹按只列傳》，中華書局1976年版，第3640～3642頁。

〔註185〕《元史》卷166《石抹狗狗列傳》，中華書局1976年版，第3906～3907頁。

〔註186〕《元史》卷12《世祖本紀九》，中華書局1976年版，第255頁。

〔註187〕《元史》卷18《成宗本紀一》，中華書局1976年版，第390頁。

〔註188〕（明）諸葛元聲撰，劉亞朝校點：《滇史》卷9，德宏民族出版社1994年版，第252頁。

「命河南行省參知政事洪醜驢守禦河南，陝西行省參知政事述律朵兒只守禦潼關，……」，次年（1356 年）九月庚辰，「汝、潁賊李武、崔德等破潼關，參知政事述律傑戰死」。〔註189〕

1990 年 2 月至 1992 年 9 月，以孟志東為首，蔣蔚復、楊毓驤、毅松、蔣文智等組成的雲南契丹後裔調查組，分兩次在以施甸縣為主的雲南保山相關地區進行了內容較為廣泛的實地調查工作，取得了數十萬字的各種資料，其中包括契丹後裔的族譜、碑文、契丹語詞彙、碑刻上發現的契丹小字以及秘畫秘詩等等。〔註190〕這些重要的發現，有力地佐證了元代隨軍到雲南的契丹人，確曾有一部分落籍在當地。

明代，故元契丹後裔大小官吏，基本上是明軍一到滇西，即率眾歸附，並為其效勞盡忠，歸附明王朝後，多被授為大小土官，他們的子孫則承襲所授前職，為促進滇西地區的社會安定作出了重要貢獻。清代，平定滇西後建立了永昌府，轄境內的契丹後裔為官者主要充當有世襲性質的土舍，而一般民眾則多從事和發展地方各業經濟，如農業、手工業、副業等。

四、西番

西番，〔註191〕為今普米族，歷史悠久，自稱「培米」、「拍米」、「批米」等。「米」意為人，「培」、「拍」、「批」是一音文轉，都是「白」的意思，普米的含義為「白人」。與其自古崇尚白色，以白色象徵吉利有關。周圍民族對「普米」的稱呼不一。漢族和白族稱「普米」為「西番」；彝族稱其為「窩朱」；藏族和摩梭人稱其為「巴」；麗江納西族稱其為「博」；傈僳族稱其為「流流帕」；壯族稱其為「密而夥」；苗族稱之為「阿曼如」等等。〔註192〕元、明、清時期的普米族被稱為「西番」。這個名稱一直延續至 1961 年民族識別後，才根據本民族人民的意願，採用「普米」作為統一的民族名稱。〔註193〕

〔註189〕《元史》卷 44《順帝本紀七》，中華書局 1976 年版，第 922、932 頁。

〔註190〕參見孟志東：《雲南契丹後裔研究》「前言」，中國社會科學出版社 1995 年版，第 2～3 頁。

〔註191〕文獻記載中有「西蕃」及「西番」等，一般多寫作「番」，兩者相通。

〔註192〕參見《普米族簡史》編寫組、《普米族簡史》修訂本編寫組編寫：《普米族簡史》，民族出版社 2009 年版，第 7～8 頁。

〔註193〕參見《普米族簡史》編寫組、《普米族簡史》修訂本編寫組編寫：《普米族簡史》，民族出版社 2009 年版，第 3 頁。嚴汝嫻、王樹五合著的《普米族簡史》（雲南人民出版社 1988 年版，第 2 頁）則記為 1960 年。

　　普米語屬羌語支，一般認為普米人源出古氐羌族群。據研究，普米族形成的中心區域應在四川西北雅礱江和金沙江流域。〔註194〕到唐、宋時期，對「西蕃」的記載較為具體，族稱亦漸趨明朗。《宋會要輯稿》記載，南宋孝宗淳熙七年（1180年）八月八日，樞密院編修官李嘉謀說：「黎州邊面，近則有曰邛部川，曰河南蠻，曰女兒城蠻，曰青羌，曰吐蕃，曰五部落，遠則有大、小雲南，州之三邊，大抵諸蕃環列。……」〔註195〕此記載把大渡河以外包括藏族、普米族先民在內的各部族等一概稱為「蕃」、「諸蕃」，因普米族先民所居地域靠西，因而就稱之為「西蕃」，而且藏族、普米族先民「吐蕃」、「西蕃」和彝族先民「邛部川蠻」共同雜居在一起，說明至遲在南宋時期，「西番」族人口已經從西北散及東南的大渡河以南的雅礱江和金沙江流域一帶。

　　清余慶遠在《維西見聞紀》中說：「巴苴，又名西番，亦無姓氏。元世祖取滇，渡自其宗（在今維西縣東北部金沙江西岸），隨從中流亡至此者，不知其為蒙古何部落人也。」〔註196〕此說中，「西番」又叫「巴苴」，是忽必烈率領蒙古軍隊征大理國之時，才隨同進入雲南的，是進入雲南最晚的氐羌系統民族。其實，這裡的「西番」並非蒙古部落，而是自唐代以來就一直與藏族關係比較密切的部落。

　　元憲宗三年（1253年）秋，憲宗蒙哥命其弟忽必烈率領十萬大軍，分兵三路進攻大理國。「西番」所居地區是大軍必經之地。善騎射、擁有良馬的西番人，成了鐵騎席捲全國的蒙古軍理想的補充力量，元兵徵調「西番」出軍隨征是很自然的。在南征大軍中，忽必烈本人親自率領的中路，渡過大渡河，經今西昌、鹽源、寧蒗入麗江北部。時居住在雅礱江下游一帶的「西番」，便有一部分在木里王子和沿途居住的西番頭人的帶領下，組成西番步騎兵加入南征大軍並充當前鋒，深得忽必烈嘉獎，沿途攻取的關塞也多令西番兵留守。因而在永寧、麗江及金沙江的各處要隘，都有西番人分布；與忽必烈同時，大將兀良合臺率領的西路大軍，經今四川松潘、裏塘、稻城、中甸等地，由旦當嶺（在今香格里拉縣）入維西，居住在雅礱江中、上游一帶的「西番」

〔註194〕參見《普米族簡史》編寫組、《普米族簡史》修訂本編寫組編寫：《普米族簡史》，民族出版社2009年版，第27頁。

〔註195〕（清）徐松輯：《宋會要輯稿》第198冊，卷4234《黎州諸蠻·蕃夷五之五三》，中華書局1957年版，第7793頁。

〔註196〕（清）余慶遠撰：《維西見聞紀》，方國瑜主編：《雲南史料叢刊》卷12，雲南大學出版2001年版，第64頁。

便有一部分中途加入蒙古軍隊，越過旦當嶺，渡自其宗而入維西。因為他們都是在中途加入蒙古軍隊而進入滇西北的麗江和維西地區活動，所以便被認為「不知其為蒙古何部落也」。當然，也不能排除有少數蒙古兵與當地婦女婚配而融合於西番，甚或是個別西番首領歸附元朝後被任命為世襲土官逐漸蒙古族化。〔註197〕因此，元代入遷雲南的西番人主要分布於寧蒗、麗江、中甸、維西等地，這與蒙古軍入滇路線有關。這些西番人來到雲南後並沒有改變他們原來的生產和生活方式，仍然從事畜牧業生產。

這一點也得到民族志材料的充分印證。現今當地普米族在其傳說、歷史遺跡、文化習俗中大多仍清晰地保留其祖先來自忽必烈南征雲南的歷史記憶。如在普米族中，隨蒙古兵征大理、入滇西北的傳說至今廣為流傳，蘭坪縣金頂鎮乾竹河村普米人尹氏家族即相傳是忽必烈軍隊南征大理時隨軍入遷的。〔註198〕地處南征軍必經之路的麗江泰安、劍川東嶺、原蘭州州治上蘭等處，至今仍有「西蕃墓」、「西蕃村」等遺跡；〔註199〕麗江石鼓鄉三仙姑普米族土把總和日始祖的墓碑上，也刻有「隨元世祖革囊渡江，留守關塞而守其地」之字。〔註200〕今蘭坪、寧蒗等地普米族的葬俗中，還普遍存在一種「送魂」習俗，即在人死後要請祭司「釋畢」為死者念「開路經」，目的是送死者的靈魂歸故土與祖宗團聚，其路線是越過金沙江東面，再向北送往貢嘎嶺大雪山（川西）。〔註201〕史載西番勇武善戰，不畏死，就怕死後不能與祖先團聚，其送魂路線代代口碑相傳，不容有差。這些正是普米族的先民曾經發生的隨忽必烈南征大理時入遷雲南之歷史的真實反映。

此時，入遷雲南的「西番」除隨軍而入雲南的部分外，其餘的則留居川

〔註197〕參見《元史》卷4《世祖本紀一》，中華書局1976年版，第58～60頁；尤中：《中國西南民族史》，雲南人民出版社1985年版，第589頁；《普米族簡史》編寫組、《普米族簡史》修訂本編寫組編寫：《普米族簡史》，民族出版社2009年版，第14頁。

〔註198〕參見和榮法：《乾竹河普米定居記聞》，熊貴華主編：《普米族》，德宏民族出版社1997年版，第52頁。

〔註199〕參見熊貴華：《普米族志》，雲南民族出版社2000年版，第25頁。

〔註200〕王樹五調查整理：《寧蒗縣永寧區託甸鄉普米族社會歷史綜合調查報告》，《民族問題五種叢書》云南省編輯委員會、《中國少數民族社會歷史調查資料叢刊》修訂編輯委員會編：《基諾族普米族社會歷史綜合調查》，民族出版社2009年版，第127頁。

〔註201〕參見《普米族簡史》編寫組、《普米族簡史》修訂本編寫組編寫：《普米族簡史》，民族出版社2009年版，第83頁。

西北原地。眾多西番部族,仍是大渡河以南至金沙江流域的主要居民,他們常與「羅羅斯」夷民結成聯盟,反抗元朝的統治。至順元年(1330 年)閏七月,羅羅斯地接西番,土官「遣把事曹通潛結西番,欲據大渡河而進寇建昌」。元朝統治者先後調派甘、川、滇大軍進征,「直抵羅羅斯界,以控扼西番及諸蠻部」,〔註 202〕反抗的「西番」遭到圍剿屠殺,一部分人離鄉逃難,加入到麗江、維西和蘭坪一帶的西蕃人中。〔註 203〕

據民族學資料顯示,明清兩代,依然有較多西番入遷雲南。其移居雲南的原因和過程大致如下:

史載明初永寧府(今寧蒗縣北部),「所轄四長官司多西番,民性最暴悍,佩刀披氈,無室屋,夏則山顛,冬則平野以居,而畜多牛馬,有草則住,無草則移,初無定所。婦人以松膏澤髮,搓之成縷,下垂若馬鬃然。又有所謂野西番者,則長往而不可制。」〔註 204〕則永寧府的西番,還更多地從事游牧狩獵經濟生活。相應地,川西的西番也仍然處於游牧狩獵經濟生活中。因此,為了改善生活條件,促進子孫世代發展,他們就趕著牲畜到處遷徙,到各地尋找樂土,約在 600 年前的明初逐漸南下,遷入雲南地區。此時期,四川鹽源一帶的西番人「控」氏族和「資」氏族二家聯姻認親不久,人口有了新的發展,但所居地土地狹窄,不夠開種,又有官府苛重剝削,於是他們一起入遷雲南,來到名叫格止勒(今永寧古扯爾)居住,以後大部分人遷至今寧蒗縣託甸鄉一帶。託甸鄉的候二甸還有「鍾」氏族郭家,據傳說,其先祖最早住在比苛布老甸和阿比當茲甸,後由於當地藏族的欺凌,生活過得極度艱難,只得遷到名叫木尼木則皆(今四川木里)居住,又因木里土司為人狠惡,壓迫剝削苛重,隨後於明中期舉族入遷雲南。〔註 205〕《普米族簡史》記載寧蒗縣永寧比奇村熊姓普米人的來源時說:熊家的始祖在「覺吾布知丹」時代,最先住在「比茲東龍」(此地一說在四川木里縣,一說在巴塘、里塘縣),後遷至沙拉瓦(木里縣江邊),再遷馬牙(木里大河坪子上),又遷谷都(木里

〔註 202〕《元史》卷 34《文宗本紀三》,中華書局 1976 年版,第 763～764 頁。

〔註 203〕參見熊貴華:《普米族志》,雲南民族出版社 2000 年版,第 25 頁。

〔註 204〕(明)陳文修,李春龍、劉景毛校注:景泰《雲南圖經志書校注》卷 4《永寧府‧事要‧風俗》,雲南民族出版社 2002 年版,第 245 頁。

〔註 205〕參見王樹五調查整理:《寧蒗縣永寧區託甸鄉普米族社會歷史綜合調查報告》,《民族問題五種叢書》雲南省編輯委員會、《中國少數民族社會歷史調查資料叢刊》修訂編輯委員會編:《基諾族普米族社會歷史綜合調查》,民族出版社 2009 年版,第 128～129 頁。

縣大山梁子上），再遷鹽源縣後所高山上名叫比奇的地方。其入遷雲南的原因是兄弟們在鹽源縣比奇比武射箭，其中一人輸了，不願再住下去，於是遷入雲南境內。入遷雲南後，先至寧蒗縣巴耳橋，再搬到溫良附近的良吉多坪子，最後在名叫比奇的祖先帶領下遷到現在的居住地寧蒗縣永寧鄉比奇村。為緬懷先人，其後裔就用「比奇」命名，至今已傳 16 代，每代按 25 年計，至今已 400 年，約為明中期入遷雲南。〔註206〕

此外，麗江納西族土司阿甲阿得在明洪武年間「率眾歸附」，受到明太祖恩賞，改姓木，授麗江府知府。此後麗江受到北邊「番酋」（藏族）的劫掠和侵蝕，為防止北邊「番酋」勢力向南發展，明朝採取了扶持木氏土司勢力以抵禦其南下的策略。〔註207〕正是在明朝的大力扶持下，木氏土司勢力迅速崛起並開始強有力地向北擴張。〔註208〕在麗江木土司擴張勢力的過程中，有部分「西番」遭難而進入蘭坪。據傳說：明代木土司勢力強盛時，其勢力範圍直達川西的巴塘、裏塘等地。木土司與藏族人爭戰，欲併吞木里普米王領地。於是木土司對木里土司採用假和親之計，將女兒嫁給木里王子，意在通過女兒密探木里動向，以便伺機進攻。未料，女兒到木里後，夫妻恩愛，未向木土司報告木里情況，於是木土司詐稱病重召女歸家。木里王子按禮同行，行至白沙後，木土司女兒先回木府，王子及其隨從兵馬暫駐聽傳。女兒回家，見木土司無恙，情知有變，急令信使出府報警，但信使為伏兵所殺。木里王子在白沙等候多時而信使未至，疑心益劇，不敢貿然進退。木土司知王子已有戒備，令伏兵化裝成百姓，連日到王子營帳宴飲，乘其戒備鬆懈，即行攻殺，木里兵馬倉猝應戰，傷亡慘重。王子也身負重傷，衝出重圍後死於歸途。餘部中未能過江者，折而西行，進入蘭坪東北部山區。〔註209〕

清代，也有西番入遷雲南。據民族學調查資料，寧蒗縣永寧溫泉鄉的何、曹、郭諸家西番人，約在清初遷入瓦都一帶居住；馬家由四川遷來瓦都的始祖名叫馬良丟，距今 9 代人，約有 220 多年的歷史；瓦都村楊姓，據傳最初住在四川冕寧一帶，因民族間為爭奪鹽水發生械鬥，加上當地自然環境惡劣

〔註206〕參見《普米族簡史》編寫組、《普米族簡史》修訂本編寫組編寫：《普米族簡史》，民族出版社 2009 年版，第 16 頁。
〔註207〕參見潘發生：《麗江木氏土司向康藏擴充勢力始末》，《西藏研究》1999 年第 2 期。
〔註208〕參見石碩：《藏彝走廊歷史上的民族流動》，《民族研究》2014 年第 1 期。
〔註209〕參見熊貴華：《普米族志》，雲南民族出版社 2000 年版，第 25～26 頁。

等原因，於清初進入雲南。〔註210〕

　　總的來看，作為最晚入遷雲南的氐羌系統民族，西番入遷雲南一般認為是從宋末元初隨忽必烈南征雲南開始，整個元明清時期均有數量不等的西番入遷雲南。其入遷原因，大略有隨軍、戰亂、天災、爭鬥、受迫，以及人口滋長、土地稀缺等游牧習性所導致。

　　熊貴華在分析普米族先民入遷蘭坪的原因、經過及方式時，針對史料、碑文以及民間口碑傳說，認為有戰亂式遷入和游牧式遷入二種。「戰亂式遷入」也就是隨軍、潰退、避亂而被迫入遷，「他們多為社會個體，缺乏本民族婦女，缺乏生產資料。少了這些必要條件，在繁衍後代，形成和擴大普米社會，發展生產力，保持本民族語言文化習俗等方面不是決定性的力量。」而「游牧式遷入」是大多西番人入遷雲南的最主要方式，「他們大多以社會基本單位的形式遷入，每個基本單位都是生產單位，有從事農牧業分工的勞動力，握有最起碼的生產資料。這種形式的遷徙，能保證人口的增殖、形成和擴大普米族社會，並促進生產力發展到利於生存進步的水平。」〔註211〕因此可以說，入遷雲南的西番人的絕大部分是追逐水草的游牧式遷徙，他們才是遷入雲南西番中的主體。

五、滿洲

　　雲南也有滿族，滿族的語言屬於阿爾泰語系滿——通古斯語族滿語支。滿族有著悠久的歷史淵源。據史書記載，最早與滿族有淵源關係的是肅慎。肅慎人是中國東北地區最早見於記載的居民之一，他們居住在「不咸山」（即長白山）北，東濱大海以及黑龍江流域的廣大地區，在傳說中的舜、禹時代就和中原王朝建立了聯繫。從漢代開始，肅慎人改稱挹婁，有時仍稱為肅慎。挹婁活動的區域大致和肅慎人相同，包括今遼寧省東北部，吉林、黑龍江省東半部和黑龍江以北、烏蘇里江以東的遼闊地帶。北朝及隋唐的史書分別以「勿吉」或「靺鞨」稱呼肅慎、挹婁的後裔。698 年，大祚榮在松花江上游建

〔註210〕參見王樹五、嚴汝嫻調查整理：《永寧溫泉鄉普米族婚喪習俗調查》，《民族問題五種叢書》云南省編輯委員會、《中國少數民族社會歷史調查資料叢刊》修訂編輯委員會編：《基諾族普米族社會歷史綜合調查》，民族出版社 2009 年版，第 180～181 頁。

〔註211〕熊貴華：《族源、族體形成和遷徙》，熊貴華主編：《普米族》，德宏民族出版社 1997 年版，第 33 頁。

立政權，自稱震國，唐玄宗先天二年（713年）派崔忻封大祚榮為「左驍衛大將軍、渤海郡王」，「以其所統為忽汗州，加授忽汗州都督」，從此不稱靺鞨，其轄區便以「渤海」為號。926年，渤海政權被契丹貴族所推翻，黑水靺鞨隨之而興，契丹人建立的遼王朝稱其為「女真」，並分為「熟女真」和「生女真」，標誌著女真人內部發展不平衡的情況。北宋初（10世紀末），生女真中的完顏部，在部落首領綏可的率領下，遷徙至按出虎水畔（今阿什河流域）定居，此後其農業逐漸發展起來，並統一了女真的各個部落。1115年，以完顏部為核心的女真人在首領阿骨打的領導下，反抗遼王朝的奴役，取得勝利後，建立了金王朝。1125年，金與北宋聯合滅遼。以後，金推翻北宋，遷都燕京（今北京，1153年）。金的統治區域南達淮河，北至外興安嶺，東臨海岸，西以「界壕」與蒙古為鄰，成為歷史上與南宋並立的一個王朝，大部分女真人也陸續遷入中原定居。1234年，蒙古滅金以後，把中原地區的女真人列入廣義的「漢人」之內，即說明他們與當地漢人已無顯著的差別了。金亡以後，東北地區的女真人轉而成為元遼陽行省所屬各路下的居民，受其統治。元世祖在幾次對宋戰爭中，簽發女真軍，以補充其兵源。宋亡後，元世祖忽必烈在對外戰爭中，又屢次徵調女真人從征。14世紀以後，居住在明遼東邊牆外的女真人中，又一次分化出新的先進者——建州、海西諸部。16世紀下半期，在努爾哈赤的領導下，建州女真統一了女真各部，並以此為核心吸收其他民族形成了滿族，也還有部分女真部落處在邊遠地區，未完全納入滿族共同體，他們就是今日鄂溫克（在俄羅斯境內的稱埃文基）、鄂倫春、赫哲（在俄羅斯境內的稱那乃）等民族的祖先。〔註212〕

　　清代時，滿族自稱「滿洲」。據《清實錄》記載，後金天聰九年十月庚寅日（明崇禎八年十月十三日，1635年11月22日），皇太極頒布了一項命令，「我國原有滿洲、哈達、烏喇、葉赫、輝發等名，向者無知之人往往稱為諸申。夫諸申之號乃席北超墨爾根之裔，實與我國無涉。我國建號滿洲，統緒綿遠，相傳奕世。自今以後，一切人等止稱我國滿洲原名，不得仍前妄稱。」〔註213〕自此後，「滿洲」作為原女真的正式族名被固定下來統一使用。辛亥革命後，清朝滅亡，滿洲又被通稱為滿族。

〔註212〕參見《滿族簡史》編寫組、《滿族簡史》修訂本編寫組編寫：《滿族簡史》，民族出版社2009年版，第1～12頁。
〔註213〕（清）《太宗實錄》卷25，天聰九年冬十月庚寅。

目前，學術界關於入遷雲南滿族的研究尚不多。〔註214〕根據史料記載及民族學調查，元明清時期的不同歷史階段均有滿族的先民以不同方式入遷雲南。

雲南滿族最早可追朔至蒙古滅金以後。〔註215〕金亡後，由於飢餓和蒙古軍的驅迫，大批女真人被迫在北方重新選擇居住地，原在金朝統治下的部分契丹人及很多女真人則被編入蒙古軍中，在華北各地作戰或鎮守，忽必烈南征時部分隨軍來到雲南。前文「契丹」部分述及的忙古帶、石抹按只、石抹狗狗等契丹將領曾率軍出征雲南，據學者研究，他們與滿族先民女真關係密切：「在蒙古帝國時代，與南宋對峙於中原和川、滇戰場上，曾活躍著一支由契丹將領耶律禿花和其孫寶童率領的隨路新軍。寶童死後，帝命其子忙古帶襲父隨路新軍總管之職，統領山西兩路新軍，這支部隊前身便是耶律禿花駐守在宣德、西京的女真軍。由於寶童娶女真人聶赫氏（即葉赫氏）為妻，忙古帶當是具有女真血統的契丹人，這支由女真人組成的驍勇善戰的騎兵軍團，曾跟隨蒙哥汗、忽必烈英勇善戰在滇西南邊疆，最後戍守邊防，他們大部分是女真人血統，也夾雜著一些契丹人，即現在分布於滇西南稱『本人』的氏族。……女真人落籍雲南，因年代久遠，『本人』原有含義被當地群眾誤解為族群，而女真後裔也遺忘自己的族屬。清統一全國之後，官方曾糾正過所謂『本人』的族源偏差，確認係滿人。……落籍雲南的女真人應該是群體多數，其中也夾雜著多數的契丹人，經若干代的族外通婚，多具女真血統。……在落籍雲南的女真人中，夾雜一些契丹人。石抹高奴統契丹千戶，後由石抹狗狗襲職，屯守成都，被守衛軍昝萬壽擊敗，失去千戶之職。這支

〔註214〕所涉著作大略有：雲南省歷史研究所編著：《雲南少數民族》（修訂本）（雲南人民出版社1983年版，第616頁）；蒼銘：《雲南民族遷徙文化研究》（雲南民族出版社1997年版，第51頁）；郭淨、段玉明、楊福泉主編：《雲南少數民族概覽》（雲南人民出版社1999年版，第849～850頁）；謝蘊秋主編：《雲南境內的少數民族》（民族出版社1999年版，第697～698頁）；王文光、龍曉燕編著：《雲南民族的歷史與文化概要》（雲南大學出版社2009年版，第161～163頁）；以及論文郭大烈：《雲南滿族簡況》（《民族工作》1995年第2期）；黃凌：《雲南滿族歷史和現狀的初步考察》（《滿族研究》1998年第4期）；白興發：《雲南滿族來源述略》（甄朝黨主編：《民族理論與民族發展》，雲南民族出版社2006年版，第39～46頁）等。

〔註215〕參見郭淨、段玉明、楊福泉主編：《雲南少數民族概覽》，雲南人民出版社1999年版，第849頁；白興發：《雲南滿族來源述略》，甄朝黨主編：《民族理論與民族發展》，雲南民族出版社2006年版，第39頁。

部隊編入山西兩路新軍，隨後征戰雲南。從總體上看，『本人』應該是女真人後裔。」〔註216〕

據楊毓驤先生研究，契丹族由於頻繁的征戰、遷徙、歷史演變和高度分散等原因，並與其他民族「雜居」、「互為婚姻」等，加速了契丹民族的解體，最後在元末明初完全消失。這些隨蒙古軍征戰來雲南的契丹族，除部分已融合於漢族、布朗族、佤族、彝族、德昂族和基諾等族外，尚有大部分後裔完整地保留著契丹的族譜、宗祠、墓碑及部分阿爾泰語音、契丹小字等，這是契丹後裔存在的佐證。〔註217〕如在現今玉溪地區的峨山縣甸中、富良棚、高平等地的柏姓彝族，為元代至元三十一年（1294年）時，梁王由烏蒙調七百漢軍屯墾新興（今玉溪市），屯軍中入滇的東北女真人後裔融合各族入遷移民轉變而成。〔註218〕民族學調查資料還顯示，元初隨蒙古軍來雲南的契丹人後裔有部分在融合其他民族後形成了滿族。如保山市西邑鄉、汶上鄉、瓦屋鄉的滿族自述：「元代本姓阿，明代為了躲避明官兵迫害，改姓莽，後來又改姓蔣，上述三鄉共有800多個滿族。」〔註219〕保山西邑鄉石龍坪村及附近的馬寨、龍洞關等地的滿族認為，他們的祖根在遼寧，後隨忽必烈征雲南來到滇中滇南。因明代搞「改土歸漢」，歧視和排斥滿人，才被迫流落到保山的這些山區。他們原姓阿，後「阿」改為「滿」，又從「滿」改為「蔣」，直到如今。當地一些老人還說，他們的遠祖是隨軍征南的有功之臣，是滿族功臣後裔，所以1952年土改時他們在戶籍登記時報的就是滿族，幾十年來沒有變過。〔註220〕《雲南掌故》在記述昆明的民族時說：「彼元世祖征滇，是借路於吐蕃，由鶴、麗、劍一路而下，驛路俱留兵駐守。及克昆明後，亦留軍駐守於昆明及附近於昆明之富民、嵩明、宜良、晉寧、陸涼（今陸良）、南寧（今曲靖）、武定、

〔註216〕溫琪宏：《金朝的「猛安謀克」與雲南的「本人」稱謂》，《雲南民族學會滿族研究委員會會刊》2003年第9期。轉引自白興發：《雲南滿族來源述略》，甄朝黨主編《民族理論與民族發展》，雲南民族出版社2006年版，第40頁。

〔註217〕參見楊毓驤：《雲南契丹後裔考說》，《思想戰線》1994年第2期。

〔註218〕參見玉溪地區民族事務委員會編：《玉溪地區民族志》，雲南民族出版社1992年版，第4頁。

〔註219〕參見雲南省地方志編纂委員會總纂：《雲南省志》卷61《民族志》，雲南人民出版社2002年版，第765～766頁。

〔註220〕參見楊德鋆：《觸入群山的智慧與剛毅——保山滿族考察簡況》（下），載《雲南民族學會滿族研究委員會會刊》2002年第8期。轉引自白興發：《雲南滿族來源述略》，甄朝黨主編：《民族理論與民族發展》，雲南民族出版社2006年版，第40頁。

羅次一帶地處。此又從何見及？蓋以今富民而論，其一切村寨內，均有許多奇特姓氏之農民，如富民有皖家村一，全村俱姓完顏，今則截去一顏字而姓完，讀作皖，故名皖家村。至於姓鐵、姓木、姓耶、姓塔、姓阿、姓侍、姓哈者，均屬蒙古人之裔也。」〔註221〕文中提到的幾個「奇特」姓氏，當為北方少數民族姓氏，如阿姓、耶姓，應為契丹人後裔，而完顏則應屬金朝完顏氏的後人，即女真人後裔，也即應屬今天的滿族。因此，這些姓氏的存在，從一個側面也可證實元初南征雲南的蒙古軍隊中存在著包含蒙古、契丹、女真等在內的多種北方民族成分。〔註222〕

此外，歷史文獻還明確記載元代有女真將領征戰雲南。如元朝最著名的女真軍事將領劉國傑，字國寶，號劉二拔都，其先世「本女真人也」，姓烏古倫，金亡後入中州，改姓劉氏。自其父劉德寧起，開始定居在山東益都。劉國傑曾歷任益都新軍萬戶、漢軍都元帥等職，南征北戰，功勞卓著，是元朝一員兇悍的戰將。他在任職湖廣行省的二十年間，不遺餘力地鎮壓各族人民的反抗活動。劉國傑還是殘酷鎮壓大德年間「西南諸夷」大起義的主要劊子手。《元史》載「大德五年（1301 年），羅鬼（今水西）女子蛇節反，烏撒、烏蒙、東川、茫部諸蠻從之皆叛，陷貴州。詔國傑將諸翼兵，合四川、雲南、思播兵以討之。賊兵勁利，且多健馬，官軍戰失利。國傑令人持一盾，布釘其上，俟陣合，即棄盾偽遁，賊果逐之，馬奮不能止，遇盾皆倒，國傑鼓之，賊大敗。既而復合眾請戰，國傑不應，數日，度其氣衰，一鼓破走之，追戰數千里。七年（1303 年）春，擒斬蛇節、宋隆濟（水東雍真葛蠻土官）、阿女等，西南夷悉平。」〔註223〕當時參與進剿的官軍中，除女真外，尚有蒙古、漢軍和思、播二州土軍。

明洪武年間部分女真人隨軍入滇，其後裔便落籍雲南，他們與雲南當地的漢、彝、白、傈傈族等一起生活，如黃氏門宗就由一人繁衍到了 200 多人，多住在保山市瓦房鄉水溝窪村。民族識別時，他們自報為滿族。〔註224〕明時，

〔註221〕（民國）羅養儒撰，王樵等點校：《雲南掌故》卷 1《昆明之民族概略》，雲南民族出版社 1996 年版，第 12 頁。

〔註222〕參見白興發：《雲南滿族來源述略》，甄朝黨主編：《民族理論與民族發展》，雲南民族出版社 2006 年版，第 41 頁。

〔註223〕《元史》卷 162《劉國傑列傳》，中華書局 1976 年版，第 3807～3812 頁。

〔註224〕參見郭淨、段玉明、楊福泉主編：《雲南少數民族概覽》，雲南人民出版社 1999 年版，第 849 頁。

隨著蒙古貴族地位的下降，那些元時隨蒙古軍征戰全國的女真人，也受到新的安置或遣散，其中一些被編入明軍。張蓉蘭教授在對昆明波羅村進行調查後，根據該村完家巷滿族居民「老祖根在南京」的說法，推斷波羅村完家巷的完氏有可能是被明王朝從南京遣散下來的原元軍中的一部分「部眾」。〔註 225〕保山市瓦房鄉水溝窪村滿族黃氏後代自 1975 年開始編撰的《黃氏家譜》記述：「聞我始祖黃佐，原籍湖北江夏郡人氏，於公元一三九五年，明朝初年洪武二十八年（乙亥）從軍入伍。時值雲南大理府浪穹縣（今洱源）佛光寨普元篤發生叛亂，奉旨征討。始祖隨軍任百戶指揮職，於南京應天府出發，隨征 18 年。平靖後，遂安家落業於洱源縣三營府登村。」據《黃氏家譜》記載，黃氏先祖在雲南的遷徙地為洱源、巍山、騰沖、上江、漕澗，最後是保山市瓦房鄉水溝窪村。〔註 226〕這些資料說明，明初可能有部分女真人隨軍落籍雲南。

學界普遍認為，雲南的滿族主要是清朝來的滿洲人後裔，但歷史文獻上並沒有滿洲人大批入遷雲南的記錄，清代的滿洲人主要是零散移入雲南的。〔註 227〕據 1960 年對「滿」的調查識別指出，滿族在「近 300 年來清帝國時期，原來由東北諸省因做官、從軍、經商、遊歷而來雲南定居下來」。〔註 228〕

清代，雲南沒有常駐滿洲八旗軍隊，西南地區的八旗駐防軍隊駐紮在成都，雲、貴有事則成都駐軍出動協助。如嘉慶六年（1801 年）冬，「歲歉雪大，眾傈傈向康普、古剎兩寨借糧，不允。恒乍繡挾禾昆仁責逐之嫌，遂糾眾搶劫」，雲貴總督覺羅琅玕率成都八旗勁旅進行鎮壓，江內傈傈紛紛投降，這些八旗勁旅征戰結束後則撤回。〔註 229〕但事實上，雲南也有從征的滿洲軍士留居。清順治十六年（1659 年），吳三桂率清軍進入雲南。其後，吳三桂在雲南擁兵自重，並於康熙十二年（1673 年）悍然發動反清叛亂。經過多

〔註 225〕參見張蓉蘭：《訪昆明市波羅村完家巷》，《雲南民放學會滿族研究委員會會刊》2003 年第 9 期。轉引自白興發：《雲南滿族來源述略》，甄朝黨主編《民族理論與民族發展》，雲南民族出版社 2006 年版，第 42 頁。

〔註 226〕參見保山市民族宗教事務局編：《保山市少數民族志》，雲南民族出版社 2006 年版，第 458～459 頁。

〔註 227〕參見蒼銘：《雲南民族遷徙文化研究》，雲南民族出版社 1997 年版，第 51 頁。

〔註 228〕雲南民族識別綜合調查組：《雲南民族識別綜合調查報告》，1960 年內部版，第 24 頁。轉引自尤偉瓊：《雲南民族識別研究》，雲南大學 2012 年博士學位論文，第 282 頁。

〔註 229〕參見（清）覺羅琅玕撰：《維西傈傈恒乍繡案》，方國瑜主編：《雲南史料叢刊》卷 9，雲南大學出版 2001 年版，第 3 頁。

年激戰，1681 年（康熙二十年），清軍入雲南。《清史稿》說：「自康熙征三藩時，用旗、綠兵至四十萬，雲、貴多山地，綠營步兵居前，旗兵繼之，所向輒捷。」〔註 230〕是年十一月癸亥，這支平定吳三桂「三藩之亂」的大軍在定遠平寇大將軍貝子彰泰、平南大將軍都統賴塔、勇略將軍總督趙良棟、綏遠將軍總督蔡毓榮的率領下，掃蕩了吳三桂手下殘黨。〔註 231〕次年六月，蔡毓榮任雲貴總督，為處理善後，重整統治政權，作了《十疏》，疏中說，戰事結束後「更有八旗苦獨力等，竟不隨師凱旋，潛逃滇境，或甫出境而拐帶行裝馬匹，尋復逃回，故時下滇省逃人獨多於別省，」疏中要求雲南各地搜捕這些「八旗逃人」，並說「凡滇省暨黔省土司，首解逆屬、舊人暨八旗逃人至三十名，逃兵至五十名者，准其加職一級；六十名、百名以上，遞加升賞。其所首解之人，除逃人照例歸旗外，餘仍仰冀聖恩，免其誅僇，毋使其以畏死之故，轉而竄入生苗野夷之中，則根株永靖矣。……至見在駐鎮八旗逃人，仍祈救下鎮安將軍，隨逃隨即移知督撫，立行追捕，毋致久而流入土司，難於緝獲；且逃人之姓名與逃出之月日，俱有檔案可據，則旗丁指逃擾民之弊，不禁而自絕矣。」〔註 232〕顯然，留居雲南的「八旗逃人」不在少數。

此後的 200 多年間，清廷還派遣有相當多的文武官員來雲南任職。有人據《新纂雲南通志》的「職官表」進行了不完全統計，清代入滇任職的有總督三十四人，巡撫十一人，布政使十六人，按察使十一人，其他鹽道使二十五人，知府六十四人，其他府官五十七人，知州一百四十一人；提督八人，鎮總兵六十三人，督標七人，協、營將領一百六十人，其中列為「名宦」者有十六人。〔註 233〕他們少者為官幾年，多的為官幾十年，甚至死於任上。他們當中的許多人為開發雲南和鞏固中國西南邊疆，做出了積極的貢獻。如滿洲鑲藍旗人西林覺羅氏鄂爾泰，雍正四年（1276 年）出任雲貴總督，後兼轄廣西，在職六年內，他大刀闊斧進行「改土歸流」，還注重墾荒及興修水利，倡修嵩明州楊林海、宜良、尋甸諸水，東川城北漫海，浪穹羽河諸堤，臨安諸處工，通粵河道等。

〔註 230〕《清史稿》卷 131《兵志二》，中華書局 1977 年版，第 3891 頁。

〔註 231〕參見《清史稿》卷 6《聖祖本紀一》，中華書局 1977 年版，第 207 頁。

〔註 232〕（清）蔡毓榮撰：《籌滇十疏·籌滇第三疏，靖通逃》，方國瑜主編：《雲南史料叢刊》卷 8，雲南大學出版 2001 年版，第 428 頁。

〔註 233〕雲南省歷史研究所編著：《雲南少數民族》（修訂本），雲南人民出版社 1983 年版，第 616 頁。

〔註234〕此外，和費顏也是滿洲官員，他於嘉慶五年（1800年）任麗江知府，曾捐款資助當地赴省會試者路費，政寬人和，後死於麗江任上。〔註235〕

當然，這近 600 名大小官員雖大多任職屆滿就離開，家屬亦隨之離開雲南。但一部分卻留在雲南，或死於任上，其隨從、家眷不願或不能返回的也有。《中國移民史》說，所謂「移民」是指「具有一定數量、一定距離、在遷入地居住了一定時間的遷移人口。」〔註236〕古永繼教授則指出：「大量寄籍於當地的軍政吏卒，他們雖多在某一崗位數年後即調離或輪換，但位置常設，你去他來，流動周轉，居於此崗位者自然也構成當時本地人口中的重要組成部分；特別是各級機構中的主要官員，他們承擔著中央王朝賦予的治理當地的使命，行使著統治者的意志和權力，其在任期內的施政作為、言行舉止、興趣愛好等，無不對當地社會影響巨大。」這些寄籍的軍政吏卒也應屬移民之列，可稱之為「隱性移民」。〔註237〕因此，學界一般也把這些官員當作移民。今天昆明的如安街一帶曾是滿洲同胞定居的地段，舊時曾被稱之為「旗人街」、「滿洲巷」等，雲南有名的滿洲人創辦的老字號糕點店「合香樓」，就坐落於滿洲巷附近。據說，合香樓主胡增貴，字雲峰，原籍東北奉天（今瀋陽），滿洲正藍旗人，庫雅拉氏。其父隨同鄉官員舒興阿擔任廚師，父親去世後，胡雲峰頂替了父親職位。舒興阿遷任雲南巡撫，胡雲峰也攜家眷來到昆明定居。「合香樓」糕點店所經營的糕點獨具滿、蒙、漢及雲南特色，滿洲人稱為火腿四兩飥（即今雲腿月餅）、薩其馬的這兩類糕點就較有代表性。〔註238〕辛亥革命後，儘管有部分滿洲人遷回北方，但也還有相當大的部分留居在雲南。

除以上外，清代入遷雲南的滿洲人還有流人形式。如有學者對滿族中的「西」姓介紹說：「其先祖曾在京師為官，後為躲避抄斬之禍逃離北京，從京師西城門逃出者改姓西，從此定居雲南。」〔註239〕

〔註234〕參見《清史稿》卷288《鄂爾泰列傳》，中華書局1977年版，第10229～10234頁。

〔註235〕參見雲南省歷史研究所編著：《雲南少數民族》（修訂本），雲南人民出版社1983年版，第617頁。

〔註236〕葛劍雄：《中國移民史》（第1卷），福建人民出版社1997年版，第10頁。

〔註237〕古永繼：《秦漢時西南地區外來移民的遷徙特點及在邊疆開發中的作用》，《雲南民族大學學報》（哲社版）2006年第3期。

〔註238〕參見謝蘊秋主編：《雲南境內的少數民族》，民族出版社1999年版，第697～699頁。

〔註239〕參見黃凌：《雲南滿族歷史和現狀的初步考察》，《滿族研究》1998年第4期。

第三節　南方少數民族移民的入遷

　　元明清時期，來自中國南方的少數民族也大量入遷雲南，這些南方民族主要是苗人、瑤人、儂人（土僚、儂人、沙人，今壯族）、仲家（布依族）、水戶（今水族）等。

一、苗人

　　即苗族，是中國歷史悠久、人口較多、分布較廣的少數民族之一。苗族在古代曾聚居於長江中下游及黃河流域的部分地區，後來西遷聚居於以沅江流域為中心的今湘、黔、渝、鄂、桂五省市毗鄰地帶，而後再由此遷居各地。苗族語言屬於漢藏語系苗瑤語族苗語支。由於幾千年來長期遷徙的結果，各部分彼此隔絕，以致形成了許多方言和土語，據語言學家的調查研究，雲南苗語屬苗語川黔滇方言（西部方言）。〔註240〕

　　苗族自稱「蒙」。歷史上，人們曾把苗族分別稱為白苗、黑苗、花苗、紅苗、漢苗等。就雲南的苗族來講，約有十幾個冠有「蒙」的自稱單位。主要自稱有「蒙豆」（白苗）、「蒙是」或「蒙使」（青苗、素苗）、「蒙陪」（花苗、漢苗）、「蒙綢」（紅苗）、「蒙刷」或「蒙剎」（漢苗）、「蒙不阿」（漢苗）等。此外，在昭通的威信、鎮雄一帶，還有自稱「蒙冷」、「蒙豆」、「蒙巴」、「蒙瓜梯」、「蒙細」或「蒙洗」的，他們大都屬漢苗和白苗；紅河州的金平、屏邊一帶，有自稱「蒙博」（黑苗）、「蒙格勒」（白苗）、「蒙格令查」（清水苗）的。上述這些對各地各支系苗族的漢語稱呼，基本上都是以婦女服飾或頭飾的不同特點作標準劃分的。〔註241〕

　　苗族歷史悠久。據研究，苗族的族屬淵源和遠古時代的「九黎」、「三苗」、「南蠻」有著密切的關係。在距今五千多年前，中國長江中下游和黃河下游一帶生活著許多氏族和部落，後來逐步形成了部落聯盟，這個部落聯盟叫「九黎」，其首領是蚩尤。當他們辛勤開拓的時候，以黃帝為首領的另一個部落聯盟在黃河上游的姬水興起並向下游發展，與九黎發生衝突，最後，黃帝聯合炎帝將九黎打敗。九黎戰敗後，進行了大規模的遷徙，離開東部平原，移居

〔註240〕參見《苗族簡史》編寫組、《苗族簡史》修訂本編寫組編寫：《苗族簡史》，民族出版社2008年版，第1～3頁。

〔註241〕參見雲南省歷史研究所編著：《雲南少數民族》（修訂本），雲南人民出版社1983年版，第174頁。

到長江中下游的廣闊地區，並形成堯、舜、禹時期史書上所說的「三苗」部落集團，商、周時被稱為「荊楚」，有時也被稱為「南蠻」，先進的部分後來發展成為春秋戰國時期楚國的主體居民。此間，經堯、舜、禹三代的不斷「征伐」及西周和楚國勢力對「荊蠻」的多次用兵，苗族先民大部分被迫離開江湖平原，向西南山區遷徙進入今湘、鄂、渝、黔毗鄰地區的武陵、五溪地區，所以又開始將苗族先民稱為「武陵蠻」、「五溪蠻」。秦漢至南北朝時期，苗族分布雖很廣，但由於沉重的賦稅和遭受封建王朝不斷的軍事鎮壓，苗族先民被迫從武陵、五溪地區繼續由東而西、從北往南流徙，向西繼續深入今貴州，向南進入今廣西。〔註242〕

　　唐、宋時期，隨著社會經濟的發展和人口的繁衍，部分苗族先民從湘、黔、川、鄂等地流入雲南東南部地區，隨即成了當時南詔統治區域範圍之內的少數民族之一。〔註243〕據《新唐書》記載，咸通年間（860～874年），南詔奴隸主四出擄掠，「再入安南、邕管，一破黔州（指播州），四盜西川」；〔註244〕《資治通鑒》也載，咸通十四年（873年）五月，南詔又出兵「寇西川，又寇黔南」。〔註245〕這些地方是苗族先民聚居之處，顯然南詔在黔中多次擄掠人口，包括婦女兒童共有數萬人之多，其中有漢、苗、仡佬等民族。被擄去的人，有的用作耕作奴隸，稱為「佃人」；有的發放到南詔東南邊境（今雲南文山州）戍守，成為戍役奴隸。〔註246〕因此，《蠻書》的作者樊綽在南詔軍隊攻打唐安南都護府（今越南北方）期間前往與南詔將領交涉時，便親自見到「苗眾」進入「南詔」軍隊「營柵」，所以作了如下記述：「黔、涇、巴、夏四邑苗眾，咸通三年（862年）春三月八日，因入賊（指南詔軍隊）朱道古營柵竟日，與蠻賊將大羌楊阿觸、楊酋盛、拓東判官楊忠義話得姓名，立邊城自為一國之

〔註242〕參見《苗族簡史》編寫組、《苗族簡史》修訂本編寫組編寫：《苗族簡史》，民族出版社2008年版，第10～18頁；伍新福：《論苗族歷史上的四次大遷徙》，《民族研究》1990年第6期。

〔註243〕參見《苗族簡史》編寫組、《苗族簡史》修訂本編寫組編寫：《苗族簡史》，民族出版社2008年版，第14～15頁；雲南省歷史研究所編著：《雲南少數民族》（修訂本），雲南人民出版社1983年版，第175～177頁；尤中：《雲南民族史》，雲南大學出版社1994年版，第191～192頁。

〔註244〕《新唐書》卷222中《南蠻列傳》，中華書局1975年版，第6292頁。

〔註245〕《資治通鑒》卷252《唐紀六十八》，中華書局1956年版，第8166頁。

〔註246〕參見《苗族簡史》編寫組、《苗族簡史》修訂本編寫組編寫：《苗族簡史》，民族出版社2008年版，第66頁。

由。祖乃盤瓠之後，其蠻賊楊羌等云係盤古之後。此時緣單車問罪，莫能若事。咸通五年（864年）六月，左授夔州都督府長史，問蠻夷巴、夏四邑根源，悉以錄之，寄安南諸大首領。」〔註247〕關於這裡的「苗眾」，歷來學界解釋不一，有說指苗族，有說指當地各族，多數說法指苗、瑤等族，本文採取多數說法，表明當時出現在南詔軍營的黔、涇、巴、夏的「苗眾」，當有一部分苗族先民是在「咸通三年」之前就已居住在安南都護府北部與南詔接境的地方，即今文山州一帶。這部分苗族先民，在參加南詔軍隊攻安南都護府的過程中，便與南詔將領楊阿觸、楊酋盛、楊忠義等「話得姓名」，並提出「立邊城自為一國」，而且按照其傳統風俗進行了「盤古根」，並說其「祖乃盤瓠之後」。《蠻書》的這段記錄，不僅說明來自「黔、涪、巴、夔四夷苗眾」與「盤瓠」氏族部落集團有著極其密切的關係，而且說明唐代苗族先民的分布區域已經從黔州（駐今四川彭水縣）、涪州（駐今四川涪陵）、巴州（駐今四川巴中）、夔州（駐今四川奉節）一帶遍及到了今雲南文山等地。

　　現今雲南苗族的絕大部分是元、明、清各代由貴州、廣西、四川等地陸續遷入的，當時的史書一般稱其為「苗」或「苗人」等。元朝時期，苗人的分布區域已經是從川、鄂、湘、黔四省連接地帶深入到整個貴州境內，並在貴州境內形成了某些較大的聚居區（如黔東南、黔南、黔西南等）；原來就分布在雲南東南部文山州的那部分苗人則仍然居住在當地未曾移動。〔註248〕元代的民族歧視與民族壓迫尤為嚴重，飽受苦難的各族人民屢次被迫掀起抗暴鬥爭，如大德四年（1300年），元廷派雲南行省左丞劉深率大軍遠征「八百媳婦國」（在今緬甸南撣邦至泰國清萊府、清邁府一帶），大軍經過雲南行省的順元路（駐今貴陽，黔中地區）時，便向當地的苗人和仡佬征派糧餉伕役。由於難以忍受元軍的掠奪，次年土官宋隆濟（水東雍真葛蠻土官）發動苗、仡佬人民武裝反抗，接著水東、水西、烏蒙等地的苗、彝等族亦紛紛響應，兩年後，義軍被元軍殘酷鎮壓。此次戰火，使各族人民家破人亡，流離失所。部分苗人亦隨之遷離當地。〔註249〕此外，元統治者還多次徵調思州、播州、

〔註247〕（唐）樊綽撰，向達原校，木芹補注：《雲南志補注》卷10《南蠻疆界接連諸蕃夷國名第十》，雲南人民出版社1995年版，第139頁。

〔註248〕參見尤中：《雲南民族史》，雲南大學出版社1994年版，第322頁。

〔註249〕參見尤中：《雲南民族史》，雲南大學出版社1994年版，第327～330頁；《苗族簡史》編寫組、《苗族簡史》修訂本編寫組編寫：《苗族簡史》，民族出版社2008年版，第20頁。

鎮遠、黃平等地苗人聚居區的土兵遠征安南，至元三十年（1293 年）十二月就曾一次發土兵八千人，[註250] 其中當有不少苗人落籍沿途。湖南寶慶府苗人也於元末戰亂時移居於水城（屬雲南行省烏撒路）。[註251]《元史·地理志》即載有雲南行省普定路（駐今貴州省安順市）的「苗人」與「龍家、宋家、犵狫」等民族共同雜居在一起。[註252] 所以，元代雲南行省的東部和東南部都有苗人。他們一般都是在山區從事比較粗放的農業生產，政治上則隸屬於當地主要民族中的土官。[註253]

　　明朝時期，苗人的分布已由原聚居的湘西、黔東散及貴州全境，部分散及滇東南和滇東北。《明實錄》說，正德十六年（1521 年）十二月，芒部（今鎮雄）母響等寨的苗人越境進入貴州畢節「燒劫，道路不通」。[註254]《明史·四川土司傳》也說：嘉靖七年（1528 年），「川、貴諸軍會剿，敗沙保（彝族）等，擒斬三百餘級，招撫蠻羅男婦以千計。捷聞，設鎮雄流官如舊。而芒部（今鎮雄）、烏撒（今威寧）、毋響苗蠻隴革等復起，攻劫畢節屯堡，殺掠土民，紛紛見告。」[註255] 可見，當時滇東北的鎮雄一帶已有苗人，他們散居在彝族土官隴氏的統治區域內，受彝族土官們的剝削統治，沒有自己獨立的經濟區域，因而被彝族土官煽動了一齊對漢族流官進行反抗。[註256] 根據大量口傳資料得知，現居於滇東北威信的苗族，其先民在明代時部分為隨軍入遷，如威信縣雙河後房、水田灣子的陶姓說其原籍湖廣麻城縣孝感鄉（今湖北省孝感市），在明朝「調北征南」時隨軍遷徙到鎮雄坡頭長木響水灘，後遷到威信水田灣子；立於民國初年的天池熊孔熊姓古墓碑文記載：「……發源三楚，肇跡中幫，居然楚楚者也……不聞流仰派別，閭閻中人也……隨軍入滇南，踩得烏蒙府一地，名曰『發地』，數年數代屈指難數。吾祖素喜逐禽。郭居熊孔，熊居發地。二祖交遊，郭祖曰：吾地草木茂茸，正為遊獵之所；余祖曰：吾地河水蕩漾，正為垂釣之區。爰二祖相易之，熊居熊孔，郭居發地。考厥由來，有名徵矣，乃世襲相傳，不可枚舉。」碑文說熊孔熊姓祖籍今湖

〔註250〕參見《元史》卷 17《世祖本紀十四》，中華書局 1976 年版，第 375 頁。

〔註251〕參見《苗族簡史》編寫組、《苗族簡史》修訂本編寫組編寫：《苗族簡史》，民族出版社 2008 年版，第 20 頁。

〔註252〕參見《元史》卷 61《地理志四》，中華書局 1976 年版，第 1470 頁。

〔註253〕參見尤中：《雲南民族史》，雲南大學出版社 1994 年版，第 322 頁。

〔註254〕（明）《世宗嘉靖實錄》卷 9，正德十六年十二月辛丑。

〔註255〕《明史》卷 311《四川土司列傳一》，中華書局 1974 年版，第 8008 頁。

〔註256〕參見尤中：《雲南民族史》，雲南大學出版社 1994 年版，第 405 頁。

北省麻城縣，明時隨軍進入雲南文山，後遊獵到威信天池一帶。〔註257〕此外，明代時，貴州苗人在當地政府的殘酷剝削下，為了生存而逃往雲南的也較多，文山州的苗族就廣泛流傳著關於自己的先輩是從貴州、四川來的傳說，地方志也有記載。如民國《馬關縣志》說：「苗族，本三苗後裔，其先自湘竄黔，由黔入滇，其來久矣。……苗之種類雖多，風俗語言無異，亦不過妝束上之區別耳。」〔註258〕又《新編麻栗坡特別區地志資料》說「貓人」（即苗人）：「其類多由貴州而來，喜居高山，以種玉蜀黍為業，大多係佃農。……其類繁多……。」〔註259〕民國《丘北縣志》亦載該地「苗人二千餘，明初由黔省遷入。」〔註260〕這些地方志材料說明，明代確有大量的苗人由黔入滇。

清代，苗人開始大規模從貴州、四川等地遷入雲南境內。雲南境內的苗人，見於明確記錄的主要是散居在從滇東北到滇東南的鎮雄、昭通、東川、曲靖、廣南、開化等府境內。〔註261〕清朝康熙初年，吳三桂從川南征調3000苗兵討水西，此時，廣大原居普定、郎岱的苗眾為避戰亂而攜家帶口逃往雲南，其中有一部分落腳文山地區。〔註262〕雍正年間，鄂爾泰在貴州苗人地區實行強制性的改土歸流，致使該地區先後爆發了「雍乾」、「乾嘉」、「咸同」三次聲勢浩大的苗民起義，但起義均遭到清王朝的殘酷鎮壓，大批苗人因此被迫不斷西遷進入雲南。據1958年在紅河州進行的民族學調查資料，苗族遷來紅河州的時間相仿，都有五至六代的歷史。約在150年上下；〔註263〕同期對屏邊苗族的社會歷史調查材料也說：「屏邊苗族都說他們是從貴州遷來的，對於遷徙的具體時間，已經記不清楚。根據一區（現為玉屏鎮）五嘉鄉農民

〔註257〕參見古仕林主編：《威信苗族》，雲南民族出版社2002年版，第22～23頁。

〔註258〕張自明修，王富臣等纂：民國《馬關縣志》卷2《風俗志・夷俗瑣記・苗人》，鳳凰出版社編撰：《中國地方志集成・雲南府縣志輯》第45輯，鳳凰出版社2009年版，第234頁。

〔註259〕陳鍾書、鄧昌麒等纂：《新編麻栗坡特別區地志資料》中卷《民族種類・貓人》，鳳凰出版社編撰：《中國地方志集成・雲南府縣志輯》第58輯，鳳凰出版社2009年版，第143頁。

〔註260〕（民國）徐孝喆等纂：《丘北縣志》卷2，1926年石印本。

〔註261〕參見尤中：《雲南民族史》，雲南大學出版社1994年版，第552頁。

〔註262〕參見《苗族簡史》編寫組、《苗族簡史》修訂本編寫組編寫：《苗族簡史》，民族出版社2008年版，第21頁。

〔註263〕宋恩常：《雲南苗族略述》，《民族問題五種叢書》云南省編輯委員會、《中國少數民族社會歷史調查資料叢刊》修訂編輯委員會編：《雲南苗族瑤族社會歷史調查》，民族出版社2009年版，第6頁。

馬志良 70 多歲的祖父說：他們入居屏邊已經六代，若以 25 年為一代，則有
150 年的歷史了。對於遷徙的原因眾說不一……一種說，有一年天下大亂，為
了生存逃到雲南來……」〔註264〕文山州馬關縣金廠區的苗族絕大多數也說是
從貴州遷來的，遷到這裡已有八九代人了，按 25 年一代計算，也有 180 多年
的歷史。〔註265〕可見，紅河州、文山州的苗族自貴州遷入的時間大約在乾隆
末年和嘉慶初年前後，屏邊苗族中所傳的「天下大亂」，大約指的就是「乾嘉」
間貴州各地苗民起義之事。

　　清王朝對西南少數民族施行苛虐刑法，使眾多的苗人背井離鄉，遠走他
方。清律規定：「雲南、貴州苗人，犯該徒、流、軍遣，仍照舊例枷責完結。
其情節較重，或再犯不悛，將本犯照例折枷後，仍同家口各就土流所轄一併
遷徙安插。」〔註266〕因此，部分苗人遷徙的原因就是封建官府的壓迫驅趕。
據調查資料，文山州自貴州興義等地遷徙而來的「白苗」就是因官府的壓迫
而來的，他們的歌詞唱道：「官家殺我們像殺小雞一樣，我們像螞蚱一樣飛到
開化。」〔註267〕

　　據民族學調查資料，入遷雲南的苗人有部分因民族婚嫁而來。如聚居於玉
溪地區易門歪頭山的苗族，自稱其先祖居於湘西沅江一帶，後淪為貴州威寧彝
族蘇諾部落的農奴，道光三十年（1850 年）時，威寧彝族金土司嫁女給雲南武
定環州的李土司，以 4 對苗人男女青年為陪嫁，始入滇定居，之後有威寧苗人
陸續遷居武定，後輾轉到易門歪頭山定居。〔註268〕關於此事，《雲南省志・民
族志》有些微不同記載，其記時間是清道光二十八年（1849 年），陪嫁的苗人
是 40 戶（120 人），並說到咸豐元年（1850 年）時，由於「改土歸流」，威寧苗

〔註264〕雷廣正等整理：《屏邊苗族社會歷史調查》，《民族問題五種叢書》云南省編輯
　　　　委員會、《中國少數民族社會歷史調查資料叢刊》修訂編輯委員會編：《雲南
　　　　苗族瑤族社會歷史調查》，民族出版社 2009 年版，第 36 頁。

〔註265〕參見顏恩泉：《馬關縣金廠區苗族社會調查》，雲南省編輯組、《中國少數民族
　　　　社會歷史調查資料叢刊》修訂編輯委員會編：《雲南少數民族社會歷史調查資
　　　　料彙編》（五），民族出版社 2009 年版，第 40 頁。

〔註266〕《欽定大清會典事例》卷 741《刑部十九・名例律・徒流遷徙地方一》，方國
　　　　瑜主編：《雲南史料叢刊》卷 8，雲南大學出版社 2001 年版，第 303 頁。

〔註267〕翁家烈：《雲南文山民族支系調查》，雲南省編輯組、《中國少數民族社會歷史
　　　　調查資料叢刊》修訂編輯委員會編：《雲南少數民族社會歷史調查資料彙編》
　　　　（三），民族出版社 2009 年版，第 180 頁。

〔註268〕參見玉溪地區民族事務委員會編：《玉溪地區民族志》，雲南民族出版社 1992
　　　　年版，第 296 頁。

人又有 600 多人背井離鄉遷到武定環州一帶給彝族土司當佃奴。〔註 269〕

　　在苗族歷史中，大幅度、遠距離、長時期的遷徙，是一個相當突出的問題。其遷徙的原因較為複雜，主要有以上所論的戰爭和其他政治原因，也有經濟方面的原因。〔註 270〕就經濟原因來說，由於苗族是山居民族，歷史上居住分散，流動性較大，其農業的耕作技術是刀耕火種，刀耕火種的遊耕農業要求經常地更換土地。每當將一處土地砍燒淨盡，土地轉瘦，產量減少，就要重新開始遷徙，另找一塊森林茂密、土壤肥美的可開墾的處女地，所以，無論在昭通、文山或紅河，苗族中都普遍流傳著這樣的說法：貴州土地大部分已被開發，土地貧瘠難以生活，就到宜於耕殖的雲南來，但到了雲南，好的土地早已被他族佔有，於是只好退居高山耕種貧瘠土地。〔註 271〕另一方面，「和第一次大移民（元、明之間）對比，第二次大移民（清代）中很多人是屯墾在山區和山谷中。人們由於缺少土地被迫進入山谷，也是因為在那裡播種新作物如玉米和甜薯可獲高產而被吸引，於是這些移民使西南增加了大量可耕面積」，在這些新的移居地方，「移民們可以隨處播種佔地」。因此，清代時「它在數量上自願的意向占絕對多數，所以這一次大移民在政府的檔案材料中就更難找到大量史料。然而，從規模上看，大大超過了他們前輩，誠如人潮洶湧」。〔註 272〕這樣，雲南廣大未開墾的山區半山區就成為可耕地，不斷吸引著大量苗人等民族人口遷徙而來。今天在紅河州金平縣的苗族中還流傳當時栽植玉蜀黍，杆長苗壯，粗如木杆，可作扁擔，南瓜成熟，可能容一窩小豬的傳說。傳說雖充滿誇張之詞，但當時金平山區的確土地肥美，稍微砍燒即獲豐收是不容置疑的。〔註 273〕此外，交通的暢通也促使苗人在遊耕開發的移動中，更便利地移遷。如由滇中經黔入湖廣道，在改流之後，更為通暢，

〔註 269〕參見雲南省地方志編纂委員會總纂：《雲南省志》卷 61《民族志》，雲南人民出版社 2002 年版，第 266 頁。

〔註 270〕參見《苗族簡史》編寫組、《苗族簡史》修訂本編寫組編寫：《苗族簡史》，民族出版社 2008 年版，第 15 頁。

〔註 271〕參見雲南省歷史研究所編著：《雲南少數民族》（修訂本），雲南人民出版社 1983 年版，第 179 頁。

〔註 272〕〔美〕李中清：《一二五〇年——一八五〇年西南移民史》，《社會科學戰線》1983 年第 1 期。

〔註 273〕參見宋恩常整理：《金平縣二、七兩區苗族社會調查》，《民族問題五種叢書》云南省編輯委員會、《中國少數民族社會歷史調查資料叢刊》修訂編輯委員會編：《雲南苗族瑤族社會歷史調查》，民族出版社 2009 年版，第 17 頁。

商旅往來不絕。〔註274〕

　　總之，雲南的苗人，大部分是元、明、清時期遷入的。遷到雲南境內以後，由於受地方封建統治者的壓迫和自然條件的限制，仍然處在不斷的遷徙流動過程中，他們大部分居住在高山之巔或半山腰，海拔都在一二千米以上，一般以二三十家人組成一個村寨。他們沒有自己獨立的經濟區域，依附於所在區域內的其他主要民族，受其他民族的封建領主或地主階級的剝削。〔註275〕

二、瑤人

　　即瑤族，是中國一個古老的民族。居住在全國各地的瑤族，與中國南方其他各少數民族一樣，名稱比較複雜，過去曾因其生產方法、居住和服飾等方面的不同特點而有多種自稱和他稱。雲南省的瑤族有如下幾種：「藍靛瑤」或「靛瑤」，依不同地區分別自稱為「秀」、「秀門」、「門」、「吉門」、「黑龍蒙」等；「山瑤」或「過山瑤」，自稱「亞」；「板瑤」、「頂板瑤」或「平頭瑤」，自稱「孟」、「尤勉」等；「紅頭瑤」，自稱「孟」或「洞班黑尤」。根據有關史籍記載以及瑤族和鄰近他族老人的解釋：「藍靛瑤」是由婦女善種藍靛和著藍色衣服而得名；「紅頭瑤」由該支婦女頭包紅布而得名；「板瑤」由該支婦女頭頂置一平板而得名；「白頭瑤」由該支婦女常以白棉線纏頭為飾而得名。此外，河口、屏邊一帶尚有自稱「節睦」的，意即「山中的人」；有自稱「半孟」的，意為「自己人」；又有把河口部分瑤族稱為「沙瑤」的，可能是因為他們依山傍水，住在炎熱的紅河兩岸，受到壯族「沙人」支系的影響。中華人民共和國成立以後，根據瑤族人民的意願，統稱為瑤族。〔註276〕由於瑤族支系眾多，自稱和他稱複雜，學術界根據語言與文化上的差異，將其劃分為瑤語支瑤族、苗語支瑤族、漢語支瑤族、侗水語支瑤族四大支系。〔註277〕

　　關於瑤族的族源，學術界眾說紛紜，概括起來，主要有「尤人」說、「山

〔註274〕參見方鐵：《唐宋元明清的治邊方略與雲南通道變遷》，《中國邊疆史地研究》2009年第1期。

〔註275〕參見王文光、龍曉燕編著：《雲南民族的歷史與文化概要》，雲南大學出版社2009年版，第152頁；尤中：《雲南民族史》，雲南大學出版社1994年版，第552頁。

〔註276〕參見雲南省歷史研究所編著：《雲南少數民族》（修訂本），雲南人民出版社1983年版，第331頁。

〔註277〕參見《瑤族簡史》編寫組、《瑤族簡史》修訂本編寫組編寫：《瑤族簡史》，民族出版社2008年版，第2頁。

越」說、「長沙、武陵蠻」說、「五溪蠻」說、「多源」說、「古搖民」說，等等。上述說法中，20 世紀 80 年代以前的學術界多主張瑤族為「長沙、武陵蠻」或「五溪蠻」之後。此後，學者們從考古學、人類學、語言學的角度，結合歷史文獻記載進行綜合論證，認為瑤族自秦漢時期的盤瓠蠻而上，可追溯至春秋戰國時期的南蠻、夏商西周時期的荊蠻和東夷，在遠古時期與九黎、三苗有著密切關係，其發祥地在古代黃河、長江中下游及淮河中上游一帶，範圍包括今山東、河南、湖北及河北、安徽、江蘇部分地區，這一地區正是九黎及三苗的活動範圍。〔註278〕

　　瑤族的歷史十分悠久。據研究，歷史上，瑤族和苗族有著密切的親屬關係，其族源最早可追溯到黃帝時期的蚩尤部落聯盟，該部落聯盟活動的地域主要在黃河、長江中下游之間的濟水、淮水流域一帶。當活動在陝、甘黃土高原的炎、黃部落集團試圖向西、向東發展時，部落集團間的衝突不可避免地發生了。炎、黃二帝聯合與蚩尤部落在涿鹿一帶激戰，結果蚩尤失敗，部落集團中的一部分人臣服於炎、黃二帝，大部分人向南流亡，形成三苗。此後，三苗部落聯盟又曾多次與以堯、舜、禹為代表的部落集團進行過激戰，最後被禹徹底擊敗，剩下的三苗成員便在洞庭、彭蠡一帶形成荊蠻集團。荊蠻中的「長沙、武陵蠻」與瑤族的關係極為密切，在前者中可能包括有後者的先民在內。〔註279〕

　　南北朝時期，在今湖南、湖北一帶，漢文史籍中「莫徭」族稱的出現，標誌著瑤族和苗族已開始分成兩個族群，瑤族作為一個民族實體已具雛形，時稱瑤族為「莫徭」。據《南史・張弘策傳》記載，南朝梁武帝大同年間，張纘擔任湘州刺史，瞭解到了當地「莫徭」的一些情況：「州界零陵、衡陽等郡有莫徭蠻者，依山險為居，歷政不賓服，因此向化。」〔註280〕可見他們和苗族已經有所區別，集中分布在湘西南的山區。

　　到了隋代，瑤族先民已經發展到了今廣東西北部和廣西境內。據《隋書・地理志》載：「南郡、夷陵、竟陵、沔陽、沅陵、清江、襄陽、春陵、漢東、安陸、永安、義陽、九江、江夏諸郡，多雜蠻左（指苗族），其與夏人雜居者，

〔註278〕參見《瑤族簡史》編寫組、《瑤族簡史》修訂本編寫組編寫：《瑤族簡史》，民族出版社 2008 年版，第 12～13 頁。

〔註279〕參見《瑤族簡史》編寫組、《瑤族簡史》修訂本編寫組編寫：《瑤族簡史》，民族出版社 2008 年版，第 13～15 頁。

〔註280〕《南史》卷 56《張弘策列傳》，中華書局 1975 年版，第 1387 頁。

則與諸華不別。其僻處山谷者，則言語不通，嗜好居處全異，頗與巴、渝同俗。諸蠻本其所出，承盤瓠之後，故服章多以班布為飾。其相呼以蠻，則為深忌。……長沙郡（治今湖南長沙）又雜有夷蜒，名曰莫徭，自云其先祖（指盤瓠）有功，常免徭役，故以為名。其男子但著白布褌衫，更無巾袴；其女子青布衫、班布裙，通無鞋屬。婚嫁用鐵鈷莽為聘財。武陵（治今湖南常德）、巴陵（治今湖南岳陽）、零陵（治今湖南永州市零陵區）、桂陽（治今湖南郴州）、澧陽（治今湖南澧縣東南）、衡山（治今湖南衡陽）、熙平（治今廣東連縣）皆同焉。其喪葬之節，頗同諸左云。」〔註281〕這裡不僅指出「莫徭」的居住區域，而且指出「莫徭」崇拜「盤瓠」，以後，瑤族並以這種圖騰崇拜轉而認為「盤瓠」（盤古）是本民族的祖先。直到今日，有關「盤瓠」的傳說不僅在瑤族人民中廣為流傳，而且他們至今仍崇奉「盤瓠王」。

　　唐末宋初，一部分瑤族先民開始向南、西南遷徙，被稱為「徭人」、「蠻徭」等。到了元朝，兩廣地區已經逐漸成為瑤人活動的主要地區。據史料記載，唐代、元代已有瑤人在雲南活動。如前文所述，《蠻書》中有關於「苗眾」的記錄，這些「苗眾」又自謂「祖乃盤瓠之後」，而近代瑤人也「自謂盤瓠之後」，並且信仰「盤瓠神」。所以，唐朝時期居住在今文山州境內的「苗眾」，實當包括瑤族先民在內，而且「南詔」、「大理」時期「納垢部」、「羅雄部」中自命為「盤瓠六男」之後裔的「盤瓠裔」，也應當包括瑤族先民的一部分。〔註282〕元代時期，瑤人的分布地域重心逐步向南遷移，包括今湖南、廣西、廣東及貴州、雲南等地。需要特別指出的是，此時史籍中雲南首次出現「瑤」名。〔註283〕元以前進入今文山州境內的瑤人，仍然與居住在今貴州、廣西境內的瑤人連成一片，同時逐漸向西散及「威楚路」和「大理路」一帶。《元史·泰定帝本紀》說：至治三年（1323年）冬十月丙戌，「八番順元（宣慰司駐今貴陽）及靜江（今廣西桂林）、大理、威楚（路駐今楚雄，轄地包括今鎮沅、景東在內）諸路徭兵為寇，敕湖廣、雲南二省招諭之。」〔註284〕這支瑤人，當係從貴州、廣西境經滇東南地區逐漸遷入。元代雲南

〔註281〕《隋書》卷31《地理志下》，中華書局1973年版，第897～898頁。
〔註282〕參見尤中：《中國西南民族史》，雲南人民出版社1985年版，第289～290頁；雲南省歷史研究所編著：《雲南少數民族》（修訂本），雲南人民出版社1983年版，第334頁。
〔註283〕參見吳永章：《瑤族史》，四川民族出版社1993年版，第259頁。
〔註284〕《元史》卷29《泰定帝本紀一》，中華書局1976年版，第640頁。

有瑤人居住，還可從下述史實中得到證實：泰定元年（1324年）十二月乙卯，「雲南猺阿吾及歪鬧為寇，行省督兵捕之」。〔註285〕此外，調查資料也顯示今麻栗坡縣曼文、曼棍的瑤族盤、李、鄧姓的《本命書》載，其祖先約在元代遷來。〔註286〕當時雲南的瑤人仍然在各地的山區從事刀耕火種的農業生產，流動性很大，上述《元史》所載雲南境內瑤人的反抗，應該是與廣西和貴州境內的同族相聯結。雲南行省的威楚路、大理路既然有瑤人，他們要與靜江、八番順元等地的同族聯繫起來，必然要通過廣南西路（今文山州）一帶的同族。所以，當時雲南行省的廣南西路一帶確實也有瑤人的分布。〔註287〕由於瑤人從事刀耕火種，流動性很大，所以後來居於大理路的瑤人，至清代已不見蹤影，這是因為「瑤人，性獷悍，自謂盤瓠之後，自耕而食，少入城市，男女皆知書，多處深山，喜獵，善搏虎豹，衣服近漢人，長衫拖裙，婚用媒，死者骸骨不落地，火化收藏，不爭訟，不喜淫；所居之處，不四五年即遷。」〔註288〕

　　一般認為，明、清兩代是瑤人從兩廣、貴州等地區大量遷入雲南的主要時期。明代，瑤人的居住中心已由湖南移至兩廣地區，此外贛南、黔南及雲南文山州等地，也是瑤人分布的重要區域。〔註289〕如上述，雲南瑤人在元朝時已載諸冊籍。至明朝時，有論著認為有關雲南瑤人的史料闕如，並說這應是冊籍遺漏所致，明代的瑤人仍居於雲南應無疑問。〔註290〕事實上，明末天啟《滇志·旅途志》載：歸朝（今文山州富寧縣東南部歸朝鎮），「富州酋沈氏居焉。其地負崇山，面河，寨夷千餘家，沙、傜兼有之。」〔註291〕證明明代雲南瑤人的分布區確實為文山州。此外，對於明代入遷雲南的瑤人，後世志書也有追記，如民國《丘北縣志》就有瑤人「明初由邕黔交界遷入」的記載，

〔註285〕《元史》卷29《泰定帝本紀一》，中華書局1976年版，第652頁。

〔註286〕參見文山壯族苗族自治州民族宗教事務委員會編：《文山壯族苗族自治州民族志》，雲南民族出版社2005年版，第126頁。

〔註287〕參見尤中：《雲南民族史》，雲南大學出版社1994年版，第322頁。

〔註288〕（清）劉慰三撰：《滇南志略》卷5《廣南府》，方國瑜主編：《雲南史料叢刊》卷13，雲南大學出版社2001年版，第284頁。

〔註289〕參見《瑤族簡史》編寫組、《瑤族簡史》修訂本編寫組編寫：《瑤族簡史》，民族出版社2008年版，第91～92頁。

〔註290〕參見吳永章：《瑤族史》，四川民族出版社1993年版，第513頁；徐祖祥：《瑤族文化史》，雲南民族出版社2001年版，第26頁。

〔註291〕（明）劉文徵撰，古永繼校點：《滇志》卷4《旅途志第二·陸路·粵西路考》，雲南教育出版社1991年版，第172頁。

〔註 292〕說瑤人是明初從廣西、貴州交界處遷入的。民國《新編麻栗坡特別區地志資料》也記載：麻栗坡「因地方遼闊，皆屬崇山峻嶺，罕有人跡，明末清初之時，是時僅有土著人那幾、瑤人於茲水土平坦之地，陸續開挖成田，耕作居住其間。此後，苗獞羅夷各類隨而聚焉。」〔註 293〕這裡說「獞人」是麻栗坡縣「明末清初之時」的「土著人」，既成明、清時代的「土著人」，這說明他們並不是「明末清初之時」才居住於當地，他們可能在此以前就已居住在麻栗坡等地。

到了清代，瑤人主要分布於廣西、湖南、廣東、貴州、雲南及江西南部地區，雲南瑤人的主要分布區域為開化、廣南、普洱三府及所屬他郎廳等地。〔註 294〕乾隆《開化府志》和道光《廣南府志》所記載的瑤人與《滇南志略‧廣南府》所記相同，均為「多處深山」，這不僅表明清代開化府、廣南府都有瑤人，而且兩府瑤人的習俗也全同。此外，民國《馬關縣志》亦載：「瑤人」，「或謂其先出自槃瓠，其自稱為堯帝後裔，蓋以『瑤』為『堯』，音相似而實非也。其種有二，一名頂板，一名藍靛，刀耕火種，逐山箐以為家，性疑膽卻，竄徙無定，生計不良，種類已微。」〔註 295〕清代《普洱府志》引《他郎廳志》也說：「瑤人」，「自粵遷來，居無定處，每至深山開墾耕種，俟田稍熟，又遷別所，開墾如前，不憚勞瘁。耕種之外亦勤捕獵，服飾與羅羅同。」〔註 296〕此說「瑤人」自粵遷來，居住他郎廳（今墨江）等地，則遷徙途中必經今文山州及紅河兩岸的河口、屏邊、金平、元陽一帶。至今上述地區也確實有不少瑤族人口，而河口、屏邊、金平、猛臘等地的瑤族，至今仍沿用著借漢字標注本民族語讀音的文字，這些正是《開化府志》、《廣南府志》和《馬關縣志》所記載的「男女皆知書」並且「有書，父子自相傳習」的瑤族。〔註 297〕

〔註 292〕（民國）徐孝詰等纂：《丘北縣志》卷 2，1926 年石印本。

〔註 293〕陳鍾書、鄧昌麒等纂：《新編麻栗坡特別區地志資料》中卷《特別區之沿革》，鳳凰出版社編撰：《中國地方志集成‧雲南府縣志輯》第 58 輯，鳳凰出版社 2009 年版，第 160 頁。

〔註 294〕參見吳永章：《瑤族史》，四川民族出版社 1993 年版，第 514 頁。

〔註 295〕張自明修，王富臣等纂：民國《馬關縣志》卷 2《風俗志‧夷俗瑣記‧獞人》，鳳凰出版社編撰：《中國地方志集成‧雲南府縣志輯》第 45 輯，鳳凰出版社 2009 年版，第 221～222 頁。

〔註 296〕鄧啟華主編：《清代普洱府志選注》7《南蠻志（種人志）‧獞人》，雲南大學出版社 2007 年版，第 346～347 頁。

〔註 297〕參見張自明修，王富臣等纂：民國《馬關縣志》卷 2《風俗志‧夷俗瑣記‧獞人》，鳳凰出版社編撰：《中國地方志集成‧雲南府縣志輯》第 45 輯，鳳凰出版社 2009 年版，第 222 頁。

所以，在明、清時期，確有部分瑤人分別從貴州、廣西、廣東等地陸續遷入今文山州境，以後，又有部分瑤人先後由文山州境遷入紅河州境，同時遷到墨江和西雙版納的猛臘等地。這些遷徙路線和遷徙時間，與至今仍流傳在瑤族民間的傳說大體相吻合。如河口瑤山的瑤族一致認為自己的祖籍在廣西，先後分若干批入遷雲南，有的自言遷入瑤山迄今已有十四代，有的有十二代，有的則為六、七代；遷徙路線是先至「開化府」（今文山），而蒙自，而臨安（今建水），而屏邊，最後定居瑤山；猛臘縣梭山腳瑤族也說由廣西遷來，迄今約有三百餘年；金平縣的「廣東瑤」自言由廣東遷來，部分自言清代由貴州遷來。此外，清朝時期，仍有部分瑤人遷入文山州，如富寧縣洞波等地部分瑤族自言是從廣西遷來的，迄今約有二百多年歷史。〔註298〕

　　瑤族先民入遷雲南的原因是複雜的，徐祖祥先生的《瑤族文化史》以雲南瑤族為中心，指出遷徙原因大致有四個方面：〔註299〕一是經濟因素，瑤族以刀耕火種為主要特徵的遊耕經濟，導致其不斷尋找賴以為生的新土地而不斷遷徙，如清代《普洱府志》引《他郎廳志》說：瑤人「自粵遷來，居無定處，每至深山開墾耕種，俟田稍熟，又遷別所，開墾如前，不憚勞瘁。」〔註300〕當代民族學調查資料也說，屏邊瑤山的瑤族一直認為他們祖籍廣西，清乾隆時期（一說道光四年），由於人口繁衍，刀耕火種將森林砍敗，加以反動統治者的殘酷剝削，聽說雲南紅河山陡箐深，便集體遷入雲南。他們先至廣南，而文山，而蒙自，而臨安（今建水），而普洱，而屏邊，最後定居瑤山，散居在石板寨、大窩柏、乾龍井、牛塘寨、太陽寨和新寨等地，以盤、李、鄧三姓最多。〔註301〕二是政治因素，封建統治階級的民族壓迫政策以及由此而產生的民族隔閡、歧視、仇恨、衝突和戰爭等，曾是瑤民大規模舉族遷徙的又一主要原因。道光十一年（1831年），湖南江華縣趙金龍（瑤族）領導金田鎮瑤民起義。趙金龍犧牲後，起義軍由趙子青領導，聯合廣西賀縣盤均華領導

〔註298〕參見雲南省歷史研究所編著：《雲南少數民族》（修訂本），雲南人民出版社1983年版，第335頁。

〔註299〕參見徐祖祥：《瑤族文化史》，雲南民族出版社2001年版，第30～34頁。

〔註300〕鄧啟華主編：《清代普洱府志選注》7《南蠻志（種人志）‧猺人》，雲南大學出版社2007年版，第346～347頁。

〔註301〕參見黃惠焜整理：《屏邊瑤山瑤族自治區社會歷史調查》，《民族問題五種叢書》云南省編輯委員會、《中國少數民族社會歷史調查資料叢刊》修訂編輯委員會編：《雲南苗族瑤族社會歷史調查》，民族出版社2009年版，第95～96頁。

的瑤民武裝力量，繼續進行反抗鬥爭。廣東粵北地區趙天青等人率領瑤民在連州等地舉起反抗大旗，出擊連州、連山縣城。趙金龍、趙子青、盤均華、趙天青等人領導的反抗鬥爭雖然失敗了，但卻沉重地打擊了封建王朝的統治，迫使他們制定了一些暫時緩和矛盾的「善後」辦法，如「嚴禁巧奪山場」，允許瑤民贖回典當的田地，在瑤區推廣種植木棉，設立「義倉」等等。起義的失敗，許多瑤民被迫向廣西百色和雲南等地逃難。因此，瑤族《尋親歌信》中說：「壬辰年中趙家亂，金龍反了江華城。」〔註302〕另據瑤族古籍《開山歌》和信歌等記載，文山地區的絕大多數瑤族是明清時期屢遭封建統治階級殘酷壓迫下，先後從廣東、廣西交界處輾轉遷入滇東南邊遠山區居住的；〔註303〕富寧縣的大板瑤，據說祖先在湖南，因逃避戰亂遷到富寧。〔註304〕三是災荒因素，瑤族的主要經濟形式，決定了他們對自然條件的依賴性。凡遇氣候反常、風雨不調或遇蟲災等自然災害，瑤民只得遷離家園，今文山州麻栗坡縣境內的大板瑤，據說其祖先居住在江西九江一帶，明末清初，當地連年旱澇大災，無法生存，遂搬到紅河流域地區定居。〔註305〕四是宗教觀念因素，瑤族具有很濃厚的鬼神觀念，當發生瘟疫或人畜暴死等情況時，便認為觸犯了神靈或認為是惡鬼作祟，於是便遷離。如現居江城的瑤族，傳說是由廣東經過多年逐漸遷到這裡的，傳言很早以前，廣東瑤族地區發生過一次大瘟疫，死了很多人，一部分便向外遷移，若干年後輾轉遷到江城。〔註306〕

三、儂人、仲家、水戶等

儂人（儂人、沙人、土僚，今壯族）、仲家（今布依族）、水戶（今水族），這些民族是以百越為主體分化發展來的，語言上他們都屬漢藏語系壯侗語族。

〔註302〕趙廷光：《論瑤族傳統文化》，雲南民族出版社1990年版，第157～158頁。

〔註303〕參見文山壯族苗族自治州地方志編纂委員會：《文山壯族苗族自治州志》第1卷，雲南人民出版社2000年版，第408頁；文山壯族苗族自治州民族宗教事務委員會編：《文山壯族苗族自治州民族志》，雲南民族出版社2005年版，第126頁。

〔註304〕參見雲南省編輯組、《中國少數民族社會歷史調查資料叢刊》修訂編輯委員會編：《雲南少數民族社會歷史調查資料彙編》（五），民族出版社2009年版，第91頁。

〔註305〕參見馬占倫主編：《雲南彝族白族哈尼族傣族瑤族社會經濟調查》，雲南民族出版社2000年版，第659頁。

〔註306〕參見江城哈尼族彝族自治縣志編纂委員會編纂：《江城哈尼族彝族自治縣志》，雲南人民出版社1989年版，第364頁。

元明清時期，中國統一多民族國家的鞏固加速了這些壯侗語族各民族的最終形成以及在境內各地的自由遷徙。

（一）儂人（儂人、沙人、土僚，今壯族）

元、明、清時期，今廣西境內的壯族已經普遍稱之為「僮」，還有一些被稱之為「大良」、「俍人」、「僚」、「山僚」等等，而雲南境內的壯族先民也有許多不同的稱呼：

其一，元代記載稱雲南的部分壯族先民為「儂人」。「儂人」的主要自稱為「布儂」，也有稱為「濮儂」、「濮龍」或「龍人」的。「布儂」支系內部又有天保、甲州、龍音、龍江、東蘭、龍降、本地、傲人、黎人等自稱和他稱。〔註307〕前文已論及他們為宋時「廣源州蠻儂氏」起兵反抗朝廷而敗退入特磨道（駐今廣南縣，今富寧、廣南一帶）的廣西壯族首領儂智高的後裔，在儂氏貴族統治之下的壯族先民，因被稱為「儂人」。直到明清時期，「儂人」除據有廣西西部和雲南東南部連接地帶的廣南府外，還散及廣南府西部的明代臨安府東南部、清代的開化府境內以及廣西府（今瀘西、丘北、師宗、彌勒）、臨安府南部的一些地方、元江府乃至普洱府的寧洱縣（今普洱）。

其二，元代史籍還稱雲南的部分壯族先民為「沙人」，後有「白沙人」、「黑沙人」等稱呼。「沙人」自稱「布雅依」，在歷史文獻記載中，「布依」、「布雅」、「布越依」等也大都歸屬於「沙人」。〔註308〕「沙」是僮的一個支系，係漢族他稱，《元史‧忽辛傳》記載「廣南酋沙奴素強悍，宋時嘗賜以金印，雲南諸部悉平，獨此梗化。忽辛遣使誘致，待之以禮，留數月不遣，酋請還，忽辛曰：『汝欲還，可納印來。』酋不得已，齎印以納，忽辛置酒宴勞，諷令偕印入覲，帝大悅。」〔註309〕可見宋代時「沙奴」與農士貴等儂氏貴族都共同居住在廣南西路（今廣南、富寧一帶），但卻各有部落，不相隸屬，分別統治同一民族中的兩個不同部分，自宋朝以來即如此。儂氏貴族統治下的部民稱「儂人」，「沙奴」統治下的部民稱「沙人」。可以肯定，「沙人」和「儂人」一樣，都是以歷史上在他們中間出現過的貴族統治者的姓氏而見稱。元初，還有部

〔註307〕參見雲南省歷史研究所編著：《雲南少數民族》（修訂本），雲南人民出版社1983年版，第113頁。

〔註308〕參見雲南省歷史研究所編著：《雲南少數民族》（修訂本），雲南人民出版社1983年版，第113～114頁。

〔註309〕《元史》卷125《賽典赤贍思丁列傳》，中華書局1976年版，第3069頁。

分「沙人」由廣西、廣東遷入雲南東南部，史載「世傳此輩原籍粵之西東，元初入羅（平）充實地方，年遠相沿，遂化為彝。」〔註310〕到明代時，遷入雲南羅平等地的沙人再向南遷入今文山州硯山、廣南、富寧、文山及紅河州的河口。〔註311〕天啟《滇志》卷30《羈縻志》載，「沙人，習俗多同儂人，慓勁過之。在廣西（今瀘西、師宗、彌勒、丘北等地）者屬於瓏氏，在富州（今富寧等地）者屬於李氏、沈氏。維摩（今硯山）水下地遼闊，諸酋互爭，以強力相兼併。……羅平州亦有沙人，器用木，昏喪以牛為禮。」〔註312〕又說：臨安府（駐今建水）所屬的教化三部長官司（治所在今文山市西部）「部夷曰馬喇，曰沙人，曰羅，曰儂人，曰野蒲，曰喇記。」王弄山長官司（治所在今文山市西部回龍）「所部儂人、羅羅、姆雞、濮喇、沙人、阿成，凡七種。」〔註313〕清代，沙人的分佈範圍進一步擴大，除在廣南與「儂人」共同雜居之外，其餘散居區還有廣西府、曲靖府、臨安府、開化府的一部分或大部分地方，更往西南散及元江、他郎（今墨江）、思茅等地。

其三，「土僚」，明代在一些地區稱部分壯族先民為「土僚」或「土佬」，本民族自稱「雅依」和「布雅依」，並且認為自己是「土人」或「土族」。〔註314〕因服飾方面的差異，清代的「土僚」又被稱為「黑土僚」、「白土僚」或「花土僚」。〔註315〕明末天啟《滇志》載：土僚「其屬本在蜀、黔、西粵之交，流入滇，亦處處有之，而石屏、嶍峨、路南較夥。男子首裹青帨，服白麻衣，領上綴紅布一方。婦人冠紅巾，衣花繡胸背衣。性悍戾。嶍峨者樵蘇自給。路南者

〔註310〕轉引自張聲震主編：《壯族通史》，民族出版社1997年版，第579頁。

〔註311〕參見蒼銘：《雲南邊地移民史》，民族出版社2004年版，第29頁。

〔註312〕（明）劉文徵撰，古永繼校點：《滇志》卷30《羈縻志第十二‧種人‧沙人》，雲南教育出版社1991年版，第1001頁。

〔註313〕（明）劉文徵撰，古永繼校點：《滇志》卷30《羈縻志第十二‧土司官氏‧臨安府》，雲南教育出版社1991年版，第976頁。

〔註314〕參見雲南省歷史研究所編著：《雲南少數民族》（修訂本），雲南人民出版社1983年版，第114頁。

〔註315〕（清）劉慰三撰：《滇南志略》卷4《開化府》（方國瑜主編：《雲南史料叢刊》卷13，雲南大學出版社2001年版，第232頁）載：開化府有「黑土僚，喜種水田，穿青衣褂，女上穿短衣，用五色碎布簇成四方錦於前後，與補相似，下穿青桶裙；婚喪近花土僚，送葬，女婿吹葫笙，跳舞屍前。」同書卷5《廣南府》（第284頁）載：廣南府「花土僚，服尚青藍，婦女衣花繡短褐，桶裙，婚不親迎，送者攜酒食以薦婿家祖先；自正月至二月，擊銅鼓跳舞為樂，謂之過小年。白土僚，性狡許，重農力稼，卜居近水，以便耕作；十月朔為歲首，習漢語。」

為人佃種，屋廬與僰人同。新興者居西山之麓，服食昏喪，習同白羅，以孟冬朔日為歲首。」〔註316〕此說稱「土僚」的一部分人口原居於川、黔、桂三省連接地帶的山區，明代仍保留漢晉時僚人的某些特點，此時有一部分流入雲南，並逐漸從滇桂連接地帶向滇南擴散到廣南府、開化府、廣西府和臨安府南部的一些地方，最後融入到壯族中。

其四，明代在一些地區又稱部分壯族先民為「喇記」，或寫作「喇倲」、「那機（幾）」。天啟《滇志》載臨安府所屬的教化三部長官司（治今文山西部）「部夷曰馬喇，曰沙人，曰羅，曰儂人，曰野蒲，曰喇記。」〔註317〕至清代的記錄中，「喇記」還寫作「喇倲」和「那機（幾）」。《滇南志略》載開化府「喇倲，男子寬博大帶，垂髻於後，女人以五色毛線為衣，上作井口自頭罩下，喜食百蟲。」〔註318〕民國《新編麻栗坡特別區地志資料》也記載，麻栗坡「明末清初之時，是時僅有土著人那幾、猺人於茲水土平坦之地，陸續開挖成田，耕作居住其間。」〔註319〕說明「那幾」居住在今麻栗坡的時間比較早，是當地的土著。《新編麻栗坡特別區地志資料》還記載：「那幾人，其類獨一，語言與儂人通。原我郡係其人先到，開挖為田，只知耕作而食，不知文教。清乾隆時，為儂人所逐，現本區只有數戶，其服與擺夷同。」〔註320〕這裡說其「語言與儂人通」，在「儂人」逐漸占多數的情況下，那幾人「為儂人所逐」，最後融合到「儂人」之中。

在清以前，以上的「儂人」、「沙人」、「土僚」、「喇記」等壯族先民的稱呼複雜多樣，正反映了這個民族的多元格局，其族稱、族源的脈絡是清楚連貫的，也是今雲南壯族的主體，此後在清代還有不少兩廣、貴州（黔南、黔西南）等地的壯族先民支系遷居雲南。如文山州廣南縣那灑鎮岜皓大寨壯族

〔註316〕（明）劉文徵撰，古永繼校點：《滇志》卷30《羈縻志第十二·種人·土獠》，雲南教育出版社1991年版，第1000頁。

〔註317〕（明）劉文徵撰，古永繼校點：《滇志》卷30《羈縻志第十二·土司官氏·臨安府》，雲南教育出版社1991年版，第976頁。

〔註318〕（清）劉慰三撰：《滇南志略》卷4《開化府》，方國瑜主編：《雲南史料叢刊》卷13，雲南大學出版社2001年版，第233頁。

〔註319〕陳鍾書、鄧昌麒等纂：《新編麻栗坡特別區地志資料》中卷《特別區之沿革》，鳳凰出版社編撰：《中國地方志集成·雲南府縣志輯》第58輯，鳳凰出版社2009年版，第160頁。

〔註320〕陳鍾書、鄧昌麒等纂：《新編麻栗坡特別區地志資料》中卷《民族種類·那幾人》，鳳凰出版社編撰：《中國地方志集成·雲南府縣志輯》第58輯，鳳凰出版社2009年版，第146頁。

李氏宗族，其碑刻稱太祖為李永臘，清初從廣西思恩軍民府田州上那畢下田裏村（今屬廣西百色市那畢鎮）遷來，至今已傳到第 14 代，約 350 年歷史。現全族人口達 800 餘人，其家譜輩分為：永－文－捷－占－朝－元－如－正－開－春－光－明－成－大－志－廣－發－天－常－忠－安－邦－興－仁－義－萬－事－定－國－英。〔註321〕富寧縣的「天保」、「黑衣」、「隆安」等壯族宗支也於清代自廣西遷入，其中，「天保」係明末從廣西天保（今德保）遷入東南部的半山區；「隆安」係清中葉從廣西隆安遷入剝隘、谷拉等山地；「龍音」係清嘉慶年間從廣西天等遷入谷拉九弄，少數則遷入新華、歸朝、板侖；「布雄」係清末從廣西那坡、靖西遷入板侖、郎恒、歸朝、新華、洞波、阿用等地。〔註322〕

（二）仲家（布依族）

布依族先民是中國古代「百越」人中的一支，自稱「布依」、「布饒」、「布仲」、「布雅依」、「布曼」，在元明清時期的漢文史籍上和其他民族中稱之為「仲人」、「沙人」、「仲家」、「都勻」等。他們主要聚居在今貴州黔南和黔西南地區。自元始，大多數的文獻資料都將貴州的僚人稱為「仲家」，如《元史·地理志》載：「棲求（今貴州長順縣，時屬湖廣行省）等處仲家蠻」，〔註323〕這是布依族被稱為「仲家」見諸史籍之始。此後，「仲家」在明清史乘中逐漸增多。

明代，有部分布依先民仲家陸續從貴州和廣西遷入雲南羅平州境內。據《明實錄》載，洪武二十二年（1389 年）四月，前軍都督府都督僉事何福奏：「雲南都勻苗蠻叛，率兵討之，斬首四千七百餘級，擒獲六千三百九十餘人。收剿塞洞一百五十二處，糧穀三萬一千一百石有奇。」〔註324〕「都勻蠻」是來自貴州都勻的仲家人，遷出原居住地後以其祖籍地名做族名。此載說明明代時當已有仲家人遷到雲南境內，清代的文獻可進一步證實，如《皇朝職貢

〔註321〕參見文山壯族苗族自治州民族宗教事務委員會編：《文山壯族苗族自治州民族志》，雲南民族出版社 2005 年版，第 32 頁。

〔註322〕參見林耀華等：《富寧「天保」、「黑衣」、「隆安」三族識別小結》，雲南省編輯組、《中國少數民族社會歷史調查資料叢刊》修訂編輯委員會編：《雲南少數民族社會歷史調查資料彙編》（三），民族出版社 2009 年版，第 23～24 頁；雲南省富寧縣地方志編纂委員會編：《富寧縣志》，雲南民族出版社 1997 年版，第 159 頁。

〔註323〕《元史》卷 63《地理志六》，中華書局 1976 年版，第 1556 頁。

〔註324〕（明）《太祖洪武實錄》卷 196，洪武二十二年夏四月甲子。

圖》說：「仲人，與黔省仲家苗同一族類。曲靖、昭通與黔接壤，故所屬皆有之。」〔註325〕據調查資料，從廣西方面遷入的有吳、郎、趙、儂等姓。如，羅平縣八達河區乃格寨的布依族吳氏家譜記載其遷徙路線說（布依語，用漢文譯音）：「納阿門家納（廣西之南寧）、行叭行叭（在廣西境）、八達桑米得（貴州境）、納彎俄不而（貴州境）、馬蚌羅雄（廣西境）、馬麻達歐（廣西境）、六朋大寨（羅平縣六朋）、俄納養母（貴州境）、夕比雍洞利（貴州境）、射常夕勒（貴州境）、信納（貴州）乃格（羅平縣乃格寨）。」郎氏家譜則記載說：「納阿門家納、行叭行叭、八達洛窩、窩沃格達梗（以上均在廣西境）、媽訓蚌別（今雲南師宗縣五龍公社境）、壩業洛業（今師宗高良公社境）、息休弄傣（今師宗五龍公社之弄傣村）、息休息度（貴州白雲屯）、大寨能格（乃格寨）。」〔註326〕明代還有部分南京籍漢族隨軍入滇，後進入羅平、富源屯守。民國《羅平縣志》記載：「劉將軍壘，一在城東良馬山頂，一在棋盤山頂，二壘相去里許，皆明劉將軍綎征者氏之屯兵處。」〔註327〕而後他們中的一部分因為和布依族先民長期雜處，或者是娶布依族姑娘做妻子，因而他們的子孫也就自然而然地融合到布依族中的李、劉、熊、董等姓。〔註328〕例如，羅平縣八達河區多衣寨李姓布依族傳說，老祖是南京籍應天府魯班街富貴巷滑石板柳樹灣人，至多衣寨已有三十多輩。〔註329〕今羅平縣把佐大隊者光寨的劉氏家譜記其遷徙路線說：「南京籍、應天府、柳樹灣、滑石板、陸良三叉河（雲南）、石屏臨安、（以下均為布依語，用漢文譯音）……息收不松（今羅平板橋公社境）……板不尼不而（板橋的牛布得寨）……息收補吧蘇（羅平縣魯布格）、息收息光（羅平縣者光寨）。」又如今老廠公社吉白大隊阿白吉寨和板橋公社長底大隊之熊氏家譜均記載說：「南京滑石板、柳樹灣、（以下為布依語）醒潑醒八、八布洛孃（羅平縣小疙瘩寨）龍那娃常、布烘魯地央（今

〔註325〕（清）乾隆朝官編繪：《皇清職貢圖》卷7《曲靖等府仲人》，徐麗華主編《中國少數民族古籍集成》第1冊，四川民族出版社2002年。

〔註326〕參見雲南省歷史研究所編著：《雲南少數民族》（修訂本），雲南人民出版社1983年版，第567頁。

〔註327〕朱緯修：民國《羅平縣志》（一）卷2《建置志·名勝》，鳳凰出版社編撰：《中國地方志集成·雲南府縣志輯》第19輯，鳳凰出版社2009年版，第609頁。

〔註328〕參見《布依族簡史》編寫組、《布依族簡史》修訂本編寫組編寫：《布依族簡史》，民族出版社2008年版，第10頁。

〔註329〕參見顏思久調查整理：《羅平縣八達河區多衣寨布依族社會調查》，雲南省編輯組、《中國少數民族社會歷史調查資料叢刊》修訂編輯委員會編：《雲南少數民族社會歷史調查資料彙編》（一），民族出版社2009年版，第28頁。

羅平縣把洪之龍洞）、山收屋龍（阿白吉寨）。」〔註330〕這些布依族的家譜或祖先傳說把其「祖籍南京」說得極其具體、生動，但都不能成為他們的祖籍為南京的有效證據。此類說法雖不排除確有部分漢族布依族化，但明時的雲南更多的應為布依族向漢族化方向的演變。

清代也有布依族先民入遷雲南。如文山州境內的布依族據說最早是清乾隆五十九年(1794年)，從貴州都勻府麻哈州天堂寨遷入馬關木廠鎮楊茂松村，現有羅、王、楊三姓。〔註331〕清代大部分布依族先民遷徙雲南與嘉慶貴州布依族起義有關。據說，乾隆末嘉慶初年間，貴州連續三年大旱，人民衣食無著，加上封建土官、地主的階級壓迫剝削，民不聊生，因此，嘉慶二年（1797年），貴州南籠府城南鄉洞灑寨（今安龍縣麼塘鄉）王阿崇（囊仙，女）和韋朝元（又名韋阿信）領導布依族農民發動起義，又稱布依族「南籠起義」，起義最終遭到鎮壓。清廷認為：「仲苗自滋事以來，人數最多，誅之不可勝誅。其餘附從各苗寨，如有反側難信之人，亦應分別發往黑龍江及回疆地方安插，不可留於本處。若實係投誠可信，即當加之撫輯，以靖苗疆。」〔註332〕因此，部分仲家人為躲避統治者的血腥屠殺，不得不背井離鄉，往外逃亡到雲南。嘉慶二年（1797年）五月，江蘭奏：「仲苗竄至滇省之補董、灑馬邑等處，經官兵堵剿，殲戮仙達賀金崙一名，擒獲仙姑一名，審明正法。」〔註333〕民國《馬關縣志》亦載：「其種來自黔省都勻府，故又稱為都勻人。」〔註334〕當時到馬關的仲家人，看到這地方好，回去就一戶邀約一戶，由貴州的都勻、平越兩地遷移到雲南開化府安平廳逢春里（今馬關）等地居住至今。〔註335〕後來，由於人口繁衍，當地耕地不足，部分仲家又逐步遷到河口縣橋頭一帶。據橋頭鄉老蘇害羅氏家譜載，大清乾隆五十九年（1794年）由貴州省麻哈州

〔註330〕參見雲南省歷史研究所編著：《雲南少數民族》（修訂本），雲南人民出版社1983年版，第567頁。

〔註331〕參見文山壯族苗族自治州民族宗教事務委員會編：《文山壯族苗族自治州民族志》，雲南民族出版社2005年版，第182頁。

〔註332〕（清）《仁宗實錄》卷22，嘉慶二年九月戊子。

〔註333〕（清）《仁宗實錄》卷17，嘉慶二年五月辛丑。

〔註334〕張自明修，王富臣等纂：民國《馬關縣志》卷2《風俗志·夷俗瑣記·民家》，鳳凰出版社編撰：《中國地方志集成·雲南府縣志輯》第45輯，鳳凰出版社2009年版，第226頁。

〔註335〕參見藍志昌：《馬關布依族史錄》，貴州省布依學會、黔南布依族苗族自治州民委編：《布依學研究》（之二），貴州民族出版社1991年版，第397～405頁。

白秧坪（今貴州都勻市迎恩區沙堡鎮龍江村）遷來；老董上寨羅氏家譜也載：清嘉慶三年（1798 年）由貴州平越地區天塘寨（今福泉縣）遷來；王榮壽家譜亦載：嘉慶十二年（1807 年）由貴州麻哈州樂平保子寨遷來。〔註 336〕

（三）水戶（今水族）

水族亦出自古代的百越，與「仲家」、「沙人」關係密切，是中國南方由古代「百越」族群中「駱越」的一支發展而成的單一民族。〔註 337〕宋代以來，水族先民的主要居住區域即在今黔南三都、荔波至廣西大、小環江流域一帶。元、明、清時期亦基本如此，〔註 338〕分布在雲南的水族先民人口僅是其中一部分。雲南水族自稱為「雖」，含有「蓙子」或「疏通理順」之意。近現代因水族多居於溪流河畔，生活習俗多與水有關，自然崇拜和民間傳說也多與水相聯，漢語則以「雖」與「水」讀音相近而訛為含有「住在水邊的人」之意。又因居住苗嶺，與苗、侗、漢等族相雜居，在漢文記載中又有「水家苗」、「水家」之稱。在地方文獻中則往往與布依族相混，亦稱其為「仲夷」、「仲家」，在黃泥河流域自稱「水家」、「水戶」或「老戶」（可見其遷徙定居於此時間較早），當地各族均稱其為「水族」。〔註 339〕

雲南水族，現流傳於水族中的古老傳說，認為他們是從貴州三都一帶西遷而到雲南，並在今滇黔交界的黃泥河流域定居下來。康熙《平彝縣志》記載，現今住在富源縣黃泥河流域古敢鄉一帶的「仲夷」（當時對水族的他稱），「習俗儉約，男女皆事犁鋤。服短衣長裙，構樓而居。好食大鼠。病不服藥，惟務祭鬼。相傳為宋時因罪投荒者，祀祖猶類華俗，多姓王」。〔註 340〕雲南方志勾勒了水族的生產生活習俗，可看出其與貴州三都水族的習俗極為相似，並對其來歷作了說明，然遷徙的路線、原因、乃至時間尚有諸多存疑之處，但總的表明了水族先民至遲是宋代入滇的。

〔註 336〕參見雲南省河口瑤族自治縣地方志編纂委員會編：《河口瑤族自治縣志》，生活・讀書・新知三聯書店 1994 年版，第 120 頁。

〔註 337〕參見《水族簡史》編寫組、《水族簡史》修訂本編寫組：《水族簡史》，民族出版社 2008 年版，第 5 頁。

〔註 338〕參見尤中：《中國西南民族史》，雲南人民出版社 1985 年版，第 668 頁。

〔註 339〕參見郭淨、段玉明、楊福泉主編：《雲南少數民族概覽》，雲南人民出版社 1999年版，第 810 頁。

〔註 340〕（清）任中宜纂輯：康熙《平彝縣志》卷 3《地理志・風俗・種人附・狆彝》，鳳凰出版社編撰：《中國地方志集成・雲南府縣志輯》第 10 輯，鳳凰出版社 2009 年版，第 337 頁。

　　在水族傳說中，大都說成係由湖南、貴州、四川、廣西等地遷來，有說是三國時受諸葛亮封官而來，有說是明代屯田而來，也有說是清代才由貴州、廣西等地遷入。如富源縣古敢鄉郎姓據說是明朝後期從貴州東部逐漸遷入的，岑姓是由廣西遷來的，查姓是由湖南遷入貴州再遷至富源的，甚至有的說祖籍在南京柳樹灣、北京衛朱四巷，等等。據調查，郎、張、查等姓都有家譜可考。如張姓家譜記載：「追思遠祖，籍貫西蜀清寧，隨諸葛渡瀘水。」富源縣熱水老寨有一查氏石碑記載：「自明朝登位，吾之啟祖乃係南京應天府人氏……行萬里雲南曲靖□名府，自衛洪武設立改衛，設於平彝縣……位於安邊得村，□□萬，保邊界之地，深山密箐無人開□，糧草無著，吾之啟祖當官顯示執照，開□砍箐、挖溝，是祖開墾成田耕種，於為古業，留子孫傳千秋……」另一清朝乾隆年間郎氏石碑也記載：「自明朝吾之啟祖乃係天貿易生行萬里，雲南改衛，往居得村營……」另在古敢村有一黃氏孺人墓碑記載：「母孺人貫係普安州屬魯土縣卡路人氏，於康熙癸酉年丁巳三月己卯日癸酉時生，適張公世仁遷滇屬畢東村，助夫成家，男四女四，孫支藩衍，福壽安康。天限於乾隆四十五年十月初四戌時終，享年八十八業，卜葬於古敢登白虎山下。」〔註341〕這些自認為祖籍是南京的水戶，部分可能是明代實行衛所制遷入羅平、富源一帶的中原漢族軍民，因長期與水族先民雜居交流，不少人與當地水戶通婚，最後融合成為水族先民中的一部分。如上文所言，這種「祖籍南京」的說法當只有少部分是漢族當地民族化，更多的則為當地民族漢族化的結果。因此，雲南的水族來源，大部分是從鄰近的貴州等地遷來，少量則為內地移遷漢人融入而形成。

〔註341〕雲南省地方志編纂委員會總纂：《雲南省志》卷61《民族志》，雲南人民出版社2002年版，第732頁。

第三章 元明清時期入遷雲南的外來少數民族移民與漢族移民的比較

第一節 少數民族移民的動因、類型和特點

一、動因

　　在西方，遷移理論研究學者認為，由於人類有史以來一直在不斷進行遷移流動，因而具有遷移傾向是人類的顯著特徵之一。那麼，移民的動因是什麼？有一種理論叫「推力——拉力理論」（push-pull theory），它被廣泛認知和接受來加以解釋移民的動因，主要由於它將遷移過程高度概括為遷出地（原住地）和遷入地（目的地）兩極，並歸因於前者的推力與後者的拉力的共同作用，使複雜的過程高度簡化。具體來說，「推力一般是指遷出地存在某些不利因素，迫使人們離家出走，其中包括政治因素、經濟因素、自然災害以及其他特殊的因素，具體原因是經濟蕭條、失業嚴重、糧食缺乏、人口過剩、天災人禍、生態環境惡化、外族入侵、內戰爆發、政治迫害、種族歧視、宗教矛盾等等。」「拉力主要表現在有較多的謀生機會和發展機會。即遷入地或是可以提供免費或廉價的土地；或是可以有較多的勞動就業的機會，如開礦、淘金、修建鐵路、種植業等；或是需要勞工的當局提出某些招徠、優待外來移民的政策；先行到達的移民傳回有利的信息……；可以獲得某些方面的自

由（如免受宗教迫害等）；此外，某些團體或個人的誘騙也曾經成為一種拉力。」
〔註1〕應當指出，任何一個遷移行為都可能有幾個推力和拉力因素在起作用並
相互影響，所以在具體的實證研究中，推力——拉力模式雖然被廣泛運用，
但總是結合其他理論模式進行分析。而造成歷史時期外來少數民族移民雲南
的原因是複雜多樣的，因此，本文將以「推力——拉力理論」作為指導，具
體問題具體分析。從歷史文獻記載、考古材料和調查資料等顯示的相關信息
可以看出，這其中既有氣候環境的變遷、遷出地人口的增加等客觀原因，也
有政治、軍事、經濟、親緣關係等主觀原因；有的遷移是單方面的原因，有
的遷移則是多種原因綜合導致。當然，一部分遷移原因依據目前的材料尚不
能確定，有待今後進一步探討。具體來說，大致可以歸結為以下幾點：

（一）氣候環境的惡化

A・霍利（A.Hawley）在《生態學：人類生態學》（1968）中說：「人類生
態學的一個基本教義就是說：一個人口會通過生命過程（變動出生率和死亡
率）以及通過遷移再分布自身，以求得人口規模和生存機會之間的平衡。」
這個遷移生態學理論認為人類早期的遷移行為大多是生態方面的，並指出那
時的個人動機和價值觀還沒有得到發揚，他們的遷移大多表現為人類作為一
個群體對自然環境變化（如災害、饑荒、氣候）的反映。〔註2〕也就是說，氣
候與環境的惡化，是導致歷史時期尤其是遠古時期很多民族群體遷移的主要
原因。在早期，由於生產力不發達，人類抵禦自然災害的能力十分有限，故
氣候環境的變化往往對人類的生產生活產生重要的影響，尋找更適合人類生
存居住的地方，就直接導致了人類的遷移。「災害所導致的民族遷徙，越是遠
古的年代，越為頻繁……災害發生後，人們只能通過遷離故地來躲避災害。」
〔註3〕竺可楨先生研究指出，公元前3000至1100年的「仰韶和殷墟時代是中
國的溫和氣候時代」，但其後距今3000年前的西周初期，中國氣溫迅速變冷。
〔註4〕這次降溫對甘青地區的影響頗為巨大，導致了當地環境的惡化，動搖了

〔註1〕陳孔立：《有關移民與移民社會的理論問題》，《廈門大學學報》（哲社版）2000
　　　年第2期。
〔註2〕參見李競能編著：《現代西方人口理論》，復旦大學出版社2004年版，第146
　　　頁。
〔註3〕蒼銘：《雲南民族遷徙文化研究》，雲南民族出版社1997年版，第126頁。
〔註4〕參見竺可楨：《中國近五千年來氣候變遷的初步研究》，《考古學報》1972年第
　　　1期。

當地新石器時代繁榮的農耕生業的基礎，迫使這些民族為了生存而不斷尋找新的生存空間。從地理位置來看，西南山地西承青藏高原，東接四川盆地，南抵雲貴高原，整個區域平均海拔在二三千米，並呈西北高、東南低的態勢。高山峽谷與大江大河組成的複雜地形引起顯著的垂直氣候變化，而這種自然環境和氣候較之西北甘青地區具有明顯的優越性：既可行牧業，又可行農業，還有充足的漁獵做補充。因此，在氣候環境惡化的前提下，大量西北民族遷徙至滇西北等地區。古越族活動的寧紹平原，在距今約 1.2 萬年以後海平面不斷上升，到至今約 7000～6000 年達到最高峰，東南海域不斷內伸，致使今天的杭嘉湖平原西部和寧紹平原的南部、錢塘江以南、會稽山及四明山的山麓沖積扇以北的地方都成為一片淺海。〔註5〕隨著自然環境不斷惡化，迫使原來生活在寧紹平原上的古越族群不得不離開故土，向其他地方遷徙，雲南就是其遷移的目的地之一。竺可楨先生還指出，在方志時期（公元 1400～1900 年）的這五百年間，「我國最寒冷期間是在十七世紀，特別以公元 1650～1700 年為最冷」；在這一期間，「共十四個嚴寒冬天」，而此時受西伯利亞或蒙古的特別嚴冷寒流之故，廣東、廣西出現大幅降雪，氣候的變化相應地導致出現了天氣災害。〔註6〕也就在此時（明末清初），仍處於游牧狩獵經濟生活中的部分川西的西番，受當地自然環境惡劣等影響逐漸南下遷入雲南地區，而來自南方的民族如苗、瑤等族因氣候環境原因入遷雲南的就更普遍了。

（二）人口的增加

人口膨脹是造成歷史時期民族遷徙的主要原因之一。中國在先秦時期已經進入農業社會，農業逐漸成為最主要的經濟生產方式，也是當時人類主要的生活來源。這可以從新石器時代遺址中發現的大量石製生產工具、儲存糧食的窖穴、精美的酒器以及許多炭化農作物種子顆粒等方面得到證實。如甘肅東鄉林家遺址（屬馬家窯文化類型）出土了大量的稷，其杆、穗、糜粒、朽灰堆積層厚 0.5 米，窖穴底徑 2.45 米，以現堆積層計算，保存量約為 2 立方米。同一遺址還發現若干專門用於儲存穀物的窖穴，〔註7〕可知當地已進入

〔註5〕參見馬雪芹：《古越國興衰變遷研究》，齊魯書社 2008 年版，第 52 頁。

〔註6〕參見竺可楨：《中國近五千年來氣候變遷的初步研究》，《考古學報》1972 年第 1 期。

〔註7〕參見張多勇、李云：《從考古發現看馬家窯人的生產活動》，《農業考古》2012 年第 6 期。

人工種植糧食作物的階段。但由於先秦時期農業生產具有許多原始性，因而其生產的農產品是十分有限的。隨著定居農業人口的逐漸增多，當地的農產品必然不能滿足所需，人們須向外擴張地域或遷徙，以開闢新的發展空間。據研究，馬家窯文化的人們共同體以農業生產為主，過著定居的農耕生活。〔註8〕定居和農業更容易促成人口的增加，因此，人口的增加可能是造成馬家窯文化向川西北地區以及滇西地區傳播的一個主要原因。另外，從人口密度來看，西南山地地域廣袤，但人口相對稀少，在更依賴自然環境的先秦時期，對文化傳播，尤其是人群的遷徙具有非常有利的社會環境。此後，從事游牧的氐羌系民族和刀耕火種的苗瑤民族也多因人口增加而入遷雲南。斯科特在研究這些山地民族的遷移動機時，就認為他們從國家空間逃離即因國家空間過於「擁擠」。〔註9〕據《史記‧西南夷列傳》載，氐羌系民族「皆編髮，隨畜遷徙，毋常處……」〔註10〕進入元明時期以後，由於人口的增殖，他們繼續遷徙以不斷找到無人居住或人煙稀少的山地為前提。如明初四川鹽源一帶的西番人「控」氏族和「資」氏族二家聯姻認親不久，人口有了新的發展，但所居地土地狹窄，不夠開種，又有官府苛重剝削，於是他們一起入遷雲南。屏邊的苗族傳說，因貴州山地開完，人口又多，土地不夠開墾，只有逃到雲南來。〔註11〕屏邊瑤山的瑤族，祖籍廣西，傳說清乾隆時期（一說道光四年），由於人口繁衍，沒有土地進行刀耕火種，聽說雲南紅河山陡箐深，便集體遷入雲南。〔註12〕

（三）親緣關係的影響

「親緣民族」，是指一些具有共同族源關係的民族群體，他們因遷徙或國

〔註8〕 參見翁獨健主編：《中國民族關係史綱要》，中國社會科學出版社2001年版，第10頁。

〔註9〕 James C. Scott, The Art of Not Being Governed: An Anarchist History of Upland Southeast Asia, Yale University Press, 2009, p.158.

〔註10〕《史記》卷116《西南夷列傳》，中華書局1959年版，第2991頁。

〔註11〕 參見雷廣正等整理：《屏邊苗族社會歷史調查》，《民族問題五種叢書》云南省編輯委員會、《中國少數民族社會歷史調查資料叢刊》修訂編輯委員會編：《雲南苗族瑤族社會歷史調查》，民族出版社2009年版，第36頁。

〔註12〕 參見黃惠焜整理：《屏邊瑤山瑤族自治區社會歷史調查》，《民族問題五種叢書》云南省編輯委員會、《中國少數民族社會歷史調查資料叢刊》修訂編輯委員會編：《雲南苗族瑤族社會歷史調查》，民族出版社2009年版，第95～96頁。

界變動等原因，逐漸向不同的方向發展，但仍有相同的語言或風俗習慣，有同一民族的認同感。「在遷入地，宗族的因素卻會起很大的作用，成為吸引外來同族人口就此定居的重要原因，完全是一種拉力。又如同鄉對遷出地的土著人口來說，不會產生什麼影響；但當遷移人口到達異鄉時，當地有無同鄉、同鄉的數量、同鄉所處的地位、同鄉的態度等往往成為促使他們最終定居的決定因素。同宗、同鄉在遷入地的定居和發展、生活條件的改善、事業的成功、社會地位的提高，都是對還留在原居住地的本族、本鄉人口的一種強大的拉力。」〔註 13〕上文第一章中論及的百越民族向雲南地區的遷徙活動，當與此有密切關係。元明清時期，因「親緣關係的影響」入遷雲南的例子比較多，但源自北方的民族一般沒有此種情況，而以南方民族中普遍存在，大概就是因為那裡原先已有同族人居住的緣故，如雲南自古有百越先民居住，因而元明清時期持續入遷的百越後裔多因有同族人的緣故而入遷雲南。這種移民現象經常呈現為一種「踩路效應」，「即一般來說，年富力強、爭強好勝的青壯年男性往往具有冒險精神，具有較強的移民衝動，而這些人移民到新遷入空間立穩腳跟、踩出了一條移民之路後，就會對後面的人在心理上產生誘發因素。」〔註 14〕苗瑤民族的自發入遷雲南，多因獵人等狩獵進入雲南，發現當地地多人少、土地肥沃等情況後，回鄉呼朋喚友入遷。

（四）政治原因

政治需要也是人口流動和族群遷徙的原因之一。對於政治鬥爭中的失利者或失敗者，除了部分人物被殺死外，相當多的失敗者甚至其所屬的族群往往被流放到異地，直接導致一些人口的被迫流動和遷徙。從文獻記載可以看出，因政治需要而進行的移民入遷活動主要有：對異族鎮壓後的遷徙，如黃帝戰敗蚩尤之後，對其遺族進行分散遷徙；政治鬥爭中的勝利者為維護既得利益和政治穩定而進行的調動委派，如元代的蒙古「諸王」、明代的沐氏家族，因「仕宦任職」入遷雲南的蒙古、回回、契丹等官員將領等；還有統治階級的民族壓迫政策導致苗瑤等族入遷雲南，被迫參與屯田政策的蒙古、回回、契丹、畏兀兒等軍士，因罪被謫遷流放雲南的蒙古、回回人等。需要特別注意的是，1253 年，忽必烈率領蒙古大軍遠征大理，在平定雲南建立行省後，

〔註 13〕葛劍雄主編：《中國移民史》（第 1 卷），福建人民出版社 1997 年版，第 31 頁。
〔註 14〕張世明、龔勝泉：《另類社會空間：中國邊疆移民社會主要特殊性透視（1644～1949）》，《中國邊疆史地研究》2006 年第 1 期。

雲南自此納入統一多民族國家的大家庭中,也就是從此後,雲南「比於內地」。因而,從統一多民族國家形成和發展的視角來看,元明清時期各外來少數民族移民入遷雲南的根本動因,在於統一多民族國家戰略的需要;也就是說,出於統治民族為建立政權、鞏固政權及國家統一的需要,蒙古人、回回、契丹、西番、滿洲等各民族群體才會入遷雲南。這也就解釋了,為何地處中國西南邊疆的雲南,會有源自中國北方的阿爾泰等語系民族的存在及一代代的生息發展。

（五）軍事原因

戰爭是人類社會普遍存在的生存法則之一。不同氏族、部落和部落集團的民族群體,為了爭奪土地、水源、人口和其他資源,相互之間發生武力衝突。戰爭是殘酷的,往往伴隨著大規模的掠奪和屠殺行為,從而引起大量人口的遷徙,其中一部分弱勢族群因懼怕戰爭的摧殘而選擇遠離爭鬥的第一線,如前文述及的西北羌人「畏秦之威」而選擇南遷,以及楚國「始開濮地」致使大量濮人向西南等地區遷徙,都屬於這種情況。同時,為了發展經濟,控制和開拓疆土,遷本國民眾填補邊疆,這都直接導致人口的大規模外遷,如楚國「莊蹻王滇」就屬於這種原因的遷徙。軍事戰爭的失敗者,多選擇外遷,如上一章中的苗族在「雍乾」、「乾嘉」、「咸同」三次苗民起義失敗後大量入遷雲南。此外,因各類婚姻引起的人口遷移原因主要也與軍事目的有關,在這種情況中,有的是為取人之國,如越國把西施等一批美女送給吳王,致使夫差迷戀女色,荒廢國政,越國乘虛而入,終於達到了滅吳的目的。明代麗江木氏土司在擴張勢力的過程中也積極運用聯姻手段,結交軍事同盟,以遏制和打擊對方,結果導致部分西番人進入雲南蘭坪東北部山區。

（六）經濟原因

因經濟原因入遷雲南的情況在各民族中比較普遍。元明清時期,雲南與內地政治統一,交流密切,是雲南生產力大發展的時期,經濟有了很大的發展,商業與城市經濟開始繁榮,專業的商人奔走於各地追逐利潤。隨著生產力的發展,個體農民、私人手工業者、自由商人在社會上形成重要力量,地主階級逐漸走上歷史舞臺,開始爭奪政治上的權力,為封建經濟及政治制度改革奠定了基礎。這些變化都為人口的遷徙流動奠定了基礎。此時期,以善於經商著名的回回入滇的大有人在並遍及省內各地。更多的則是因生計的需

求入遷雲南，如《清實錄》載：「前據嵩溥奏：黔省苗寨，客民漸多，久經占籍，勢難概行驅逐，苗人生計日蹙，恐致滋生事端。」〔註15〕貴州苗民的土地被客民漢族地主的土地兼併，為了生計，大批的苗民不得不舉家遷徙，尋找新的生存空間，一部分苗人就是在這一時期遷入雲南的。另一個實行刀耕火種的瑤人，「箐伐盡則他徙」，〔註16〕山頭燒種幾年後，就得另尋一個山地進行耕種，部分就這樣入遷雲南。此外，這些苗瑤民族的人們由於缺少土地被迫進入雲南的山谷地帶，原因除了壩區肥沃土地被先到民族佔領外，「也是因為在那裡播種新作物如玉米和甜薯可獲高產而被吸引」。〔註17〕

對於源自雲南鄰近省份貴州、廣西等地的苗瑤民族及壯侗語族民族的入遷，還可用西方人口遷移理論來加以解釋，「距離模型」理論把距離看成遷移流動的障礙，並且認為在兩地間的遷移概率隨距離增加而減少。如果是從經濟動機出發來解釋，則遷移成本隨遷移距離的增加而增加，並且山、水等環境的障礙也會增加人口遷移的成本。〔註18〕因而，貴州、廣西的這些民族入遷到距離較近的雲南，還因鄰近的雲南的環境與其故地相似，較易建立新的生產、生活及社會關係。

二、類型和特點

民族的移民是人類社會普遍存在的社會現象。其移民類型與移民動因有密切的聯繫，學術界關於移民類型的探討一般都與移民動因結合在一起論述。許多學者從移民的流向、規模、距離、方式等不同的角度作出不同的劃分，如國內移民、海外移民、省內移民、省際移民，個別移民、集體移民、大規模移民，合法移民、非法移民等等。《中國移民史》根據移民的基本性質，把移民的類型分為生存型和發展型兩種。〔註19〕該書還將中國三千多年的移民

〔註15〕（清）《宣宗實錄》卷101，道光六年七月癸卯。

〔註16〕張自明修，王富臣等纂：民國《馬關縣志》卷2《風俗志·夷俗瑣記·猺人》，鳳凰出版社編撰：《中國地方志集成·雲南府縣志輯》第45輯，鳳凰出版社2009年版，第222頁。

〔註17〕〔美〕李中清：《一二五〇年──一八五〇年西南移民史》，《社會科學戰線》1983年第1期。

〔註18〕參見李競能編著：《現代西方人口理論》，復旦大學出版社2004年版，第141頁。

〔註19〕參見葛劍雄等：《中國移民史》（第1卷），福建人民出版社1997年版，第48頁。

史按照移民的性質、民族、遷移方向、遷移方式、遷出地和遷入地、遷移時間等幾方面歸納為五種主要類型：1.自北而南的生存型移民；2.以行政或軍事手段推行的強制性移民，按遷移的目的和方式又分為政治性或控制性的、掠奪性的、懲罰性的、民族性的、軍事性的等五種；3.從平原到山區、從內地到邊疆的開發性移民；4.北方牧業民族或非華夏族的內徙與西遷；5.東南沿海地區對海外的移民。〔註20〕上述分類方法，似乎又分出了「生存型移民」、「發展型移民」和「強制性移民」三種類型。其一，生存型移民。這類移民是為了維持自身的生存而不得不向其他地區遷移定居的移民行為，其目的在於生存，遷移的動因在於原居地的推力，如自然災害、戰爭動亂、人口壓力、土地矛盾等等，歷史上這類移民占移民的絕大多數。其二，發展型移民。這類移民的目的是為提高物質生活或精神生活的水平，其主要原因是遷入地區的拉力或吸引力。因此，這類移民其實可說是一種深層次的生存型移民，中國移民史上這類移民在數量上只占絕少數，但方式卻相當多，主要包括商旅、仕宦、遊學等移民行為。其三，強制性移民。這是用政府的行政或軍事手段推行的移民類型，又可稱為政治型移民。這種類型的移民在中國歷史上也較為常見，其方式也多種多樣，如隨軍鎮戍、軍屯、民屯、掠奪、貶謫等等。〔註21〕

　　前文已論及外來少數民族移民雲南，既有政治、戰爭等因素，也有經濟、環境等方面的誘因，因而儘管學術界有多種多樣的移民分類，但從入遷雲南的少數民族移民來看，幾乎所有的類型均有，並有自己的時代特徵。遠古時期，來自中國西北與東南沿海地區的民族因氣候環境的惡化、人口增長出現的人地矛盾突出、「畏秦之威」以及楚國「始開濮地」等遠遷雲南；元以前，氐羌系民族、百越系民族、濮系民族以及蜀人的南遷；元明清時期，苗瑤民族、壯侗語族民族以及部分西番人也入遷雲南。他們入遷雲南的動因在於原居地的推力，如自然災害、戰爭動亂、人口壓力、人地矛盾等，屬於典型的生存型移民。各不同朝代因仕宦任職、商旅、遊學等移民雲南的行為，遷移動因在於移民地區的吸引力，則屬於發展型移民。包括元以前的楚人入滇，以及元明清各代「鎮王」的隨從、官員，鎮戍軍隊，軍民屯田，貶謫官員等，

〔註20〕參見葛劍雄等：《中國移民史》（第1卷），福建人民出版社1997年版，第54～74頁。

〔註21〕參見葛劍雄等：《中國移民史》（第1卷），福建人民出版社1997年版，第49～50、60～64頁。

都屬於政治型移民。

　　從移民規模來看，政治型移民因屬政府的強制手段推行，其政策性較強，規模一般比較大，但持續時間不長，移民進入雲南的時間也主要以平定雲南的初期為主，其特色主要在於各代因鎮戍、屯田以及貶謫等進入大量來自北方的蒙古、回回、契丹、滿洲、西番等族的軍士及官員。在發展型移民中，商旅、仕宦任職、遊學等移民行為雖然一直存在於元明清時期，這類移民並沒有太大規模，也沒有太明顯的特色，但由於其社會地位較高，對雲南的發展影響較大，所以這類移民更不容忽視。生存型移民，雖然這類移民具體遷徙的規模不大，史志書中也難覓尋蹤，有的大多只是零星記錄，更多的是現今民族學調查資料進行的追溯，但這類移民遷徙時間持久，遍布南北方民族之中，而以源自南方的苗瑤民族以及壯侗語族為主。因此，這些移民的特點一般來說，是以定居為最終目的且是從外地遷來的人口。他們都有從外來者轉變為本地人的歷史過程，也就是有自我認同的過程。〔註22〕

　　從以上所論來看，外來少數民族入遷雲南的多民族性，使他們的具體遷徙情形差異較大。如苗瑤回民族因其所居地的自然條件相對惡劣，極易發生災荒，又加上他們的「遊耕」特性，以及「回人善營利」，較重視經商，從而造成這些民族人口的遷徙性較大。反觀壯侗語族民族，由於他們所處區域社會相對安定，人地關係也較為寬鬆，所以其人口的遷徙性比苗瑤民族和回回要小許多。而且雲南的這些移民總體呈現出多方位、多層面的特點。根據遷徙流向「近鄰優先」的原則，源自南方的少數民族因地緣關係或親緣關係的密切，他們的遷徙流動異常頻繁，一般難以用數量來衡量他們的規模，其造成的影響也是逐漸推進的。而北方民族大多因政治型入遷雲南，他們的入遷規模可以具體衡量，產生的影響一般也比南方民族的較大、較激烈。

第二節　漢族移民

一、移民過程

　　元代以前入遷雲南的漢族人口，由於與原住民族相比數量較少，在與他族錯雜而居、共同生產生活的過程中大多已「變服從其俗」而與原住民族融

〔註22〕參見陳孔立：《有關移民與移民社會的理論問題》，《廈門大學學報》（哲社版）
　　　　2000 年第 2 期。

合在了一起。及至元明清時期,大批漢族遷居雲南,由於遷移來的人口比較多,容易保持漢族的整體特徵,並且在融合了其他族的部分人口後,逐漸發展成為雲南境內人口最多的一個民族。「大體而言,作為移民的方式和途徑,元代主要為軍事鎮戍,明代有軍事留戍、行政安置(包括仕宦任職、官府移民、謫遷流放等),清代則以軍事戍守和自然流徙為主;其來源,有軍士、官員,有平民、商旅、貶謫之人等。」〔註23〕

古永繼教授研究指出:「歷代對西南邊疆地區的開拓治理,可說是軍事、政治、移民三步曲——首先以軍事手段進行征服控制,隨後建立相關行政機構,繼而安置各類移民以鞏固其基礎。」〔註24〕因此,蒙古大軍平定雲南後,積極經營雲南,在雲南建立行省、實行土官制度、派駐軍隊、修築驛道,還在雲南發展農業、興修水利工程、建立學校、提倡儒學等。這樣,雲南與內地之間的人口、政治、經濟、文化等交流逐漸密切,漢族也有規模地進入雲南並定居下來。

元代進入雲南的漢族移民,首要是鎮戍軍隊。由於雲南地理位置特殊,既是蒙古汗國時期攻宋的基地,也是元時中國西南與東南亞各地聯繫的前沿,成為元朝重點鎮戍的地區。《元史·兵志》載:「元初以武功定天下,四方鎮戍之兵亦重矣。」因此,世祖忽必烈在完成「海宇混一」大業之後,又「命宗王將兵鎮邊徼襟喉之地」,所遣的鎮戍軍,有「蒙古」、「探馬赤軍」(諸部族及色目軍)、「漢軍」(北方漢民軍或北人)及「新附」(新歸附南宋軍或南人)等軍。〔註25〕鎮戍雲南的軍隊「蒙古」、「探馬赤軍」、「漢軍」及「新附」等軍俱有。據史載,至元二十一年(1284年)十月,「增兵鎮守金齒國(永昌,今保山),以其地民戶剛狠,舊嘗以漢軍、新附軍三千人戍守,今再調探馬赤、蒙古軍二千人,令藥剌海率赴之。」〔註26〕由此可見,鎮戍雲南的軍隊以漢族軍隊為主,只有在鎮戍地方「民戶剛狠」時,才派遣戰鬥力更強的「探馬赤、蒙古軍」。為保證鎮戍軍的糧餉供應,至元十二年(1275年)始,世祖下令在雲南行省的中慶等路「拘刷漏籍人戶」,實行軍、民屯田。屯軍主要是「蒙古」、「探馬赤軍」以及其他色目軍隊承擔,「漢軍」及「新附」等漢族軍隊也

〔註23〕古永繼:《元明清時期雲南的外地移民》,《民族研究》2003年第2期。
〔註24〕古永繼:《秦漢時西南地區外來移民的遷徙特點及在邊疆開發中的作用》,《雲南民族大學學報》(哲社版)2006年第3期。
〔註25〕《元史》卷99《兵志二》,中華書局1976年版,第2538頁。
〔註26〕《元史》卷99《兵志二》,中華書局1976年版,第2543頁。

有不少。這些參與屯墾、鎮戍的漢人軍隊中，當有不少人就地安家，落籍雲南成為移民。

除軍隊外，元代還有一些漢族因仕宦、謫遷、商旅、工藝等進入雲南並定居本地。元代入遷雲南的漢族人口雖然不會很多，但由於這些人多以統治階層的身份進入，並由於全國政治上的大一統，雲南和內地之間保持了密切的關係，因而漢族移民大多保持了自己的民族特徵而成為了雲南土著居民的一部分，所以明前期景泰《雲南圖經志書》在談到元末明初的雲南時說：「雲南土著之民不獨僰人（白族）而已，有曰白羅羅（彝族）、曰達達（蒙古族）、曰色目（主要為回族），及四方之為商賈、軍旅移徙曰漢人者雜處焉。」〔註27〕

明代以前，雲南境內的漢族大部分融合於少數民族之中。〔註28〕現在雲南省的漢族，大多是明清以後遷入的。明初平定雲南後，朱元璋為鞏固在雲南的統治採取了一系列措施，如：遣親信沐英率重兵以守之，通過各地的衛所嚴格控制，設置嚴密的行政統治機構「三司」，全面推行土司制度，大力推廣儒學，發展交通、農業等等；其中最重要最有效的措施就是大量移民，對滇中、滇東和滇西的部分地區實行移民與軍事鎮戍相結合的政策，內地大量的漢族人口通過從軍、仕宦、商旅等形式進入到雲南地區，從而興起雲南歷史上最大規模的內地漢族移民入遷的運動，導致了明代雲南民族構成和社會經濟的巨變。明代入遷雲南漢族移民的途徑來說，主要有以下幾種：〔註29〕

軍士留戍。明初定制：「從征者，諸將所部兵，既定其地，因以留戍。」〔註30〕因此，在雲南基本平定後，除留一部分軍隊「控制要害」外，明王朝還在雲南設置衛所屯田制度，屯田的軍士「皆僉妻」，即軍士屯戍妻室必須同行，「這就避免了屯墾戍邊的士卒與土著『夷人』的普遍通婚」，「保證邊疆地區『以夏變夷』的發展方向」。〔註31〕有學者估算，明代進入雲南的衛所軍事移民第一代人口，有可能達到80餘萬。（詳見第二章）

行政安置與自發流移。明代實行「移民就寬鄉」政策，〔註32〕但雲南並

〔註27〕（明）陳文修，李春龍、劉景毛校注：景泰《雲南圖經志書校注》卷1《雲南府・事要・風俗》，雲南民族出版社2002年版，第4頁。

〔註28〕馬曜主編：《雲南簡史》（新增訂本），雲南人民出版社2009年版，第14頁。

〔註29〕參見古永繼：《元明清時期雲南的外地移民》，《民族研究》2003年第2期。

〔註30〕《明史》卷90《兵志二》，中華書局1974年版，第2193頁。

〔註31〕林超民：《漢族移民與雲南統一》，《雲南民族大學學報》（哲社版）2005年第3期。

〔註32〕參見《明史》卷77《食貨志一》，中華書局1974年版，第1884頁。

非此政策推行的重點地區，因而民屯移民的規模比軍屯要小得多，而雲南地區開發較晚，地廣人稀，邊防重要，在雲南平定以後，官府也組織了一些移民。如：洪武十七年，「移中土大姓以實雲南」，〔註33〕將內地一些富家大室遷移至滇；二十年（1387年）冬十月，「詔湖廣常德、辰州二府，民三丁以上者出一丁，往屯雲南」。〔註34〕此類移民也稱為民屯移民。但明時的雲南以社會安定為要務，雖總體上人少地多，民屯戶進入的也只是少量。〔註35〕此外，還有不少人因遊學、避難等各種原因自發移滇。

仕宦任職。明代科舉實行異地任官，洪武間「定南北更調之制，南人官北，北人官南。其後官制漸定，自學官外，不得官本省，亦不限南北」。〔註36〕明英宗正統時（1436～1449年）又規定「老疾致仕事故官家屬，離本籍千里者許收附」，〔註37〕因此，有很多人因仕宦任職異地，久之成為移民。因仕宦任職雲南而成為事實移民的也非常普遍。古永繼教授據《滇志·官師志·總部題名》統計：「至天啟時，除去定居雲南的安徽定遠籍世襲鎮守總兵官沐氏家族外，明代外省籍人僅在雲南省級機構任職的主要文職官員即達1226人，其中巡撫59人，巡按137人，左、右布政使165人，左、右參政173人，左、右參議110人，按察使112人，按察副使353人，僉事117人；如加上知府、知州、知縣及各級機構中的雜職屬吏，數量則更多。」〔註38〕

讁遷流放。明初以政策、法律手段強制進行移民的一種。明制：「流有安置，有遷徙，（去鄉一千里，杖一百，准徒二年）有口外為民，其重者曰充軍。充軍者，明初唯邊方屯種。後定制，分極邊、煙瘴、邊遠、邊衛、沿海、附近。軍有終身，有永遠。」〔註39〕因充軍被遷徙雲南的占大多數。洪武十五年（1382年）雲南初定，朱元璋下令「天下衛所，凡逃軍既獲者，讁戍雲南」，〔註40〕說明對雲南讁戍一開始就實行成類批量充軍政策。及至明中後期，衛

〔註33〕（清）師範撰：《滇系·事略》，方國瑜主編：《雲南史料叢刊》卷13，雲南大學出版2001年版，第10頁。

〔註34〕（明）《太祖洪武實錄》卷186，洪武二十年冬十月戊午。

〔註35〕參見謝國先：《明代雲南的漢族移民》，《雲南民族學院學報》（哲社版）1996年第2期。

〔註36〕《明史》卷71《選舉志三》，中華書局1974年版，第1716頁。

〔註37〕《明史》卷77《食貨志一》，中華書局1974年版，第1879頁。

〔註38〕古永繼：《元明清時期雲南的外地移民》，《民族研究》2003年第2期。

〔註39〕《明史》卷93《刑法志一》，中華書局1974年版，第2282頁。

〔註40〕（明）《太祖洪武實錄》卷148，洪武十五年九月甲子。

所制度弛壞，逃軍更是多如牛毛，因而逃軍充軍雲南的數量必定很大。〔註41〕
又，洪武二十二年（1389年）九月，令天下衛所成軍分批至京閱試，凡比試
不合格者，「軍移戍雲南，官謫從征」。〔註42〕這樣，各地比試不合格的衛所
軍士被大批量地遣戍雲南。此類移民的構成有軍士、平民及官吏三種。「由於
充軍謫戍雲南者因種類繁多、批量遣行、家屬同遷、著籍軍伍、世代定居，
必然構成明代雲南漢族移民中一個很大的人群，成為明代雲南衛所及漢族移
民人口的重要補充來源。」〔註43〕

　　商人流寓。明代移民中還有不少人因經商或從事手工業而來。雲南自古
為產鹽之地，明時尤甚。《明史·食貨志四》載：「雲南黑鹽井（今牟定縣）
轄鹽課司三，白鹽井（今大姚縣）、安寧鹽井（今安寧市）各轄鹽課司一，五
井（今雲龍縣）轄鹽課司七。洪武時，歲辦大引鹽萬七千八百餘引。弘治時，
各井多寡不一。萬曆時與洪武同。鹽行境內。歲入太倉鹽課銀三萬五千餘兩。」
〔註44〕可見，明代長期在雲南實行開中法，對緩解雲南的軍糧緊張狀況、支
持相關軍事行動以及安定地方、開通商路、活躍市場等起到了積極作用。明
代雲南地區的開中雖然沒有導致商屯的產生，但雲南地區仍然不乏鹽商住境
貿易，長養子孫，久之成為當地的大族。〔註45〕此外，因明代雲南移民眾多，
商業之風大開，吸引不少外地客商遷徙而來。在內地商人向雲南的進軍中，
以江西（江右）、浙江、湖廣、閩、粵等地商人為主，其中江西商人最為突出，
各地城鄉多可見其身影。〔註46〕從滇東北的曲靖經昆明到大理、永昌至上緬
甸一線是秦漢以來雲南的主要商道，外地商人進入雲南也主要居住在此沿線。
明代時，不僅昆明、大理、永昌等雲南腹地各府州縣城鎮充斥著外來的商賈，
甚至遠在邊境「三宣六慰」地區都可見到這些外省籍商人的活動蹤跡，如伊
洛瓦底江上游的緬甸江頭城「大明街」，也是「閩、廣、江、蜀居貨遊藝者數

〔註41〕參見陸韌：《變遷與交融——明代雲南漢族移民研究》，雲南教育出版社2001
　　　　年版，第54頁。
〔註42〕（明）《太祖洪武實錄》卷197，洪武二十二年九月甲戌。
〔註43〕陸韌：《變遷與交融——明代雲南漢族移民研究》，雲南教育出版社2001年版，
　　　　第64頁。
〔註44〕《明史》卷80《食貨志四》，中華書局1974年版，第1934～1935頁。
〔註45〕參見古永繼：《明代雲南地區出現過商屯嗎？——〈明史·食貨志〉「商屯說」
　　　　糾謬》，《思想戰線》2005年第6期；陸韌：《變遷與交融——明代雲南漢族移
　　　　民研究》，雲南教育出版社2001年版，第84頁。
〔註46〕參見古永繼：《明清時期雲南的江西移民》，《思想戰線》2011年第2期。

萬」，〔註47〕邊境的「大明街」商人已達「數萬」，可想腹裏地區的商人則更多。他們在雲南原是寄籍，但時間一長，有的也娶妻生子，在雲南定居下來。

由於內地漢族人口大量進入，明代雲南人口增長十分迅速。明人謝肇淛在《滇略》中說：「高皇帝既定滇中，盡遷江左良家閭右以實之，及有罪竄戍者，咸盡室以行，故其人土著者少，寄籍者多，衣冠禮法，言語習尚，大率類建業；二百年來，薰陶所染，彬彬文獻與中州埒矣」。〔註48〕李元陽萬曆《雲南通志》也說，雲南府「土住（著）者少，宦戍多大江東南人，薰陶漸染，彬彬文獻，與中州埒矣」。〔註49〕林超民教授針對這兩條史料指出，有明一代，「由於雲南許多地區是沒有戶籍統計的『蠻夷』人戶，所以還不能確定外來的漢族移民與當地民族的比例，但有一點則是可以肯定的，漢族移民的數量已完全超過了土著的『蠻夷』人戶。雲南『夷多漢少』的狀況到明代有了根本改變。漢族人戶不僅超過任何一個土著民族，而且超過了所有土著民族的總和，成為雲南居民的多數民族；雲南土著民族則從多數變為少數。」〔註50〕持明代漢族人口「成為雲南居民的多數民族」的觀點在學界極其普遍，但也有不同意見。明末天啟《滇志》記載，當時雲南「總計夷漢，漢人三之，夷人七之」，〔註51〕認為十六世紀前後，漢族人口約占雲南人口總數的三成。上引《滇略》也說：「然惟雲南、大理、臨安、鶴慶、永昌諸郡，四民樂業，守法度，於弟穎秀，士大夫多材能，尚節義」；而曲靖、楚雄、姚安、澄江則「山川夷曠」；其他地方更是「夷、夏雜處」。〔註52〕說明「土著者少，寄籍者多」的主要是位於腹裏地區的雲南、大理、臨安、鶴慶、永昌等府，其他地區則仍是「漢少夷多」。李元陽萬曆《雲南通志》也只說「雲南府」才是「土住者

〔註47〕（明）朱孟震：《西南夷風土記》，方國瑜主編：《雲南史料叢刊》卷5，雲南大學出版社1998年版，第491頁。

〔註48〕（明）謝肇淛撰：《滇略》卷4《俗略》，方國瑜主編：《雲南史料叢刊》卷6，雲南大學出版社2000年版，第699頁。

〔註49〕（明）李中溪纂修：《雲南通志》卷2《地理志第一之二·雲南府·風俗》，林超民主編：《西南稀見方志文獻》（第二十一卷），蘭州大學出版社2003年版，第42頁。

〔註50〕林超民：《漢族移民與雲南統一》，《雲南民族大學學報》（哲社版）2005年第3期。

〔註51〕（明）劉文徵撰，古永繼校點：《滇志》卷1《地理志第一之一·地圖，地圖總論》，雲南教育出版社1991年版，第25頁。

〔註52〕（明）謝肇淛撰：《滇略》卷4《俗略》，方國瑜主編：《雲南史料叢刊》卷6，雲南大學出版社2000年版，第699頁。

少」，其他地方並未涉及。所以，「儘管明代雲南內地眾多少數民族不同程度
地走上了漢族化的道路，但終明一代雲南境內仍以少數民族人口占絕對多數。」
〔註53〕古永繼教授也指出，「根據各種情況推算，此時期進入雲南的移民，大
致占總人口四分之一強，即 100 萬左右。」〔註54〕

　　清代，沒有再出現明初那樣大規模的漢人集中遷入雲南的情況，但是由
於這一時期內地人口激增，人多地少的現象嚴重，雲南地區則土曠人稀且礦
產豐富，因而仍有不少外來移民入遷雲南。

　　清王朝軍事上實行綠營兵制，就地招募漢族壯丁為兵，若本地無人應募，
需從外省招募移調充額者，則需攜家帶口赴軍營所在地居住。雖然清初的滇
中、滇東地區漢族人口已經不少，但和內地相比，雲南仍然是地廣人稀的少
數民族地區，況且為更好地統治雲南，當地的綠營兵大部分仍來源於內地省
份，其中以外省留滇之綠營兵和招降之南明和大西軍官兵為主，只有極少部
分為招募本地居民組成。〔註55〕清中葉以後，綠營兵制衰頹，所設關、哨、
汛、塘兵丁名額逐漸裁撤，但這些外來的兵丁在駐地吃糧安家已成普遍現象，
很多人遂定居下來。

　　順治時期，雲南曾是南明永曆政權的政治中心；康熙初年，它又成為清
三藩之一吳三桂的活動據點。也就在這一時期，雲南曾進入大批官員、軍隊
及其眷口，這些人有不少後來就定居於此。此外，清代的職官制度也使「雲
南常年保持著大批外省籍流官亦即性質特殊的外來移民」。〔註56〕

　　清初雲南仍維持明末的土地所有狀況，但由於明清之際雲南的持續戰亂，
使得原軍戶、「勳莊」、官莊上的大量土地被拋荒而無人耕作。於是，康熙二十
四年（1685 年），雲貴總督蔡毓榮不得不報請朝廷批准，把過去賞賜給吳三桂
的原沐氏勳莊及其他一些官莊的田地變價改為民田，「照民糧起科」，〔註57〕即
廢除了明代以來實行的莊田制度。康熙三十四年（1695 年），雲南巡撫石文晟
向清廷上疏，又廢除了明代遺留下來的軍屯制，把軍屯土地也併入所在府州

〔註53〕謝國先：《明代雲南的漢族移民》，《雲南民族學院學報》（哲社版）1996 年第
　　　　2 期。
〔註54〕古永繼：《元明清時期雲南的外地移民》，《民族研究》2003 年第 2 期。
〔註55〕參見秦樹才、田志勇：《綠營兵與清代雲南移民研究》，《清史研究》2004 年第
　　　　3 期。
〔註56〕古永繼：《元明清時期雲南的外地移民》，《民族研究》2003 年第 2 期。
〔註57〕（清）倪蛻輯，李埏校點：《滇雲歷年傳》卷 11，雲南大學出版社 1992 年版，
　　　　第 538 頁。

縣的民田中。〔註58〕此外清統治者還實行了募民墾荒政策。如清初順治十八年（1661 年）二月，清廷批准雲貴總督趙廷臣奏議：「滇、黔田土荒蕪，當亟開墾。將有主荒田令本主開墾，無主荒田招民墾種，俱三年起科，該州、縣給以印票，永為己業。」〔註59〕到了乾隆五年，則完全開放了邊疆墾荒的限制，「凡邊省內地零星地土，可以開墾者，嗣後悉聽該地民、夷墾種」。〔註60〕在以上寬鬆的土地政策之下，內地移民紛至杳來。

康熙二十一年（1682 年），雲貴總督蔡毓榮在其《十疏》第四疏《議理財》中提出變革礦業政策，廢除官辦，改為商辦，疏說「廣示招徠，或本地殷實有力之家，或富商大賈，悉聽自行開採」，充分調動民間辦礦的積極性，以籌滇理財。清朝廷採納了其建議，開始實行「聽民開採而官收其稅」，「利不專於官而與民共之」的政策。〔註61〕從此云南的礦業，尤其是銅礦受到了極大刺激，迅速發展起來。當時開礦的情況是：「以滇地為產礦之區，山中銀苗盛衰，視其草木即辨。每有以數千金置一礦，而發家千倍者，故外來游民，半以此為營生也」。開礦的豐厚利潤誘惑著內地的漢人，許多人跋山涉水、不辭辛勞而來。因此當時雲南開礦之人，外來者多，土著者少，開礦人皆係川、湖、江、廣大商賈。〔註62〕以後隨著硐老山空，雖有人離開了雲南，但仍有一部分人留居下來成為移民。

隨著清代農業和礦業的發展，雲南與內地的貿易往來也更頻繁，更多的漢族經商進入雲南，推動了當地商品經濟的發展。乾隆時江蘇人吳大勳宦滇十年，所見當時雲南各地城市居民皆漢人，「至今城市中皆漢人，山谷荒野中皆夷人，反客為主，竟成樂國。至於歇店飯鋪，估客廠民，以及夷寨中客商鋪戶，皆江西、楚南兩省之人。隻身至滇，經營欺騙，夷人愚蠢，受其籠絡，以至積趲成家，娶妻置產，雖窮村僻壤，無不有此兩省人混跡其間。」〔註63〕可見外地商人的分布也較明代有了進一步發展。清代外地到雲南的商人，就其數量而言，則以江西和湖廣商人為最多，江蘇、安徽、浙江等地商人也不

〔註58〕參見尤中：《雲南民族史》，雲南大學出版社 1994 年版，第 504 頁。

〔註59〕（清）《聖祖實錄》卷 1，順治十八年二月乙未。

〔註60〕（清）《高宗實錄》卷 123，乾隆五年七月甲子。

〔註61〕（清）蔡毓榮撰：《籌滇十疏·籌滇第四疏·議理財》，方國瑜主編：《雲南史料叢刊》卷 8，雲南大學出版 2001 年版，第 428～430 頁。

〔註62〕參見古永繼：《元明清時期雲南的外地移民》，《民族研究》2003 年第 2 期。

〔註63〕（清）吳大勳撰：《滇南聞見錄》上卷《人部·漢人》，方國瑜主編：《雲南史料叢刊》卷 12，雲南大學出版 2001 年版，第 17～18 頁。

少；他們在雲南或長販，或坐賈，或放貸等經濟活動，並以同鄉或同行關係
為基礎建立會館相互照應，時間一長，其中一些商人遂在雲南成家立業，長
養子孫而不歸了。

　　清代的罪人放逐也是漢族移民雲南的一個重要組成部分。〔註64〕此外，
清末雲南礦冶、交通及機器工業開始產生與發展，也招徠、吸引了不少外地
漢族工人進入雲南，比較集中且人數較多的是滇越鐵路的修築。〔註65〕

　　總之，如方國瑜教授所說：「清代在雲南的漢族移民，是元、明以後的更
加發展，元代漢人主要住在城市，明代主要住在壩區，清代則山險荒僻之處
多有漢人居住，且在邊境亦莫不有漢人蹤跡。」〔註66〕漢人向雲南的移民，
以明代最為突出，及至清朝完成「改土歸流」，漢族人口逐漸向邊疆和山區挺
進；在漢人的全面推進下，到清朝後期，雲南的非漢族多已退縮到山區，成
為了真正的「少數」民族。

二、漢族移民入遷的動因、類型和特點

　　從上文對漢族移民歷史過程的分析可知，漢族入遷雲南的動因與歷史時
期外來少數民族移民雲南的原因一樣也是複雜多樣的，因此，以「推力——
拉力理論」作為解釋，漢族入遷雲南的行為可說是由遷出地「推」的因素和
遷入地「拉」的因素共同作用所產生的結果。因此，根據移民產生的動因，
漢族入遷雲南的類型仍然可以分為「生存型移民」、「發展型移民」和「強制
性移民」三種類型。

　　其一，生存型移民。遷移的動因源於移民遷出地的「推」力，如發生自
然災害、爆發了戰爭、出現了社會動亂、人口壓力及人地矛盾等，其遷移的
目的在於尋找一個安身立命之所。所以這種類型的移民其遷移的目的地並不
十分確定。史載，「江右之地，田少而人多；江右之地力，所出不足以給其人」。
〔註67〕「江右」是江西的別稱，為內陸省份，其境山多地少，土狹民稠，耕

〔註64〕參見古永繼：《元明清時期雲南的外地移民》，《民族研究》2003年第2期。
〔註65〕參見王文光、龍曉燕、李曉斌：《雲南近現代民族發展史綱要》，雲南大學出
　　　　版社2009年版，第130頁。
〔註66〕方國瑜：《明代在雲南的軍屯制度與漢族移民》，《方國瑜文集》（第三輯），雲
　　　　南教育出版社2003年版，第332頁。
〔註67〕陳子龍等：《皇明經世文編》卷12丘濬《江右民遷荊湖議》，中華書局1962
　　　　年影印本。轉引自古永繼：《明清時期雲南的江西移民》，《思想戰線》2011
　　　　年第2期。

地有限。又明萬曆時任職雲南瀾滄兵備道的王士性說：「江、浙、閩三處，人稠地狹，總之不足以當中原之一省，故身不有技則口不糊，足不出外則技不售。惟江右尤甚，而其士商工賈，譚天懸河，又人人辯足以濟之」，或從事「堪輿、星相、醫卜、輪輿、梓匠」等類職業。「故作客莫如江右，而江右又莫如撫州。余備兵瀾滄，視雲南全省，撫人居什之五六」。〔註68〕又說「滇雲地曠人稀，非江右商僑居之則不成其地」。〔註69〕因雲南自來地廣人稀，為漢族移民的入遷提供了廣闊的地理空間。所以，在內地漢族移民向雲南的進軍中，江西人最為突出，此外，湖廣、江蘇、安徽、浙江等地漢民也有因當地土狹民稠等原因入遷雲南。〔註70〕明末時，天啟《滇志》記載廣南府在編民戶僅440，人口 7486（為當時雲南各府中最少），並說當地「係夷方，原無實籍人戶」，官府所需民役只有從「夷寨徵解」。〔註71〕到清代時，道光《威遠廳志》載道光十六年雲南督撫《稽查流民酌議章程具》說：「上諭，有人奏：雲南地方遼闊，深山密箐未經開墾之區，多有湖南、湖北、四川、貴州窮民往搭僚棚居住，砍樹燒山，藝種包穀之類。此等流民，於開化、廣南、普洱三府為最多。請仿照保甲之例，一體編查。等語。」〔註72〕道光《廣南府志》也說：「廣南向止夷民，不過蠻僚沙儂耳。今國家承平日久，直省生齒尤繁，楚、蜀、黔、粵之民，攜挈妻孥，風餐露宿而來，視瘴鄉如樂土。」〔註73〕民國《廣南縣志》載：「迨至嘉、道以降，黔省農民大量移入。於時，墾殖之山地，數以漸增，所遺者只地瘠水枯之區，尚可容納多數人口。黔農無安身之所，分向乾瘠之山，闢草萊以立村落，斬荊棘以墾新地，自成系統，不相錯雜。至於今日，貴州人之占山頭，尚為一般人所常道。」〔註74〕這些移民就屬於

〔註68〕（明）王士性撰，呂景琳點校：《廣志繹》卷 4《江南諸省》，中華書局 1981 年版，第 80 頁。

〔註69〕（明）王士性撰，呂景琳點校：《廣志繹》卷 5《西南諸省》，中華書局 1981 年版，第 122 頁。

〔註70〕參見古永繼：《明清時期雲南的江西移民》，《思想戰線》2011 年第 2 期。

〔註71〕（明）劉文徵撰，古永繼校點：《滇志》卷 6《賦役志第四·廣南府》，雲南教育出版社 1991 年版，第 243 頁。

〔註72〕（清）謝體仁纂：《道光威遠廳志》卷 3《戶口》，鳳凰出版社編撰：《中國地方志集成·雲南府縣志輯》第 35 輯，鳳凰出版社 2009 年版，第 93 頁。

〔註73〕（清）李熙齡纂，楊磊等點校：《廣南府志》卷 2《民戶》，蘭州大學出版社 2004 年版，第 79 頁。

〔註74〕民國《廣南縣志》卷 5《農政志·墾殖》，鳳凰出版社編撰：《中國地方志集成·雲南府縣志輯》第 44 輯，鳳凰出版社 2009 年版，第 414～415 頁。

典型的生存型移民。

這類移民的特點主要有：第一，移民來源廣泛。如上所說，來源涉及江西、湖廣、江蘇、安徽、浙江、四川、貴州等地。藍勇先生根據資料系統分析後指出，明清時期的雲南，以江南、江西籍移民為主體，明代以江南、江西籍為主體，清代則是以江西、江南、湖廣、四川籍為主體。〔註75〕所以，明人謝肇淛在《滇略》卷四中稱雲南：「衣冠禮法，言語習尚，大率類建業」。〔註76〕這就是雲南漢族文化呈現江南地區風尚的真實記載。第二，遷移時間集中於清代，遷移的規模較大。元代史籍幾無生存型漢族入遷雲南的記載，明代隨著內地人地矛盾的出現開始零星進入；清代內地的人地矛盾更甚，加之在遷移方向上都一致往南方，因而遷移規模較大，史籍中的記載也最多。第三，入遷的漢族移民多集中於邊遠山區。生存型移民多因人地矛盾、環境等問題產生，因而他們入遷雲南更多是為了耕種廣闊的田地。元明清時期漢族移民雲南主要分布在交通沿線和滇中、滇南和滇西南地區。元明進入雲南的漢族集中分布在主要城市、屯田地周圍和交通幹線附近。因此，清代因生存進入的移民只能進入山區。這種分布格局與雲南地區的開發歷史格局關係密切。〔註77〕

其二，發展型移民。這類移民其實是一種深層次的生存型移民，他們遷移的目的是為了尋求更好的生存空間，主要有商旅、仕宦、遊學等類別。雲南的自然條件優越，資源富饒，地多人少，經濟發展又落後於內地，因此對外來移民具有很強的吸引力。據前所述，自古即經商風氣濃厚的江西等省籍商賈明代就遍及雲南城鄉各地，還有鹽商，開礦的商家、工人等也絡繹不絕往來於雲南各地，重於精神層面追求的官僚士大夫等更不乏其蹤影。這類移民有明顯的特點：第一，來源廣泛。第二，遷移時間持續長遠。尤其以仕宦任職為代表，長期保持一定數量的外來官宦。第三，流動性強。無論仕宦任職的移民，還是商旅、遊學的移民，性質特殊，流動周轉性較大。第四，移民數量有限。流動性較大因而久居成移民的不多。第五，影響較大。由於這

〔註75〕參見藍勇：《明清時期雲貴漢族移民的時間和地理特徵》，《西南師範大學學報》（哲社版）1996年第2期。

〔註76〕（明）謝肇淛撰：《滇略》卷4《俗略》，方國瑜主編：《雲南史料叢刊》卷6，雲南大學出版社2000年版，第699頁。

〔註77〕參見藍勇：《明清時期雲貴漢族移民的時間和地理特徵》，《西南師範大學學報》（哲社版）1996年第2期。

類移民的特殊性，他們在傳播中原先進文化、先進技術、內地文化以及使邊疆與內地一體化的進程中，發揮著其他移民群體所起不到的重要作用。

其三，強制性移民。又稱為政治型移民。這類移民在雲南移民史上相當普遍，其方式也多種多樣，如各代的鎮戍軍士，屯田軍民，南詔時掠奪的四川漢民，歷代貶謫的官員百姓等等。這種類型移民的特點為：第一，規模較大，其遷移的人口數量較多，經常是成批進入。第二，遷居地較為特殊，一般為重要之處，如城鎮、交通幹線及戰略要地。第三，遷移時間分散，主要集中於王朝建立的初期和重要決策時期。第四，移民來源地點分散，南北方各地人口均有。

第三節　入遷雲南外來少數民族移民與漢族移民的比較

在中國移民史研究中，將各種移民作比較研究者甚為少見，而此種研究方法無疑有助於探討移民的整體性和多樣性，深化對歷史階段移民運動規律之認識。元明清時期，外來少數民族移民雲南與漢族移民雲南存在著一些相似點和不同點，除前文論及的移民入遷的動因、類型和特點等方面外，還有若干表現：

移民的來源　外來少數民族移民源自南北方各地，北方民族中除普米族先民西番來自雲南鄰近的四川地區外，其餘均來自遙遠的北方、西北、東北甚至域外的中亞等地，南方民族則幾乎都來自鄰近雲南的貴州、廣西等地。外來少數民族移民具有民族多樣性，有若干個民族；漢族移民則族性單一，雖然來源廣泛，涉及江西、湖廣、江蘇、安徽、浙江等地，但都是漢族中的一部分。

移民的方式、類別　主要有軍士留戍、仕宦任職、行政安置、謫遷流放及自然流移等等，兩類移民總體上相似，惟行政安置中的平民移遷差別較大。如：明代實行「移民就寬鄉」政策，官府強制遷入大量的漢族平民百姓進入雲南；清代實行募民墾荒政策，內地漢民自願移遷，紛至沓來。此期間外來少數民族移民主要是軍事政治類別，少有在此之外政府行為下的批量平民。

移民的分布　外來少數民族移民方面，北方民族因統一國家戰略需要的政治、軍事原因入遷，主要分布於重要的城鎮和交通沿線；南方民族多因經

濟原因入遷，遷移距離相對要短，主要分布於與其遷出地鄰近的雲南東部、東南部地區。漢族移民如方國瑜教授所說，「元代漢人主要住在城市，明代主要住在壩區，清代則山險荒僻之處多有漢人居住，且在邊境亦莫不有漢人蹤跡」。〔註78〕

對雲南民族分布格局的影響　外來少數民族移民包含蒙古人、回回、契丹、西番、滿洲、苗人、瑤人、儂人、沙人、土僚、仲家、水戶等，這些民族中除源自南方的一些民族如苗、瑤等的部分在元以前就遷至雲南外，其餘多為新的民族，他們的入遷落籍增加了雲南多民族大家庭的成員；而漢族移民自秦漢以來就陸續有遷入雲南者並漸成為當地土著，他們的入遷使得漢族移民分布區的進一步擴大和更加深入到雲南各地。

對雲南民族關係的影響　外來少數民族移民方面，北方民族一般為集中入遷雲南，缺少連續性；南方民族則自元至明迄清，陸續自貴州、廣西等地入遷。因而北方民族落籍雲南後，大多逐漸融入當地漢族和少數民族中，即便保留有自己民族特性的通海蒙古族及回回，也受到當地民族的強大影響。漢族移民方面，從元代以來，隨著中央政權統治的深入，入遷雲南的漢族人口源源不斷，移民入遷的持續時間長且人數眾多，落籍雲南後，聲氣相連，「夷化」過程基本中斷。因而在民族交往的過程中，漢族移民因人多、量大、地位高，在各方面自然占居了主導地位。

〔註78〕方國瑜：《明代在雲南的軍屯制度與漢族移民》，《方國瑜文集》（第三輯），雲南教育出版社 2003 年版，第 332 頁。

第四章　少數民族移民與雲南民族的
　　　分布格局

第一節　少數民族移民的分布

一、元代

　　元代的雲南是一個多民族雜居地區，轄境內除以往的民族外，不少蒙古人、回回、契丹及西番等源自北方的少數民族和苗、瑤等南方民族，也隨著元軍平定雲南而通過軍事鎮戍、仕宦任職、官方移民、謫遷、流放、商旅、避亂和自然流徙等方式入遷雲南。元人李京的《雲南志略》是元代雲南建立行省後的第一部省志，其所記起著上承隋唐、下接明清，考鏡雲南民族源流的作用。但可惜的是，此書只記元代雲南地區的八種民族（見第二章第一節），其他民族尤其是新入遷雲南的民族則遺漏了。有元一代，雖然史料記述不多，但仍可從一些行政區劃設置和戰爭的記錄中窺見入遷雲南外來少數民族的分布範圍。

　　蒙古人：如第二章所述，蒙古人通過屯戍、封王、仕宦、謫遷等情況入遷雲南。尤中先生說：「凡有軍屯的地方，都有蒙古軍隊駐紮。」這樣，元代雲南地區設有軍屯點的中慶路（今滇中地區）、威楚路（今楚雄州西部、普洱市北部）、武定路（今楚雄州東部）、鶴慶路、曲靖路、澄江路、仁德府（今尋甸縣）、臨安路（今紅河州、文山州西部）、大理路、烏蒙路（今昭通）、梁千戶翼軍屯（在今玉溪）及麗江路（今麗江地區）、大理路的軍屯點永昌（駐今保山）和騰沖二府等地都有入遷的蒙古軍隊，所以，可以認為「元朝時期，

在西南少數民族地區的絕大部分地方，都曾經為蒙古族人所到達。」〔註1〕入遷雲南的蒙古人，絕大部分是以軍戶的形式屯駐在雲南靠內地區的各路、府、州、縣和交通沿線的重要城鎮和戰略要地上，在當地社會環境的影響下，他們的生活及其生活方式發生了重大變化，逐漸脫離原生活狀態，經濟生活開始與當地各民族一樣漸趨一致。所以明初景泰《雲南圖經志書》才稱他們為「土著之民」。

回回：元代的回回主要通過屯戍、仕宦、商旅等方式入遷雲南。隨軍屯戍進入的回族，其屯駐活動的區域基本與蒙古人相同，而且在當時雲南行省的官吏中，往往是蒙古人和回回參半，互為正副，說明蒙古人所到之處，回回常常相伴隨。〔註2〕因此，上面所列軍屯點除了有蒙古人外，還有回回一起駐守。可見，元代回回的分布就主要依其屯田區而定，這些地區多為交通沿線的壩區，如滇池、洱海、紅河以及昭通等地為中心形成聚居區。

契丹：契丹主要以隨軍形式入遷雲南。元代，南征來滇的忙古帶之孫（火你赤之子）阿律牙、阿律周、阿律成，分別被授為永昌府金齒等處宣撫司、騰越宣撫司和鶴慶宣撫司的宣撫使，因而其後裔也就生活在施甸、保山、昌寧、騰沖、龍陵、鎮康、永德、瑞麗、潞西、鶴慶等縣市。〔註3〕

西番：宋代就已經散居在川西南的普米族先民西番，於元朝建立之前的蒙古汗國時期就已跟隨蒙古軍隊渡過金沙江進入雲南，流散於滇西北一帶：一部分隨西路的兀良合臺軍由今中甸進入維西，另有一部分則隨中路的忽必烈軍由今寧蒗進入麗江北部。於是，自今維西縣往東，經中甸、麗江、寧蒗而至四川的木里、鹽源一帶，在元朝時期便有了西番。

苗人：元代有部分苗人因避亂入遷雲南行省。如：湖南寶慶府苗人於元末戰亂時移居於水城（屬雲南行省烏撒路，今貴州威寧）；〔註4〕雲南行省普定路（今貴州安順）的「苗人」，與「龍家、宋家、仡佬」等民族共同雜居在一起。〔註5〕此外，唐代就已居住在滇東南的「苗眾」，仍然居於原地不變。

〔註1〕尤中：《中國西南民族史》，雲南人民出版社1985年版，第607～609頁。

〔註2〕參見尤中：《中國西南民族史》，雲南人民出版社1985年版，第612頁。

〔註3〕參見孟志東：《雲南契丹後裔研究》，中國社會科學出版社1995年版，第1～2頁。

〔註4〕參見《苗族簡史》編寫組、《苗族簡史》修訂本編寫組編寫：《苗族簡史》，民族出版社2008年版，第20頁。

〔註5〕參見《元史》卷61《地理志四》，中華書局1976年版，第1470頁。

所以，元代雲南行省的東部和東南部都有苗人分布，但由於其遷徙不定的特性使然，他們並無特別固定的立足之處。

　　瑤人：唐宋時期，瑤人就已分布於雲南的東南部。《元史》說：至治三年（1323 年）冬十月丙戌，「八番順元（宣慰司駐今貴陽）及靜江（今廣西桂林）、大理、威楚（路駐今楚雄，轄地包括今鎮沅、景東在內）諸路徭兵為寇，敕湖廣、雲南二省招諭之。」〔註6〕可見，元代雲南瑤人的分布，除之前就已有瑤人分布的今雲南省文山州南部、紅河州南部以外，還包括楚雄州、大理州南部等地。

　　元代，除以上民族入遷雲南外，百越民族後裔的「沙人」也自廣西入遷滇東南文山州，布依族先民「仲家」也自貴州遷徙到廣西路（今瀘西、彌勒等地）。〔註7〕

　　元代作為少數民族蒙古人入主中原的朝代，並無「華夷有別」的觀念，對邊疆各民族也幾無歧視和偏見，它與後來的明朝不同，並不禁止各族之間互相通婚。所以元代處於優越地位的蒙古人、回回等與漢人及雲南當地各族之間的通婚現象相當普遍，其結果就是這些民族中的大多數在明清時期趨於漢化或融入當地民族中。

　　總之，元代入遷雲南的外來少數民族雖不少，但他們多因統一國家戰略需求而產生，以屯戌、仕宦等方式或為求生存而移入，並無類似明清時期官府組織的大規模移民的情形；北方移入的蒙古、回回等民族多居住於交通沿線附近的城鎮壩區，南方移入的苗瑤等民族多因生計而從雲南鄰近的廣西、貴州等地緩慢的入遷滇東南、滇東等地區。

二、明代

　　明代是漢族作為統治者的最後一個大一統封建王朝，對雲南統治的關鍵是以社會安定為要務，重在「使其無叛」，通過設置的「三司」、衛所及土司制度，對雲南邊疆民族地區進行嚴格控制。因此，明王朝開展了大規模的移民活動，漢族人口因而大量入居雲南。此時期的雲南漢族之外的民族眾多，有僰人（白族）、羅羅（彝族）、麼些（納西族）、窩泥（哈尼族）、栗些（傈僳族）、峨昌（阿昌族）、結些（景頗族）、怒子（怒族）、俅人（獨龍族）、古

〔註6〕《元史》卷 29《泰定帝本紀一》，中華書局 1976 年版，第 640 頁。
〔註7〕參見尤中：《中國西南民族史》，雲南人民出版社 1985 年版，第 662 頁。

宗（藏族）、金齒（傣族）、儂人（壯族）、古剌（佤族）等土著民族，以及元代進入雲南的蒙古、回回、西番、苗瑤等民族，還有一些其他的民族移居雲南。其大體分布如下：

蒙古人：元代落籍於雲南的蒙古士兵多散居全省各地，元朝滅亡後，他們有的為避免壓迫而隱瞞族性，逐漸淪為所在地地主的佃戶，大多數人在漫長的歷史歲月中逐漸融入漢族和其他民族中，但也有部分仍以明確的蒙古人身份雜居於所在地的各族中，如明初記載雲南府的蒙古人就與白族、彝族的先民僰人、羅羅一起生活。明初隨軍入滇平定雲南的部分蒙古人落籍通海縣夥家營，通海縣興蒙鄉也成為蒙古人聚族處。

回回：明代是回回入滇的又一個高峰期，他們以隨軍、屯戍、仕宦、經商或謫貶等入遷雲南，而以隨軍、屯戍進入的最多。至明朝軍隊進入雲南之時，回回的絕大多數仍然留居原地未動。而明代遷入雲南的回回，一般都沿進軍路線、交通要道的驛站或屯田處所定居下來。見於明代的分布情況，如景泰《雲南圖經志書》記載雲南府的回回就與僰人、羅羅、達達及漢人等一起被視作「土著之民」。正德《雲南志》記尋甸軍民府時說：「民類有四：曰黑爨，曰白爨，曰僰，曰色目……」又說尋甸府「種類不一，土民有僰，有白羅羅、黑羅羅，有回回……」〔註8〕嘉靖《尋甸府志》記尋甸府：「本府管下人民種類不一，有漢人，有僰人，有色目人，即回回也。……」並載「色目人，頭戴白布小帽，不裹巾，身穿白布短衣，不緣領。性奸而險，多娶同姓。誦經，以殺牲為齋。葬埋以剝衣為淨，無棺以送親，無祭以享親……」〔註9〕《土官底簿》記永昌府永平縣縣丞說：「馬鎖飛，雲南金齒軍民指揮使司永平縣回回人，由本縣通事。洪武十二年（1379年）歸附，擬授本縣土官縣丞。」〔註10〕又天啟《滇志》說：「永平縣土官馬氏，世為土縣丞。」〔註11〕這些記載，說明雲南境內回回人口比較集中的地方是雲南府、尋甸府和永昌府的永平縣。

〔註8〕（明）周季鳳纂修：正德《雲南志》卷11《志十一・尋甸軍民府・風俗》，方國瑜主編：《雲南史料叢刊》卷6，雲南大學出版社1998年版，第204、205頁。

〔註9〕（明）王尚用纂：嘉靖《尋甸府志》卷上《風俗五・種類》，一九六三年八月上海古籍書店據寧波天一閣藏明嘉靖刻本景印。

〔註10〕《土官底簿・雲南土官・永平縣縣丞》，方國瑜主編：《雲南史料叢刊》卷5，雲南大學出版社1998年版，第411頁。

〔註11〕（明）劉文徵撰，古永繼校點：《滇志》卷30《羈縻志第十二・土司官氏・永昌府》，雲南教育出版社1991年版，第977頁。

其他靠內地區，如滇西的大理、蒙化（今巍山），滇南的玉溪、通海、蒙自、建水和滇東的嵩明、曲靖等地，明代也有許多回回的聚居點。

西番：明代，依然有較多的西番入遷雲南，其分布狀況與元代相同。景泰《雲南圖經志書》記載：永寧府（今寧蒗縣北部）「所轄四長官司多西番，民性最暴悍，佩刀披氈，無室屋，夏則山巔，冬則平野以居，而畜多牛馬，有草則往，無草則移，初無定所。婦人以松膏澤髮，搓之成縷，下垂若馬鬃然。又有所謂野西番者，則長往而不可制。」〔註 12〕同書還載滇蒗州（今寧蒗）：「其有僑居於州之山谷曰西番者，即所謂西戎也，亦以氈為衣，而領無褾積，性生拗多疑，身之左右常佩刀，雖會親見官，刀亦不去，夜臥則枕之。群聚之日，則取刀之銳者，以相跨尚。喜則人，怒則獸。其風俗大概與摩些同。」〔註 13〕另據《滇志》記載西番：「永寧、北勝、滇蒗，凡在金沙江北者皆是。……住山腰，以板覆屋。俗尚勇力，善射。和酥酪於茶。……隨畜遷徙。」〔註 14〕以上說明，明代的西番主要集中分布在永寧、北勝、滇蒗等地，仍然從事元代以來的游牧生活，但其中有一部分在從事畜牧的同時，也從事農業生產。

苗人：明時，苗人繼續入遷雲南。滇東南今文山州境內的苗人，則自唐、宋以來仍居原地如故。此時，還有一些苗人繼續入遷滇東南，民國《丘北縣志》即載該地「苗人二千餘，明初由黔省遷入」。〔註 15〕滇東北地區也有苗人入遷，《明實錄》說，正德十六年（1521 年）十二月，芒部（今鎮雄）母響等寨的苗人越境進入貴州畢節「燒劫，道路不通」。〔註 16〕《明史·四川土司傳》也說：嘉靖七年（1528 年），「川、貴諸軍會剿，敗沙保（彝族）等，擒斬三百餘級，招撫蠻羅男婦以千計。捷聞，設鎮雄流官如舊。而芒部（今鎮雄）、烏撒（今威寧）、毋響苗蠻隴革等復起，攻劫畢節屯堡，殺掠土民，紛紛見告。」〔註 17〕可見，當時滇東北的鎮雄一帶已有苗人的分布。威信也有苗人分布，

〔註 12〕（明）陳文修，李春龍、劉景毛校注：景泰《雲南圖經志書校注》卷 4《永寧府·事要·風俗》，雲南民族出版社 2002 年版，第 245 頁。

〔註 13〕（明）陳文修，李春龍、劉景毛校注：景泰《雲南圖經志書校注》卷 4《滇蒗州·事要·風俗》，雲南民族出版社 2002 年版，第 249 頁。

〔註 14〕（明）劉文徵撰，古永繼校點：《滇志》卷 30《羈縻志第十二·種人·西番》，雲南教育出版社 1991 年版，第 999～1000 頁。

〔註 15〕（民國）徐孝喆等纂：《丘北縣志》卷 2，1926 年石印本。

〔註 16〕（明）《世宗嘉靖實錄》卷 9，正德十六年十二月辛丑。

〔註 17〕《明史》卷 311《四川土司列傳一》，中華書局 1974 年版，第 8008 頁。

當地雙河後房、水田灣子的陶姓說其原籍湖廣麻城縣孝感鄉（今湖北省孝感市），在明朝「調北征南」時隨軍遷徙到鎮雄坡頭長木響水灘，後遷到威信水田灣子。〔註18〕

　　瑤人：明代有關雲南境內瑤人的記載太少，但瑤人仍居於雲南應無疑問。明末天啟《滇志》載：歸朝（今文山州富寧縣東南部歸朝鎮），「富州酋沈氏居焉。其地負崇山，面河，寨夷千餘家，沙、猺兼有之。」〔註19〕說明明代雲南瑤人的分布區仍然為今滇東南的文山一帶。而元代時分布在楚雄、大理等地的瑤人，因其遷徙不定的特性使其可能已遷走或融入當地民族中。此外，後世志書追記明代有瑤人入遷雲南，民國《丘北縣志》載瑤人「明初由邕黔交界遷入」，〔註20〕民國《新編麻栗坡特別區地志資料》也有類似記載。說明明代瑤人仍居於滇東南地區。

　　除以上民族外，元代時入遷雲南的契丹後裔仍居於原地不變，明代新入遷的「土僚」從滇桂連接地帶向滇南擴散到廣南府、開化府、廣西府和臨安府南部的一些地方，部分仲家陸續從貴州和廣西遷入雲南羅平州境內，水戶也於明代遷入羅平、富源一帶。

三、清代

　　清代，繼續有大量外來民族進入雲南，滿洲成為最後一個入遷雲南的北方民族。具體分布情況如下：

　　蒙古人：清代，出於政治上滿、蒙貴族聯盟、聯姻的需要，有一部分蒙古人入遷雲南。但明清時期，總體上雲南的蒙古人因融合、外遷等原因，人口逐漸減少，仍然保持蒙古人習俗而見於記載的聚居區僅有滇南河西縣（治今通海縣河西鎮，轄今河西鎮、興蒙鄉、四街鎮、納古鎮、九街鎮九街村大部及峨山縣小街鎮等地），其他地區已成零星散佈。

　　回回：清代是回回入遷雲南的第三次高潮時期，隨軍駐滇是入遷的主要因素。此時期，隨永曆帝入緬甸途中流落的回回軍民落籍在騰沖、保山一帶；滇東北地區推行「改土歸流」的過程中，隨回回將領哈元生、冶大雄、許世亨、哈國興等駐防的回回士兵，最後在滇東北地區的昭通、魯甸、會澤、巧

〔註18〕參見古仕林主編：《威信苗族》，雲南民族出版社2002年版，第22頁。
〔註19〕（明）劉文徵撰，古永繼校點：《滇志》卷4《旅途志第二・陸路・粵西路考》，雲南教育出版社1991年版，第172頁。
〔註20〕（民國）徐孝詰等纂：《丘北縣志》卷2，1926年石印本。

家、東川等地落籍。此外,回回人口還比較集中地分布在滇東的曲靖、宣威、尋甸,滇南的玉溪、華寧、通海、建水、箇舊、開遠、硯山、丘北、瀘西,滇西的大理、楚雄、保山、巍山、永平、劍川等地,以及滇中昆明地區。〔註21〕

　　西番:清代,也有西番入遷雲南。其分布與明代大體相似,主要集中分布在寧蒗、蘭坪、麗江等地。

　　滿洲:雲南的滿洲人主要是清朝來的。一般因仕宦、從軍、經商、遊歷而來雲南定居,主要分布於昆明及一些重要城鎮。

　　苗人:清代,苗人開始大規模從貴州、四川等地遷入雲南。雲南境內的苗人,見於記錄的主要是散居在從滇東北到滇東南的鎮雄、昭通、東川、曲靖、廣南、開化等地,武定、楚雄、大理、臨安等府州境內也有分布。〔註22〕

　　瑤人:清代也是瑤人大規模入遷雲南的時期,其主要分布區域為開化、廣南、普洱三府及所屬他郎廳等地。〔註23〕此外,臨安府等地邊境地區也有瑤人散居。

　　在清代,還有不少兩廣、貴州等地的儂人、沙人等遷居雲南,他們主要入遷今滇東南地區的文山州,也有仲家入遷滇東南地區的馬關、河口等地。

　　由上可知,元明清時期是中國統一多民族國家形成發展和鞏固的時期,也是雲南多民族分布格局形成的重要時期;隨著各外來少數民族移居勢力的消長,其分布格局也發生相應的變化,民族的構成也更趨複雜。這些外來的民族落籍雲南後都有自己相對集中的聚居區域,在這些區域中又表現為與其他民族雜居共處。因此,在雲南範圍內出現了民族成分的多樣化以及各民族「大雜居、小聚居」,以漢族為主體的多民族分布態勢,奠定了今天雲南民族分布格局的大致基礎。

第二節　少數民族移民的分布特點

一、自然地理分布廣泛

　　雲南自然地理環境複雜,歷史上五方民族在這裡都尋找到適合自己發展

〔註21〕參見馬興東:《雲南回族源流探索(上)》,《雲南民族學院學報》1988 年第 4 期;《雲南回族源流探索(下)》,《雲南民族學院學報》1989 年第 1 期。
〔註22〕參見尤中:《雲南民族史》,雲南大學出版社 1994 年版,第 552 頁。
〔註23〕參見吳永章:《瑤族史》,四川民族出版社 1993 年版,第 514 頁。

的地區。可以說，在不同的地形、地貌、海拔、水源、氣候、交通等自然條件下的各民族都有著不同的分布現象。方國瑜教授對元明清時期雲南漢族移民的分布進行分析後說：「元代漢人主要住在城市，明代主要住在壩區，清代則山險荒僻之處多有漢人居住，且在邊境亦莫不有漢人蹤跡。」〔註 24〕對於其他外來的少數民族移民來說，其分布也有規律可尋。

在水平分布方面，滇西橫斷山系縱谷區（主要包括迪慶、麗江、大理、怒江、保山和德宏等地），山高穀深，地形複雜，氣候、植被、土壤等明顯地呈現出垂直變化特點。這一地區除居住著漢族及氐羌系民族後裔的白、納西、傈僳、怒、獨龍、景頗、阿昌、德昂、彝等民族外，元明清時期入遷雲南的西番、契丹以及部分回回也分布在這裡。滇東高原地區（主要包括楚雄、昆明、昭通、曲靖、玉溪等地）地勢起伏沒有滇西大，總體較和緩，但由於這一地區開發早，人口分布較稠密，因而漢族移民的大部及彝族的相當部分分布於此，作為外來少數民族移民的水、布依、蒙古、滿、回等族的全部或大部也分布於這一地區，此外該地區還有較多的苗、壯等族分布。滇南中低寬谷盆地地區（主要包括臨滄、普洱、西雙版納、紅河、文山等地），地勢較低，河谷開闊，氣候暖和，屬於熱帶亞熱帶地區。全省絕大多數哈尼、佤、拉祜、布朗、基諾以及大半的彝、傣等民族聚居在這裡，壯、瑤、苗等族的大多數也聚居於此。〔註 25〕如果按照清雍正時鄂爾泰「江（瀾滄江）外宜土不宜流，江內宜流不宜土」的說法，〔註 26〕則外來入遷雲南的少數民族移民幾乎都分布於江內，也就是雲南的腹地。

在垂直分布方面，立體地形形成了立體的民族分布，立體的農、林、牧、副、漁等大農業體系內部的分工又促成各民族在經濟上互相依存。從全省來說，民族的立體分布格局分為三個層次：在低山河谷地帶，有海拔 500——1000 米的文山州東南部、紅河州和西雙版納州東南部，有外來移民中的壯、苗、瑤等民族分布；中山高原平壩地帶，海拔 1000——3500 米，有外來移民中的回、水、布依、蒙古、滿以及部分苗族；高山峽谷地帶，海拔 3500 米以上，

〔註 24〕方國瑜：《明代在雲南的軍屯制度與漢族移民》，《方國瑜文集》（第三輯），雲南教育出版社 2003 年版，第 332 頁。

〔註 25〕參見雲南省地方志編纂委員會總纂：《雲南省志》卷 61《民族志》，雲南人民出版社 1998 年版，第 1～2 頁。

〔註 26〕參見（清）魏源撰，韓錫鐸、孫文良點校：《聖武記》卷 7《土司苗瑤回民·雍正西南夷改流記上》，中華書局出版社 1984 年版，第 285 頁。

主要在滇西北，居住著外來移民中的普米、契丹。而漢族移民人口則主要分布於中低山壩區地帶。〔註 27〕這樣的分布說明，隨著海拔的升高，少數民族人口的分布及數量逐漸遞減。

二、大雜居、小聚居並存

「大雜居」和「小聚居」，是說雲南各民族大都既有相當廣闊的分布面，又有相對集中的聚居區，而且還存在與其他民族的分布面相互重合及交錯的情形。入遷雲南的南北方各少數民族移民的來源雖不同，但在長期的歷史發展中，都逐漸形成了一定的居住區域。雲南多民族大雜居、小聚居並存的民族分布格局，是中國少數民族人口分布的共同點，「是在多種環境生態因素和經濟文化因素的共同作用下，尤其是在多民族相互關聯的中國歷史的實際進程中，經過長期的發展演變而自然形成的，而非人為的切割或摻雜所使然」。〔註28〕

雲南的很多少數民族移民在地理分布上都有各自相對集中聚居的區域，同時幾乎又都兼具聚居、散居（或與其他民族雜居）兩種分布形態。實際上，不同民族的居住或分布形態常有很大的差異，如苗族、瑤族多是在彼此不很連貫的遼闊地域上擁有各自若干較為明顯的聚居區，同時又十分普遍地散居各地，與許多其他民族交錯雜處。因此，元明清時期雲南的民族關係呈現出一定的複雜性和特殊性。在雜居現象中較典型的是多民族立體分布的情形，這種垂直立體的分布，意味著各民族是相互雜居共處在一個更大的生態系統之內，這種狀況既是較小範圍的聚居，同時又是較大範圍的雜居，如在滇東南等地，民間素有「苗族住山頭，彝族住坡頭，瑤族住箐頭，壯族住水頭，漢族住街頭」之類的說法，形象地反映了多民族立體分布的狀況。而在雲南其他一些地方，苗族、瑤族、佤族住高山，拉祜族、哈尼族、景頗族住半山區，傣族、壯族、漢族則主要住在河谷平壩和丘陵地帶。總的說來，在雲南，多民族立體分布的現象頗為普遍，各外來民族移民的居住形態並非區劃齊整、界限分明，而是互相插花、交錯雜居。這種分布特點，是在複雜的自然地理環境條件下，在中國長期的歷史發展過程中，在各民族間相互交往融合下而形成的。

〔註27〕 參見雲南省地方志編纂委員會總纂：《雲南省志》卷 61《民族志》，雲南人民出版社 1998 年版，第 2～3 頁。

〔註28〕 馬戎、周星主編：《中華民族凝聚力形成與發展》，北京大學出版社 1999 年版，第 130～131 頁。

三、跨境民族較多

「跨境民族」、「跨界民族」、「跨國民族」等概念雖無統一說法，但大致是指由於遷徙和國界變動等原因造成的跨國境而居的民族。雲南地處中國西南邊陲，周邊與多個國家接壤，其南、西南、西部分別與越南、老撾、緬甸為鄰；國境線長 3207 公里，其中中緬邊界 1997 公里，中老邊界 500 公里，中越邊界 710 公里。共有 8 個地州、27 個縣與外國接壤，是東南亞各國從陸路進入中國的必經之地。〔註 29〕一般認為，在雲南省 5000 人以上的 25 個少數民族中，有眾多的民族人口跨中國與鄰國的邊境地區居住，具體有彝族、哈尼族、壯族、傣族、苗族、傈僳族、拉祜族、佤族、瑤族、景頗族、布朗族、布依族、阿昌族、怒族、德昂族、獨龍族等 16 個少數民族跨境而居。〔註 30〕這些跨境民族中，屬於本文討論移民範圍的有壯族、布依族、苗族和瑤族。

雲南的跨境民族，從民族語言繫屬來看，壯侗語族的壯族、布依族等源於古代百越，考古材料說明雲南和中南半島北部曾是百越的一個重要分布區，其中無疑包括壯侗語族跨境民族的先民在內。

據歷史文獻記載，壯族從唐代開始就逐漸遷移到越南北部地區，成為今越南岱族的一個部分，但大多數是在明末和清代才從雲南和廣西遷到越南的。越南的民族學調查也顯示，一些被稱為土佬和白衣的越南岱族，是清中後期沿著紅河和齋江從雲南遷到越南的。〔註 31〕廣南儂氏土司自元明以來一直相沿襲。據調查，在清康、雍至道光年間，廣南儂土司嫁女給越南保樂州土司，便把原屬廣南土司轄地的三蓬地方陪嫁給保樂州土司。在女兒死後，廣南土司希望討回陪嫁之地，但保樂州土司不允，在經過長期爭議後，只索回了其中的八個寨子。這就是「三蓬陪嫁」和「吵八寨」的傳說。〔註 32〕其餘三蓬地方寨子，則永久成為了越南保樂州土司的屬地。其後中法勘界時，雖三蓬人民極力要求回歸，但交涉終以失敗告終，此地的儂人也就在不知不覺中成為跨境而居的民族。

〔註 29〕參見雲南省地方志編纂委員會總纂：《雲南省志》卷 1《地理志》，雲南人民出版社 1998 年版，第 7 頁。

〔註 30〕參見王文光、龍曉燕、李曉斌：《雲南近現代民族發展史綱要》，雲南大學出版社 2009 年版，第 426 頁。

〔註 31〕參見鄭一省、王國平：《西南地區海外移民史研究——以廣西、雲南為例》，社會科學文獻出版社 2013 年版，第 54 頁。

〔註 32〕參見方國瑜：《中國西南歷史地理考釋》，中華書局 1987 年版，第 1306～1307 頁。

雲南布依族是在明清時期陸續從貴州、廣西遷入雲南的。一二百年前，從貴州遷入雲南的布依族又有一部分遷入越南，其中一支沿任河、桂河進入河宣省，一支從馬關、河口一帶進入黃連山省，在越中邊境地區居住下來。〔註33〕

藏緬語族的彝、哈尼、拉祜、傈僳、景頗、怒族等族，源於古代氐羌。氐羌系民族主要是先秦及秦漢時期自西北入遷雲南的，以後融合雲南當地民族逐漸形成西南地區藏緬語族的各民族。這些民族中有一部分向南遷入中南半島各國，形成跨境而居的狀況。如1874年李文學起義失敗後，部分義軍及彝族群眾被迫遷入老撾豐沙裏省的北部地區。〔註34〕

苗瑤語族的苗族、瑤族都是跨中、越、老、泰、緬五國而居的跨境民族，他們也是人口較多、分布較廣的一個跨境民族。前文已論及，大約在南詔時期，雲南東南部已有苗瑤民族的先民移入定居，但他們大規模入遷雲南則是元明清以來的事情。苗瑤民族在向雲南遷移的過程中有一個非常顯著的特點，就是他們都在不斷地進行遷移，而且向著沿邊地區快速流動。現今學術界一般認為，東南亞國家的苗族都是從中國遷去的。據研究，自元代開始，經明和清兩代，及至民國時期，一直到現在，從貴州、四川、廣西等地遷入雲南的苗族，在停留了一段時間後，逐漸遷居越南、老撾，隨後還遷入泰國、緬甸等國家。〔註35〕瑤族和苗族一樣，也是從元代開始，由廣東、廣西等地遷往雲南，然後經停雲南，再陸續遷入中南半島地區各國。〔註36〕

除以上民族外，回回也向外移民而成為跨境民族。回回並非雲南的固有民族，自元代開始，歷經明清，回回最終落籍定居雲南各地。這期間，有了「回人善營利」之說，善於經商的回回自明清時期開始，隨著雲南與東南亞的貿易，也有了「窮走夷方急走廠」的俗諺。這樣，部分回回因經商關係長住東南亞國家，部分隨之落籍當地。此外，清末杜文秀回民起義失敗後，大批回民慘遭屠戮，許多回民被迫四處流散，為求謀生，部分移民境外。現今

〔註33〕參見劉稚：《雲南與東南亞跨境民族的源和流》，趙廷光主編：《雲南跨境民族研究》，雲南民族出版社1998年版，第29～45頁。

〔註34〕參見鄭一省、王國平：《西南地區海外移民史研究——以廣西、雲南為例》，社會科學文獻出版社2013年版，第91頁。

〔註35〕參見鄭一省、王國平：《西南地區海外移民史研究——以廣西、雲南為例》，社會科學文獻出版社2013年版，第93～94頁。

〔註36〕參見劉稚：《雲南與東南亞跨境民族的源和流》，趙廷光主編：《雲南跨境民族研究》，雲南民族出版社1998年版，第29～45頁。

緬甸、老撾、泰國等地的回族，有一部分就是此時期遷去的。〔註37〕

因此，與同期其他地區相比，入遷雲南的外來少數民族移民中跨境民族比較多，也可算作是元明清時期雲南外來少數民族移民分布的一個突出特點。

第三節　雲南民族分布格局的形成

雲南地區以漢族為主體的多民族大雜居、小聚居分布格局的形成是一個歷史漸進過程，一定意義上也可以說是中華民族多元一體格局歷史進程的縮影。臘瑪古猿化石和眾多舊石器時代遺址表明，在遠古時期，雲南境內就有原始人群活動，連同以後全省近 400 處新石器時代遺址和遺物的發現，表明雲南的遠古文化具有自己的地方特點。先秦時來自中國西北和南方等地的氐羌、百越、濮系、蜀人和楚人等民族的人口已逐漸入遷雲南，雲南大地多民族分布格局初見端倪。秦漢時期，雲南屬「西南夷」範圍，中央王朝開始經營當地，五尺道、南夷道、西夷道、博南道等相繼開通，內地人口開始大批進入雲南。氐羌系民族在移入雲南過程中，分化出了昆明、叟、爨、摩沙等民族，百越系民族則有閩、越、濮、鳩僚等。兩晉南北朝是雲南境內民族大遷徙和大融合時期，此前入遷的漢族有的發展為「大姓」，多數則被「夷化」。源於氐羌系民族的昆明族和叟族開始被稱為烏蠻，爨族則和漢族大姓及雲南當地的土著融合併逐漸形成白蠻。〔註38〕百越系民族則有僚、鳩僚、濮等。唐宋時期，雲南腹地的白蠻和烏蠻通過異源同流和同源異流的不同途徑，逐步形成今白族和彝語支的彝、納西、哈尼等族。濮人和僚人也有了進一步的分化，濮人分化為撲子蠻（今布朗族和德昂族）、望蠻（今佤族），僚人則分化為金齒、白衣等。〔註39〕此時，廣西的「儂人」也遷入雲南東南部。南詔、大理國時期，除了逐漸「夷化」的漢族外，又有一些漢族人口從內地通過逃亡戍兵、戰爭俘掠以及邊民逃難等途徑進入雲南，並有部分苗瑤民族先民入遷雲南東南部。可以說，雲南多民族分布格局在漢族不斷入遷及與當地民族

〔註37〕參見鄭一省、王國平：《西南地區海外移民史研究——以廣西、雲南為例》，社會科學文獻出版社 2013 年版，第 97～99 頁；方鐵：《雲南跨境民族的分布、來源及其特點》，《廣西民族大學學報》（哲社版）2007 年第 5 期。

〔註38〕參見段麗波：《中國西南氐羌民族源流史》，人民出版社 2011 年版，第 16 頁。

〔註39〕參見馬曜主編：《雲南簡史》（新增訂本），雲南人民出版社 2009 年版，第 9～11 頁。

相融合中產生，而這種格局是以當地「夷」族為主體的。

元代以前的歷史表明，雲南自古就有許多民族在這一地區往返遷徙、生滅興衰及融匯互動，為其積澱了豐厚、複雜的多民族文化背景與族源基因。此後的元明清時期，是雲南以漢族為主體的多民族大雜居、小聚居格局現狀發展和形成最重要的歷史時期。元代以前，雖然雲南地區已有漢、氐羌系、百越系、苗瑤系、濮系等民族的形成和繁衍，但真正形成今天多民族分布格局的現狀是在元明清時期，現在分布於雲南的大多數少數民族都在這一時期形成，而且與現今民族大家庭的社會生活密切相關。元代，隨著中國歷史上空前大一統局面的形成，民族遷徙和民族融和的速度進一步加快，此時出於統一國家安全、穩定戰略的需要，蒙古人、回回、契丹、西番等民族隨蒙古大軍入遷雲南並落籍當地。在經過一個時期的孕育之後，元明之際，「雲南土著之民不獨僰人（白族）而已，有曰白羅羅（彝族）、曰達達（蒙古族）、曰色目（主要為回族），及四方之為商賈、軍旅移徙曰漢人者雜處焉」。〔註 40〕這些新的民族共同體，為雲南的多民族大家庭增添了諸多新成員。到了明代，有部分仲家、水戶等陸續從貴州和廣西遷入雲南羅平州境內。清代，一部分滿洲以各種原因零散式入遷雲南，給這一地區又增加了新的民族成份。元明清時期，漢族人口也大量入遷雲南，漢族逐步成為多數民族。在雲南地區這個特定的區域內，經過各族之間的相互影響、吸收和涵化，發展到今天已經形成源於氐羌系民族及與當地土著融合分化出的藏緬語族的彝族、納西族、哈尼族、傈僳族、阿昌族、景頗族、怒族、獨龍族、拉祜族、基諾族以及白族、藏族、普米族，源於百越系民族分化出的壯侗語族的壯族、傣族、布依族和水族，源於濮系民族分化出的孟高棉民族的布朗族、德昂族、佤族，源於苗瑤系民族分化出的苗瑤語族的苗族、瑤族，以及漢族、回族和蒙古族等二十餘個民族大雜居、小聚居的分布格局，〔註 41〕由此基本奠定了今天這一地區以漢族為主體，多民族大雜居、小聚居分布的現狀。

入遷雲南地區的各民族其形成、發展的過程不盡相同，但在不同歷史時期大多經歷了相互融合混血的階段，也就是說，在每個民族的來源中，具有

〔註40〕（明）陳文修，李春龍、劉景毛校注：景泰《雲南圖經志書校注》卷1《雲南府‧事要‧風俗》，雲南民族出版社 2002 年版，第 4 頁。

〔註41〕參見王文光、朱映占：《中國西南民族史研究論綱》，《西南邊疆民族研究》（第7輯），雲南大學出版社 2010 年版；馬曜主編：《雲南簡史》（新增訂本），雲南人民出版社 2009 年版，第 15 頁。

鮮明的「你中有我，我中有你」的特點。這些民族的主體來源大多係外來民族，在入遷雲南地區後，通過婚姻等形式吸收其他民族成份才最後形成。如蒙古人從軍到雲南，除了貴族和官吏有資格帶家屬外，多數士兵則單身而來，因而落籍雲南的蒙古士兵只有與附近的羅羅、漢人等進行通婚。〔註42〕這樣，雲南蒙古人的部分就使用彝語進行日常交流，同時又與僰人、漢人交往，在他們的語言中蒙古語成分逐漸減少，慢慢形成了蒙、彝、漢合為一體而頗具地方特色的雲南蒙古語言。通海縣興蒙鄉蒙古族尤為典型，其體質特徵甚至也由蒙古人種的北亞類型逐漸轉變為了南亞類型。〔註43〕也就是說，這些入遷民族大多並非雲南原生形態民族，他們是在原有民族分化的基礎上融合雲南當地民族的部分而形成的。此外，在回回等民族形成的過程中，外來的伊斯蘭教信仰及文化起到了非常重要的聚合作用。由此亦可看出，雲南地區多民族格局形成的過程具有開放性和兼容性的特點。

需要特別強調的是，上述這些北方民族在雲南定形的過程中，蒙古人發揮了重要的影響，今天分布在雲南的絕大多數源自北方的少數民族，都與元代蒙古人平定雲南具有密切的關係。元代，蒙古人不僅把自己的同胞帶到了雲南，而且也促使大批西亞、中亞及北方的民族客居他鄉，將自己的族體成分撒落到中國西南大地，並最終催生了不少特徵各異的民族。因此，一定程度上可以說，十三世紀初期蒙古的興起及元朝的建立，直接構建了今天雲南地區多民族分布格局的基本框架。再者，這一時期蒙古人、回回等各民族大雜居、小聚居分布格局的形成，與元明以來中央王朝實行軍屯制度、衛所制度等的直接影響分不開。此外，明清時期漢族的大量入遷雲南，也促使源自北方、南方的民族出現大範圍的民族融合，如布依族就有鮮明的漢族來源記憶。清代時，入遷雲南的這些外來少數民族已具有相對穩定的分布地域，並呈現出各自的民族特點，以後雖然分布區域發生了一些變動，但也只是局部的「微調」，雲南地區多民族大雜居、小聚居分布格局已漸趨穩定乃至定型下來。

在雲南民族分布格局的演變過程中，各外來民族移民在入滇後與其他民族總體上和睦相處，並保持著各自的民族特性，形成了風格迥異、內涵豐厚

〔註42〕參見杜玉亭、陳呂範：《雲南蒙古族簡史》，雲南人民出版社1979年版，第45頁。
〔註43〕參見鄭連斌等：《雲南蒙古族體質特徵》，《人類學學報》2011年第1期。

的民族移民文化，使雲南地區民族文化大家庭更加絢麗多彩。這一過程雖然充滿了無數的變量，如自然地理環境、政治、經濟、軍事、民族、人口等因素都會引起民族分布格局的變化，但民族遷徙才是其中最重要的變量。因此，楊建新先生才稱「歷史上我國各民族的遷徙，不僅是認識和解讀我國各民族自身發展的重要因素，也是認識和解讀我國多民族格局形成、發展以及我國民族關係發展的重要因素。」〔註44〕

〔註44〕楊建新：《民族遷徙是解讀我國民族關係格局的重要因素》，《煙臺大學學報》（哲社版）2006 年第 1 期。

第五章　少數民族移民對雲南的影響

第一節　少數民族移民與雲南的民族關係

　　元明清時期大量外來少數民族移民入遷雲南，加速了各民族間的交融進程，對當地的社會發展產生了深遠影響。元初以來大量的蒙古、回回、契丹、西番、滿洲、苗人、瑤人、儂人、沙人、土僚、仲家、水戶等民族群體陸續遷移至雲南，與此時期入遷的漢族移民以及當地原有民族等開始了大範圍的接觸。在持續不斷的交往中，這些外來少數民族移民與漢族移民及當地少數民族群眾建立了水乳交融的關係。

一、少數民族移民與民族關係的基本類型

　　民族關係是指一定主客觀條件下，不同民族之間的交往形式、內容及其歷史發展過程的總和。歷史上，沒有一個民族孤立發展，都是在相互依存、聯繫中發展起來的。雲南地處中國西南邊陲，有著不同於其他地域的典型特性，其民族關係史是中國歷史的一個重要組成部分，在兼具全國民族關係史共性的同時，也具有區別於其他地區的獨特性，主要表現為當地民族繁多，大多有自己長期活動的地域空間，一些民族甚至唯當地所獨有。〔註1〕基於歷史的原因，自遠古以來，不時有大量的外來少數民族和漢族群體移居雲南。這些入遷民族與當地原有民族之間既有和平的交往，也有兵戎相見的大小戰

〔註1〕參見王文光、龍曉燕：《中國西南民族關係研究散論》，《思想戰線》2001年第2期。

爭，而從發展趨勢看，各民族間在政治、經濟、文化等各個方面相互依存，相互吸收，你中有我，我中有你，聯繫越來越密切，逐漸匯聚成一股強大的內聚流，由內聚歸於統一，構成了中華民族多元一體的格局，也由此導致了歷史上的雲南民族關係呈現出不同的具體形態和類型：中央政權與少數民族政權的關係、各少數民族政權之間的關係、漢民族民間與少數民族民間的關係、少數民族內部民間的關係四大部分。〔註2〕自元代起，雲南地區再次納入中華民族大一統國家的歷史版圖內，再無先秦、唐宋時期那樣的滇國、句町、南詔、大理國等地方政權，此時的雲南更多的是統一國家內部民族之間的關係。因而，元明清時期雲南外來少數民族移民視角下的民族關係類型大致有：

少數民族移民與雲南原有民族的關係　「移民進入新居住地，必然要和先住的土著居民互相接觸，利害衝突難免發生。」〔註3〕蒙古軍入滇之初，受傳統游牧經濟習慣使然，在各地肆意殺掠，虜人為奴、奪田放牧之事層出不窮。史載：「（蒙古）營帳所在，大致騷擾，伐桑蹂稼，生意悴然。」〔註4〕此外，雲南各族人民由於是在滅宋前被征服，被蒙古視為等級低下的「漢人」而受到嚴酷剝削，蒙古統治者還大量簽發各族人民為軍，如「爨僰軍」、「和泥軍」、「羅羅軍」等。雲南各族人民苦不堪言，終於爆發了以大理僧人（即「僰僧」）舍利畏為首而在今雲南中、東部發起的反抗蒙古貴族統治的軍事行動，先後攻佔威楚（今楚雄）、統矢（今姚安）、鄯闡（今昆明）、新興（今玉溪）、石城（今曲靖）及尋甸等很多地區。雍正《雲南通志》載：「世祖至元元年（1264年），舍利畏叛，諸部並起，信苴日討平之。時東爨舍利畏倡言：蒙古處北，吾等處南，聲教所不及，何以服從之！」〔註5〕舍利畏從文化認同的角度倡言「聲教所不及」，道出了其反抗蒙古軍隊的根本原因在於「北」、「南」民族之間的文化衝突。這種新移民與土著之間的「土客矛盾」，在此後的元明

〔註2〕參見王文光、龍曉燕：《中國西南民族關係研究散論之二》，《思想戰線》2002年第1期。

〔註3〕陳孔立：《有關移民與移民社會的理論問題》，《廈門大學學報》（哲社版）2000年第2期。

〔註4〕《秋澗文集》卷48史天澤家傳。轉引自翁獨健主編：《中國民族關係史綱要》，中國社會科學出版社2001年版，第536頁。

〔註5〕（清）靖道謨纂，鄂爾泰等修：雍正《雲南通志》卷16《兵防·附師旅考》，江蘇廣陵古籍刻印社據乾隆元年刻本1988年影印。

清時期長期存在。當然，西南民族關係的主流是「各民族在長期的歷史發展中，在各個領域的接觸中，既和平友好、相互吸收，又矛盾衝突、相互排斥的這樣一個辯證的歷史運動過程」。〔註6〕外來移民通過長期與雲南原有民族的交往，獲得了各種各樣的利益和生存機會。因此，隨著各民族間交往的發展，新移民與土著也有「和平友好、相互吸收」的一面。如：在雲南鎮沅的振太地區，明代時曾有蒙古人遷入，這些蒙古人後以鐵為姓。而當地今天的拉祜族中，從雙江到瀾滄，都有鐵姓家族。〔註7〕說明明時入遷當地的蒙古人後來都已經「拉祜化」了，他們在與當地民族的長期交往中，逐漸放棄了自己原先的族群身份轉而認同拉祜人。清咸同年間，杜文秀反清起義失敗後，部分回民為避免遭到屠戮而逃散到邊遠的傣、藏、白等少數民族中，此後這些回民逐漸受到當地民族習俗的影響，但至今他們仍信仰伊斯蘭教，並自稱回族，而當地民族則稱他們為「傣回回」、「藏回回」等。〔註8〕又如元初隨蒙古軍入滇落籍於滇西北的西番，由於長期和納西族先民麼些生活在同一地域，到清時，「婚喪、信佛與麼些無異」。〔註9〕再如，明代流入雲南的「土僚」，在路南（今石林）的「為人佃種，屋廬與爨人同」，在新興（今玉溪）的，「服食昏喪，習同白羅」。〔註10〕外來移入雲南的少數民族與當地原有民族文化上互相影響、互相吸收，於此可見一斑。

　　少數民族移民之間的關係　尤中先生指出，在元代雲南行省的官吏中，往往是蒙古人和回回參半，互為正副，說明蒙古人所到之處，回回常常相伴隨。〔註11〕因此，長期以來蒙、回等民族共同生活於一個地域，關係必然密切。如在通海、玉溪一帶，無論在生產技術、經濟文化等方面，蒙、回及漢等族之間歷來彼此相互學習，相互幫助，取長補短，形成和睦相處、水乳交融的關係；在麻栗坡、開遠，則有蒙古人與回回聯姻的例證。〔註12〕又如元

〔註6〕王文光、龍曉燕：《中國西南民族關係研究散論》，《思想戰線》2001年第2期。

〔註7〕參見中共鎮沅縣委宣傳部、鎮沅縣民委編：《鎮沅風情》，雲南人民出版社1989年版，第106～107頁。

〔註8〕參見雲洱豐：《回族在雲南》，《寧夏社會科學》1985年第3期。

〔註9〕（清）余慶遠撰：《維西見聞紀》，方國瑜主編：《雲南史料叢刊》卷12，雲南大學出版2001年版，第64頁。

〔註10〕（明）劉文徵撰，古永繼校點：《滇志》卷30《羈縻志第十二·種人·土獠》，雲南教育出版社1991年版，第1000頁。

〔註11〕參見尤中：《中國西南民族史》，雲南人民出版社1985年版，第612頁。

〔註12〕參見馬世雯：《蒙古族文化史》，雲南民族出版社2000年版，第35～36頁。

代回回貴族賽典赤‧瞻思丁及其後人任職雲南行省時，隨從他們進入雲南的回回人就有很多。他們大多因從軍、仕宦或經商等，萬里移徙，多是單身，很少帶有家眷，置身雲南後，很多回回人與畏兀兒、蒙古等民族具有姻親關係，以後形成的回回民族中也含有這些民族的成分。由於有共同的宗教信仰伊斯蘭教及與此信仰密切相關的共同生活習俗與心理狀態，和遷居中國後被統稱為「回回」的波斯、阿拉伯及中亞突厥等族的移民自然容易融為一體，並通過婚姻等關係也融入了漢族和其他民族的成分。元朝末年，回回已具備一個民族的雛型，入明以後，隨著民族認同感的加強，就逐漸形成了回族這一個民族共同體。〔註13〕此事也說明，一民族與他民族通婚，並接受他族認同的情況也比較普遍。入滇契丹人與回回的關係也同樣，其後裔與回族亦能友好相處，清道光間回民起義時，契丹後裔中有人支持回民，有人參加鎮壓。據蔣世芳《世世昌》家譜記載，蔣文炳辦理鄉團，「祖為人謹厚，不涉威福，而族人蔣倫等，不守先祖世世相傳長支管業之規章，竟敢橫行霸惡，搶收莊內租息以致經控到官，又被鮑縣私給與惡佃堂判，遂成後日之禍根焉。既而逆回猖獗，姚關隨陷。蔣倫又將莊內尖山等處盜賣與偽將軍（指回族將軍）安從貴，祖因成疾終，幸我考成立，竟為贖回焉。」這件事雖然《世世昌》作者對蔣倫的做法持否定態度，換一個角度可以看出，蔣姓中有人與回回有密切聯繫。〔註14〕

少數民族移民與漢族移民的關係　元明清時期漢族大量入滇，促使雲南民族關係又上了一個新臺階，一個突出的標誌是，各族民眾多在與漢族的交往中自覺或不自覺地適應和學習漢文化，並以其為楷模來發展自己的民族。如元代進入雲南的回回人很多，置身漢地後，很多人方娶漢女為妻室，例如哈只哈心之妻荀氏、伯德那之妻李氏、職馬祿丁之妻馮氏皆為漢女。〔註15〕在雲南曲靖地區、昭通地區威信縣、貴州畢節地區大方縣等地的余姓家族中，廣泛流傳著「鐵改余」的傳說，他們自認為是蒙古人，是鐵木真的後人，後來改成了余，現今已有部分恢復為蒙古族。他們已完全漢化，除了族譜有此

〔註13〕參見翁獨健主編：《中國民族關係史綱要》，中國社會科學出版社2001年版，第565～566頁。

〔註14〕參見楊德華：《雲南民族關係簡史》，雲南大學出版社1998年版，第153頁。

〔註15〕參見翁獨健主編：《中國民族關係史綱要》，中國社會科學出版社2001年版，第565～566頁。

記載外，其餘與漢族完全相同。〔註16〕明代流入雲南的「土僚」，明末《滇志》記載其「與僰人同」、「習同白羅」，後「與齊民雜居」；〔註17〕清代時，居於彌勒州的「土僚」「近亦讀書」，蒙自縣的「習漢語」，阿迷州的「言語服食近漢」，鎮雄州的則「言語、衣服皆仿漢人」。〔註18〕鎮雄的苗人，乾隆時「見城市衣冠，輒缺哤驚避」，昭通的苗人則不僅不「驚避」，而且「常攜竹筐入市貿易」。〔註19〕瑤人，原先「自耕而食，少入城市」，後亦「男女皆知書」、「衣服近漢」。〔註20〕當然，其中也有不和諧的聲音，最典型的莫過於咸豐、同治年間的「回漢械鬥」。先是，清對回回民眾實行不平等政策，助漢抑回，後來發展到屠殺回民。嘉慶五年（1800年），順寧府（今鳳慶）悉宜銀廠回民金耀才與湖南漢人劉思義因口角爭鬥，請漢方客長夏秀山公斷，夏秀山袒護同鄉，金耀才不服，邀人毀壞湖南人店鋪十餘間，夏秀山便約漢民二百餘，擊殺回民十八人，夏秀山被處死。道光六年（1821年），雲龍州白羊廠回民與湖、廣臨安人因爭礦產資源械鬥，其中回民死傷甚多，但清政府在處理上明顯偏袒漢族。〔註21〕此外，雲南多礦產，尤以銅為最，每年「約產千萬斤」，又以漢回兩族經營之。因獲利甚豐，雙方也常因爭奪礦產而不時發生械鬥，最後導致杜文秀為首的大理起義與政權的建立。在滇西大理政權建立前後，滇南、滇東的回民也紛紛響應，臨安、東川、曲靖、昆陽、海口、澄江、河西、尋甸、宜良、昭通等地均有回民發動起義。〔註22〕總之，各少數民族移民與漢族移民之間雖有矛盾摩擦，但彼此間互相學習，互相吸收，取長補短。以友好交往為主流，共同發展是總的趨勢。

〔註16〕參見楊德華：《雲南民族關係簡史》，雲南大學出版社1998年版，第77～78頁。

〔註17〕（明）劉文徵撰，古永繼校點：《滇志》卷30《羈縻志第十二·種人·土僚》，雲南教育出版社1991年版，第1000頁。

〔註18〕（清）阮元、伊里布等修，王崧、李誠等纂：道光《雲南通志稿》卷185《南蠻志·種人三·土僚》，清代刻本複印。

〔註19〕（清）阮元、伊里布等修，王崧、李誠等纂：道光《雲南通志稿》卷185《南蠻志·種人四·苗人》，清代刻本複印。

〔註20〕（清）阮元、伊里布等修，王崧、李誠等纂：道光《雲南通志稿》卷185《南蠻志·種人四·瑤人》，清代刻本複印。

〔註21〕參見楊兆鈞主編：《雲南回族史》（修訂本），雲南民族出版社1994年版，第118～119頁。

〔註22〕參見楊兆鈞主編：《雲南回族史》（修訂本），雲南民族出版社1994年版，第126～137頁。

二、少數民族移民與民族關係的基本特徵及其對民族關係的影響

（一）少數民族移民與民族關係的基本特徵

　　民族關係的基本特徵，就是在各民族相互交往的過程中所表現出來的不同的外在特點。總體上看，雲南地區民族眾多，民族間的關係亦十分複雜，但是各民族在漫長的歷史長河中互相依存、互相交融，最後形成了「誰也離不開誰」的多元一體的發展格局。其民族關係主要有以下特點：分布上的大雜居與小聚居、政治上的多元一體性、社會發展的不平衡性、經濟上的互補性以及文化上的多元融合。〔註23〕由於元明清時期的雲南地廣人稀，資源豐富，因此無論是政治、軍事等原因造成的強制性移民還是經濟上的互補性帶來的自發性移民，該地區移民的數量和規模都很大。在這些遷移人口中，除了漢族外，還有更多的少數民族移民如蒙古人、回回、契丹、西番、滿洲、苗人、瑤人、儂人、沙人、土僚、仲家、水戶等，同時雲南地區立體的地形、氣候等導致了這些民族的立體分布。因此，多民族大雜居小聚居是雲南民族關係最為顯著的一個特點。

　　民族關係是一個歷史範疇，涉及範圍廣闊，其影響和作用表現在政治、經濟、軍事、文化、語言、生活方式和風俗習慣等各個方面。雲南少數民族移民民族眾多及大雜居小聚居，使得民族關係也具其特點。就移民的融合程度來說，源自北方的少數民族移民融入雲南當地的程度較深。作為外來移民，首先經歷的是對於遷入地的文化適應，他們對於移民身份的認同逐漸淡化了對於自己民族身份的認同。源自南方的苗瑤等民族入遷雲南時，大多已居住於鄰近雲南的地方，其周邊自然環境與移居雲南後的環境相似，他們一般是緩慢入遷，多與遷出地有聯繫，移居雲南後大多居住於雲南的東部、東南部的山區，這些地方為少數民族聚居區，漢族移民較少，使得這些移民可以較原始地保留自身的文化。而北方少數民族移民入遷雲南後，由於統一國家政治、軍事方面的需求，他們一般定居於雲南地區的各戰略要地、交通幹線或經濟文化較發達、自然條件較優越的中心城鎮和平壩地區，這些地區也是漢族移民集中居住的區域。在經歷了與漢族移民長期的雜居相處之後，這些少數民族移民逐漸在生計方式、風俗習慣等方面與漢族移民有了深層次的融合，

〔註23〕參見王文光、龍曉燕：《中國西南民族關係研究散論之二》，《思想戰線》2002年第1期。

自身的民族認同也隨之淡化。如，明清以來，除通海蒙古族還保留有本地區、本民族使用的雲南蒙古語言外，全省蒙古族均以漢語為主要交流工具，而且在思想觀念、行為方式上，大多數蒙古族也與漢族無異。〔註24〕

（二）少數民族移民對民族關係的影響

元明清時期大量少數民族移民入遷雲南，推動了雲南民族關係的發展和變化。

從積極的一面來講：第一，蒙古人、回回、契丹、西番、滿洲、苗人、瑤人、儂人、沙人、土僚、仲家、水戶等民族的一些人口入遷，增加了雲南多民族大家庭的成員。第二，這些少數民族移民的大量進入，使雲南與內地的關係更趨密切，雲南進一步納入全國大一統共同發展的軌道；同時，雲南各民族之間的往來和聯繫明顯加強，各民族發展的速度加快。第三，促進了外來移民與當地民族之間的融合，「誰也離不開誰」的凝聚力也日益增強。第四，加快了雲南地區的開發。漢族移民入遷雲南，帶來了先進的生產技術、生產工具和新的農作物品種等，少數民族移民也同樣做出了貢獻，如元代蒙古、回回移民入滇，將製炮術、採礦術、醫藥、天文曆法等一些先進知識隨同帶入；〔註25〕苗瑤民族入遷後，將包穀這種高產且適宜山區廣泛種植的新品種帶到了雲南，「療饑救荒」，現在紅河州金平縣的苗族中還流傳當時栽植玉蜀黍，杆長苗壯，粗如木杆，可作扁擔，南瓜成熟，可能容一窩小豬的傳說。〔註26〕

從消極的一面來講，少數民族移民的入遷造成了他們與當地原有民族或漢族間的關係緊張，從而給各族百姓的生產和生活帶來破壞性的影響。（詳見本節第一部分）

第二節　少數民族移民與雲南的民族經濟發展

元明清時期少數民族移民入遷雲南，不僅改變了自身的經濟狀態，也促進了雲南地區各族經濟的發展。

〔註24〕參見馬世雯：《蒙古族文化史》，雲南民族出版社 2000 年版，第 40 頁。
〔註25〕古永繼：《元明清時期雲南的外地移民》，《民族研究》2003 年第 2 期。
〔註26〕參見宋恩常整理：《金平縣二、七兩區苗族社會調查》，《民族問題五種叢書》云南省編輯委員會、《中國少數民族社會歷史調查資料叢刊》修訂編輯委員會編：《雲南苗族瑤族社會歷史調查》，民族出版社 2009 年版，第 17 頁。

一、入遷雲南少數民族移民原有經濟狀況

　　源自北方的民族方面　蒙古人興起前夕的十二世紀，各部居地分散，政治上不相統一，所處的自然條件不盡相同，與周圍較發達民族的聯繫程度深淺不一，發展並不平衡，大體上正處在由狩獵——半游牧半狩獵——游牧的發展過程中。〔註27〕元時入滇的回回，「有各種職業成分的人，如工匠、商人、藝人、畫師、宗教人士、牧民等，但卻鮮有農夫」。〔註28〕入滇的契丹幾乎全為職業軍士，在遼亡以前儘管其農業、手工業等有了一定發展，但大部分契丹人的經濟生活來源仍主要依靠畜牧業。〔註29〕西番在入滇以前的經濟生活已是農牧結合，尤以畜養羊、馬著稱。〔註30〕後金時期的滿洲經濟，是以農業、採獵、畜牧相結合的農奴制經濟。〔註31〕

　　源自南方的民族方面　元以前，儘管苗、瑤已分化為兩個民族，但他們的經濟生活總體上相似。宋時的《桂海虞衡志》記載：瑤，「其地山溪高深……各自以遠近為伍，以木葉覆屋。種禾、黍、栗、豆、山芋雜以為糧，截竹筒而炊。暇則獵食山獸以續食。」〔註32〕說明瑤人當時分布在封閉的廣西山區從事農業生產，部分則以狩獵為補充。苗人的情況亦基本相似。如唐宋時貴州地區的苗人，經濟雖有發展，其水平還是很低。史載「東謝蠻」地區（即今黔東南一帶），土地雖宜五穀，但仍「為畬田，歲一易之」，即仍然是「刀耕火種」，並且「眾處山，巢居，汲流以飲」，「無賦稅，刻木為契」。〔註33〕而元以前唐宋時期的壯族、水族、布依族先民被稱之為「僚」，廣西是他們的主要聚居區，其經濟文化總體發展不平衡，有的地區已是封建領主制經濟，而在山區的部分水族、布依族先民仍實行刀耕火種或落後的「畬田」法，有

〔註27〕參見《蒙古族簡史》編寫組、《蒙古族簡史》修訂本編寫組編：《蒙古族簡史》，民族出版社2009年版，第11～15頁。

〔註28〕馬麗娟：《歷史上雲南回民的經濟特徵》，《民族研究》2000年第5期。

〔註29〕參見王文光、龍曉燕、張媚玲：《中國民族發展史綱要》，雲南大學出版社2010年版，第303頁。

〔註30〕參見《普米族簡史》編寫組、《普米族簡史》修訂本編寫組編寫：《普米族簡史》，民族出版社2009年版，第82頁。

〔註31〕參見《滿族簡史》編寫組、《滿族簡史》修訂本編寫組編寫：《滿族簡史》，民族出版社2009年版，第27頁。

〔註32〕（宋）范成大撰，齊治平校補：《桂海虞衡志校補·志蠻》，廣西民族出版社1984年版，第40頁。

〔註33〕《新唐書》卷222中《南蠻列傳下》，中華書局1975年版，第6320頁。

些甚至還需漁獵以作為生活的補充。〔註34〕

　　可以說，源自北方的民族大致以牧業為主，部分兼以農業和工商業；源自南方的民族總體上以農業為主，部分則輔以漁獵等。

　　自元代少數民族移民入遷雲南後，由於處在新的環境下，受當地世居民族、漢族移民的影響和官府的引導，這些新移民逐漸改變其生產結構，不同程度地發展了農業生產，有的開始以農業為主而兼營畜牧業、手工業、商業等，社會生產水平發生變化，部分則逐步放棄原有的生產方式和生活習俗，出現了文化適應現象。

二、農牧業的重視

　　農業方面，蒙古人進入中原之初，多有肆行殺戮荒蕪田地的記載，以後逐漸認識到農業的重要，對恢復和發展農業生產給予重視。元世祖即位之初，即「首詔天下，國以民為本，民以衣食為本，衣食以農桑為本。於是頒《農桑輯要》之書於民，俾民崇本抑末」。〔註35〕反映了元朝統治者對農業的態度變化。又因從軍的北方各族軍士「上馬則備戰鬥，下馬則屯聚牧養」，〔註36〕這種「寓兵於農」的特點，使北方各族軍士在當時的經濟生活中，一開始就具有較大的農業成分。其在雲南地區的農業經濟生活最重者莫過於參與屯田活動。《元史‧兵志三‧屯田》記載全國統一後，「內而各衛，外而行省，皆立屯田，以資軍餉」；又說雲南八番等地，「雖非屯田之所，而以為蠻夷腹心之地，則又因制兵屯旅以控扼之」。〔註37〕此後，屯墾逐漸成為北方各族移民軍士最初從事農業生產的主要形式，並相繼在各地興起和發展起來。後來，世祖遣回回人賽典赤赴雲南建行省，賽典赤「下車之日」，即「興水利，置屯田」。〔註38〕針對滇池水利設施年久失修、常年泛濫的狀況，賽典赤在上游「教民播種，為陂池以備水旱」，〔註39〕還領導了對松花壩和滇池等一系列大型水

〔註34〕參見尤中：《中國西南民族史》，雲南人民出版社1985年版，第206～223頁；《水族簡史》編寫組、《水族簡史》修訂本編寫組：《水族簡史》，民族出版社2008年版，第26頁。

〔註35〕《元史》卷93《食貨志一》，中華書局1976年版，第2354頁。

〔註36〕《元史》卷98《兵志一》，中華書局1976年版，第2508頁。

〔註37〕《元史》卷100《兵志三》，中華書局1976年版，第2558頁。

〔註38〕（元）李京撰，王叔武輯校：《雲南志略輯校‧雲南總敘‧國朝平雲南》，雲南民族出版社1986年版，第83頁。

〔註39〕《元史》卷125《賽典赤瞻思丁列傳》，中華書局1976年版，第3065頁。

利工程的興修，根治了水患，極大地改變了當地的生產和生活條件。此外，雲南「爨、僰之人雖知蠶桑，而未得其法」，行省令勸農官張立道「始教之飼養，收利十倍於舊」，「雲南之人由是益富庶」。〔註40〕大興水利、傳授養蠶植桑技術等，都對提高當地各民族的生產生活起到了促進作用。

畜牧業方面，雲南山多草茂，歷來產馬。《桂海虞衡志》記載：「大理馬，為西南蕃之最。」〔註41〕大理國時期，就以所出產的馬與南、北宋進行交易。雲南各地飼養的牛、羊等大牲畜也相當普遍，不僅數量多，質量也很高，反映了大理國時期的飼養業十分發達。〔註42〕賽典赤入滇後，「宜馬則入馬，宜牛則入牛」，〔註43〕鼓勵各族發揮自身優勢，學會變通，起到了揚長避短的作用，並根據雲南地區畜牧業基礎較好的情況，在當地積極發展畜牧業。此外，蒙古人作為草原游牧民族歷來重視馬匹飼養，元初，蒙古統治者曾在全國挑選了一些水草豐美的地區建立官牧場，「其牧地，東越耽羅，北踰火裏禿麻，西至甘肅，南暨雲南等地」，使雲南成為元朝在全國所設的 14 處大型養馬場之一，〔註44〕促使雲南地區的畜牧業得到更快的發展。

對於元代開始進入雲南的少數民族移民來說，其經濟發展水平也在不斷提高。如：落籍雲南通海的蒙古人為了適應生存環境，圍湖造田，發展農業。在農田耕作技術和生產工具方面，都與附近的漢族基本相同，而且實行水田農業的精耕細作，並善於漁業經濟。〔註45〕雲南回族的農業經濟則自元代肇始，明清時期隨著回回人口的大量增加，分布區域不斷擴大，回回村寨遍及各地，其農業生產也進入了較高的發展階段。〔註46〕近代的西番社會已普遍進入犁耕階段。契丹、滿洲也放棄原有生產方式，定居下來發展農業。入遷雲南的苗、瑤民族雖然多居住於山區，但他們卻以農業作為主要生產門類，

〔註40〕《元史》卷 167《張立道列傳》，中華書局 1976 年版，第 3916 頁。

〔註41〕（宋）范成大撰，齊治平校補：《桂海虞衡志校補‧志獸》，廣西民族出版社 1984 年版，第 18 頁。

〔註42〕參見方鐵主編：《西南通史》，中州古籍出版社 2003 年版，第 390～392 頁。

〔註43〕（明）張洪撰：《南夷書》，方國瑜主編：《雲南史料叢刊》卷 4，雲南大學出版社 1998 年版，第 571 頁；王叔武：《〈南夷書〉箋注並考異》，《雲南民族學院學報》（哲社版）2001 年第 3 期。

〔註44〕參見《元史》卷 100《兵志三》，中華書局 1976 年版，第 2553 頁。

〔註45〕參見雲南省歷史研究所編著：《雲南少數民族》（修訂本），雲南人民出版社 1983 年版，第 553 頁。

〔註46〕參見納文匯、馬興東：《回族文化史》，雲南民族出版社 2000 年版，第 49～50 頁。

普遍種植水稻，牛耕已廣泛得以使用。〔註47〕苗、瑤民族從貴州、廣西等省大量移居雲南，可說是開發雲南山區的一支主力軍。他們與入遷雲南的漢族勞動人民一起，帶來了玉蜀黍、馬鈴薯兩個山地高產作物的品種，促進了各族人民對山區的開發。

三、工商業的發展壯大

隨著移民人口的增加和農業生產的發展，手工業、商業日趨繁榮。

南詔以來，雲南地區大量開採金、銀、銅、鐵、錫等礦藏，大理政權亦同樣，礦冶業相當發達，一些當地民族也掌握了冶煉、加工金屬的技術。《雲南志略》記載羅羅「善造堅甲利刃，有價值數十馬者」；〔註48〕末些蠻「多羊、馬及麝香、名鐵」，〔註49〕以善於冶鐵、鑄劍等著稱。元代時，以上金屬已廣為開發。《元史》載：「產金之所……雲南省曰威楚、麗江、大理、金齒、臨安、曲靖、元江、羅羅、會川、建昌、德昌、柏興、烏撒、東川、烏蒙。」「產銀之所……雲南省曰威楚、大理、金齒、臨安、元江。」「產銅之所……雲南省曰大理、澄江。」「產鐵之所……雲南省曰中慶、大理、金齒、臨安、曲靖、澄江、羅羅、建昌。」「在雲南者，至元十四年，諸路總納金一百五錠。」〔註50〕元代還於諸路設置重要的官辦手工業作坊「規措所」，後因與民爭利或牟取暴利被罷。〔註51〕元代的手工業有充足的人力物力支持，有戰爭中俘略來的各族工匠驅使。至明清，雲南的礦冶業開發推動了交通的發展，如「滇粵銅鹽互易」的主要通道為出剝隘而達廣西百色的滇南通道，該通道成為桂、滇苗、壯、瑤等民族加強區域往來，加深民族交流與聯繫的乾道紐帶，極大地促進了這一區域各民族的交往與融合。〔註52〕

商業方面，入遷的少數民族移民也做出了重大貢獻。元代，全國統一貨

〔註47〕參見劉曉春編著：《中國少數民族經濟史概論》，知識產權出版社2012年版，第138頁。

〔註48〕（元）李京撰，王叔武輯校：《雲南志略輯校·諸夷風俗·羅羅》，雲南民族出版社1986年版，第90頁。

〔註49〕（元）李京撰，王叔武輯校：《雲南志略輯校·諸夷風俗·末些蠻》，雲南民族出版社1986年版，第93頁。

〔註50〕《元史》卷94《食貨志二》，中華書局1976年版，第2377～2379頁。

〔註51〕《元史》卷125《賽典赤瞻思丁列傳》，中華書局1976年版，第3067頁。

〔註52〕參見陳慶德：《清代雲南礦冶業與民族經濟的開發》，《中國經濟史研究》1994年第3期。

幣流通，重視經濟發展，商業極其繁榮。《賽平章德政碑》說：行省平章賽典赤「薄徵稅以廣行旅」並「興市井」，又「輕抽收以廣商賈」，〔註53〕在貨幣使用上因地制宜充分尊重雲南民族習慣，「雲南民以貝代錢，是時初行鈔法，民不便之，賽典赤為聞於朝，許仍其俗」，〔註54〕對活躍雲南民族地區經濟起到了積極作用。馬可波羅說押赤城（中慶城）「大而名貴，商工甚眾」，還說雲南「所用貨幣則以海中所出之白貝而用作狗頸圈者為之，八十貝值銀一量」等等。〔註55〕

　　雲南商業貿易興盛的又一表現，是集市在各地普遍興起，而且商品比較豐富。李京《雲南志略》說大理地區「市井謂之街子，午前聚集，抵暮而罷」；金齒地區「交易五日一集，旦則婦人為市，日中男子為市，以氈、布、茶、鹽互相貿易。」〔註56〕馬可波羅也記載金齒地區龍川江邊下一大坡說：「僅見有一重要處所，昔為一大市集，附近之人皆於定日赴市。每星期開市三次，以其金易銀，蓋彼等有金甚饒，每精金一量，易純銀五量，銀價既高，所以各地商人攜銀來此易金，而獲大利。」〔註57〕以後雲南集市的興起更為普遍，規模也更擴大。明景泰《雲南圖經志書》載晉寧州：「土人每遇初七、十七、二十七，無間遠邇，來集於州治之西平原上，相與貿易，每集不下三四千人，市井若然。」〔註58〕數千人匯聚於一地交易，其規模之盛況，於此可見一斑。這其中，少數民族商人的作用是極其明顯的。如回民在經過元明時期的商業、手工業發展後，至清初「幾乎每家都有男人參與商貿活動，回民參與商貿的廣泛程度，幾乎是全民性的。」〔註59〕

〔註53〕（元）趙子元撰：《賽平章德政碑》，方國瑜主編：《雲南史料叢刊》卷3，雲南大學出版社1998年版，第266頁。

〔註54〕《元史》卷125《賽典赤贍思丁列傳》，中華書局1976年版，第3065頁。

〔註55〕參見《馬可波羅行紀雲南行紀》第117章《哈剌章州》，方國瑜主編：《雲南史料叢刊》卷3，雲南大學出版社1998年版，第142頁。

〔註56〕（元）李京撰，王叔武輯校：《雲南志略輯校·諸夷風俗·金齒百夷》，雲南民族出版社1986年版，第88、93頁。

〔註57〕《馬可波羅行紀雲南行紀》第123章《下一大坡》，方國瑜主編：《雲南史料叢刊》卷3，雲南大學出版社1998年版，第151頁。

〔註58〕（明）陳文修，李春龍、劉景毛校注：景泰《雲南圖經志書校注》卷1《晉寧州·事要·風俗》，雲南民族出版社2002年版，第46頁。

〔註59〕馬麗娟：《歷史上雲南回民的經濟特徵》，《民族研究》2000年第5期。

第三節　少數民族移民與雲南民族文化發展

　　「文化——無論是物質的還是精神的——都是由人類創造的，也是依附於人類而存在的。地理環境的多樣性和人類創造力的多樣性使文化因地而異，因人而異，表現出強烈的地理特徵」。同時，人又是文化的載體，當民族人口遷移時，他們所具有的語言文字、風俗習慣、宗教信仰等等，也必然隨之移動，「人口在空間的流動，實質上也就是他們所負載的文化在空間的流動。所以說，移民運動在本質上是一種文化的遷移」。〔註60〕

　　雲南自古以來就屬於文化水平相對落後的地區，先秦以來不同源流的民族文化在這裡碰撞、交觸，形成一個個既相互聯繫，又有各自特點的多民族文化，構成了雲南的少數民族傳統文化系統。元明清時期是中國少數民族傳統文化達到鼎盛的時期，少數民族不僅建立起元和清兩個全國性的統一政權，而且將大量的少數民族傳統文化要素流入中華民族主流文化之中，使中華民族傳統文化更具有多民族文化的特點。這一時期，雲南各民族傳統文化得到進一步發展，基本奠定了現今雲南民族的分布狀況和民族特徵。

　　元以來入遷雲南的南北方少數民族和漢族因為各種因素遷入雲南，給雲南的多民族文化帶來了不同於以往的樣式和內容。文化的交流與融合從來都是雙向的，雲南的原有民族文化與外來移民文化間也產生了全面性的相互影響。

一、思想文化上的影響

　　宗教作為一種特殊的文化現象，一直植根於人類社會歷史的發展過程中。雲南歷史上的少數民族長期生活在一個相對封閉的環境中，許多原始宗教得以保留下來。這些土生土長的宗教信仰，有自然崇拜、動植物崇拜、魂靈崇拜、祖先崇拜、保護神崇拜以及巫術等等。雲南是一個眾多民族多元文化交匯的地方，隨著中央王朝對雲南地區的開發，大量的外來民族經各種途徑進入，與之同步，許多外來的宗教也隨之傳入，形成雲南境內佛教、道教、伊斯蘭教、基督教和原始宗教共存的局面。而憑藉政治上的優越地位，蒙古、回回等北方民族移民的文化對雲南地區的文化產生了重要影響，以致蒙古的游牧文明、中西亞的伊斯蘭文明等都在雲南地區留下了印記。

　　佛教。雲南的佛教在南詔大理國時期興盛，元明清時期進一步發展，並

〔註60〕葛劍雄：《中國移民史》（第1卷），福建人民出版社1997年版，第102頁。

表現出以下特點：其一，教派複雜。雲南腹地主要流行漢傳佛教禪宗；大理白族地區流行帶藏族密宗色彩的阿吒力教；滇西北地區與西藏相鄰，當地各民族如外來的西番等普遍信仰藏傳佛教；在滇南、滇西南的農業民族中，以南傳上座部佛教（小乘佛教）佔優勢。其二，得到了統治者的大力扶持。元世祖封喇嘛教首領八思巴為「國師」，其教徒分布各省，在雲南者稱為「梁王師」，地位至尊。雲南王忽哥赤及賽典赤、也先卜花等行省官員，在昆明地區先後興修五華、大勝、筇竹、大德、圓通、羅漢和華亭諸寺。明代，從回回人沐英開始，雲南總兵官和各地官府均支持雲南佛教，昆明眾多寺廟都接受過沐氏捐資修建。清代時，雲南佛教仍盛行不衰。〔註 61〕佛教傳入雲南後，因能吸納雲南本土的原始宗教和巫術文化以及得到歷代統治者的青睞，所以與雲南本土的宗教發生的碰撞並不劇烈，並很快就為傳播地區的民眾所接受，並得到了迅速的發展。

道教。道教中的全真道丘處機掌教後，積極與當時的宋、金、蒙統治者進行溝通，並贏得他們對道教的高度重視。在遠赴西亞應蒙古成吉思汗之召後，成吉思汗對道教推崇備至，為此後道教的大興奠定了良好的政治基礎。元世祖忽必烈及以後的元代諸帝也時對道教進行封賜。因此，在元代，道教得到了很大的發展。但元代時雲南的道教活動很少見於記載，說明此時的雲南道教並不顯赫。雲南的道教實興盛於明清時期。是因漢民及高道入滇才呈現繁榮景象的。〔註 62〕道教從傳入之時就與雲南各民族的原始宗教相融合，並與儒、釋合一，深刻而廣泛地滲透到雲南各民族的生活習俗之中，從而形成雲南民族傳統文化的重要組成部分。〔註 63〕除漢族外，道教在雲南的彝族、瑤族、白族、壯族、納西族、布依族中有較大的影響。至今仍有不少群眾不同程度的信奉著道教的神靈，如瑤族，不僅信仰原始宗教，而且還受到道教很深的影響。〔註 64〕

伊斯蘭教。唐時進入中國，主要流行在東南沿海的蕃客及絲綢之路來的各色目商人中，在本土人士中並沒有得到發展。蒙古的崛起和長驅直入為民族遷徙開闢了道路，大批穆斯林進入中國內地乃至雲南。隨著回民大量遷入

〔註 61〕參見方鐵主編：《西南通史》，中州古籍出版社 2003 年版，第 761～762 頁。
〔註 62〕參見楊學政主編：《雲南宗教史》，雲南人民出版社 1999 年版，第 644～650 頁。
〔註 63〕參見楊學政主編：《雲南宗教史》，雲南人民出版社 1999 年版，「序」第 5 頁。
〔註 64〕參見趙廷光：《論瑤族傳統文化》，雲南民族出版社 1990 年版，第 22 頁。

雲南，以及元世祖忽必烈派賽典赤任雲南平章政事，昆明等地首建清真寺，伊斯蘭教在雲南得到迅速發展。明代又有一些回回人口遷入雲南，伊斯蘭教的影響進一步擴大。清代尤其是道光以前，雲南修建清真寺較為廣泛，凡有回回聚集的城鄉，幾乎都建有清真寺。自元起，伊斯蘭教逐漸在雲南回民地區傳播開來，其特點是伊斯蘭教與回民的文化教育和風俗習慣能夠融為一體，對回民的物質生活和精神生活產生了重要的影響。〔註65〕

基督教。也是唐時進入中國，當時傳入的為聶思脫里教派，被稱之為景教。在雲南流行的基督教，主要是天主教和新教（基督教）兩個教派。元代雲南已有屬天主教而被稱為「也里可溫」或聶思脫里派教徒的記載。如至元間意大利人馬可波羅奉命使緬，途經押赤城（今昆明），即看到當地「有回教徒、偶像教徒及若干聶思脫里派之基督教徒」等數種居民雜居。〔註66〕傳入時，由於政治意圖過於明顯，又沒有能夠與雲南的儒學、道教和原始宗教很好的結合，因此在東西方宗教文化的碰撞之中節節敗退。直至近代尤其是辛亥革命以後，基督教逐漸改變傳播策略，重視其與少數民族的生活習俗相結合，在傳教的同時，也舉辦了一些文教、衛生和慈善事業，逐漸為雲南的一些少數民族所接受，成為苗族、佤族、傈僳族、怒族、獨龍族、基諾族等民族所信奉的宗教。如：英國傳教士塞繆爾‧柏格理等在以昭通為圓心、一百英里為半徑的滇、黔、川毗鄰地區範圍內進行傳教活動，除傳教外，他們還把近代教育授給了當地的苗、彝、漢等民眾。〔註67〕

這些外來宗教在傳播過程中也曾與本土宗教和傳統文化發生衝突，出現一些爭執。如：早在清初就發生天主教傳教士就中國傳統禮儀是否違反天主教義的「禮儀之爭」，便是為反對中國教徒「祭祖」發生的文化衝突。另外，這些到中國來傳播「福音」的天主教傳教士或上帝的使者們，並不都是那麼醉心於上帝的教誨，完全沉浸在宗教世界裏。在近代，「天主教及西方文化成為殖民侵略的伴生物」，〔註68〕因而傳教士們除了攻擊中國文化的諸多方面以外，還鼓動中

〔註65〕參見楊學政主編：《雲南宗教史》，雲南人民出版社1999年版，「序」第2頁；方鐵主編：《西南通史》，中州古籍出版社2003年版，第762頁。

〔註66〕參見《馬可波羅行紀雲南行紀》第117章《哈剌章州》，方國瑜主編：《雲南史料叢刊》卷3，雲南大學出版社1998年版，第142頁。

〔註67〕參見〔英〕柏格理等著，東人達等譯：《在未知的中國》，雲南民族出版社2002年版。

〔註68〕楊學政主編：《雲南宗教史》，雲南人民出版社1999年版，第363頁。

國教徒背棄中國傳統禮俗，不敬祖宗，不拜天地，觸及中國人的社會倫理道德觀。不僅當時的一些士人激烈反對，連絕大多數民眾同樣也討厭他們的說教，「他破壞了家庭；他干涉了祭祖儀節；他把那已經深入在他們生活中的佛教和道教的儀禮說成是邪教，而對於他們傳統的先師孔子的訓迪，並不稱之為『聖』；他要求他的教徒們，對於本鄉村和家庭的祀典的維持，停止貢獻；這一切都是為著一個『外國的宗教』，而這個外國宗教，除了那些入教的信徒之外，沒有人承認它在任何方面比那些在中國流行的各種宗教更見好些。」〔註69〕雲南雖屬邊疆，其形勢也與全國一樣，發生了十數起「教案」，如昭通、浪穹（今洱源縣）、永平、永北（今永勝縣）、阿墩子（今德欽縣）、路南（今石林縣）、昆明、永善、維西、白漢羅（今貢山縣）、蒙化（今魏山縣）、賓川等「教案」。〔註70〕針對在中國出現的諸多矛盾、對立，清末以後，羅馬教廷不得不做出調整，開始「天主教中國化」的進程，逐漸為雲南的一些少數民族所接受。〔註71〕

這些「教案」事例很好地說明了外來宗教不斷在雲南地區擴大影響的史實，與此同時宗教信仰的主體也逐漸多元化。而天主教與中國傳統的宗教、文化之間的摩擦也表明了彼此交融的程度。總之，一種外來的宗教，傳入一個新的地區後，要獲得信眾，必然要發生某些變異，逐漸向地方化、世俗化轉化，這已經為歷史證實了的一條客觀規律。受外來移民影響，世界三大宗教傳入雲南並與雲南原有民族的原始宗教和生活習俗相結合，具有了顯著的民族、地方特徵及個性化的特色。

漢文化在雲南民族地區的傳播，強化了各民族間的文化共享，促進了中華民族的「多元一體」進程，也進一步確立了各族民眾對民族國家的普遍認同。在漢文化傳播的過程中，擅長經商、接受漢文化程度較深的回回等伊斯蘭民族的傳播作用非常值得重視。元代以來，回回經商的足跡幾乎遍及整個雲南，他們在從事商業的活動中，也將內地的一些先進文化技術輸入到邊遠的雲南各少數民族地區。因此，那些經常深入雲南城鄉各地的回回商人，為雲南許多少數民族群眾瞭解漢文化、增長知識提供了一個重要窗口。

〔註69〕〔美〕馬士，張匯文等合譯：《中華帝國對外關係史》（第2卷）（一八六一——一八九三年屈從時期）（第十一章中國人對傳教士的仇視），商務印書館1963年版，第243頁。

〔註70〕參見楊學政主編：《雲南宗教史》，雲南人民出版社1999年版，第363～377頁。

〔註71〕參見楊學政主編：《雲南宗教史》，雲南人民出版社1999年版，第392頁。

二、大雜居小聚居狀態下各族社會習俗的嬗變

　　文化變遷是文化人類學的主要研究課題之一，一般是指「或由於民族社會內部的發展，或由於不同民族之間的接觸，因而引起一個民族的文化的改變」。〔註82〕統一多民族國家性質的特殊性之一，在於使用多種語言文字以及民族文化的多樣性。外來少數民族移民的入遷導致雲南地區文化發生變異的內容有多方面，最顯著的是語言文字和風俗習慣。少數民族移民文化與雲南土著文化相互衝突、碰撞、吸收與融合，集中反映了移民與雲南地區文化變遷的過程與關係。

　　其一，語言文字方面。

　　蒙古人。蒙古語屬於阿爾泰語系蒙古語族蒙古語支。1206 年，成吉思汗統一蒙古各部，建立了蒙古汗國，為形成統一的蒙古語言奠定了基礎。元朝建立後，隨著蒙漢關係的加強，因受漢文化的影響，蒙古語中吸收了不少漢語詞彙，使蒙古語言有了進一步的發展。此後，由於各種原因及條件的限制，蒙古語言仍存在著地區上的差別。蒙古人原來無文字，最初曾用漢字和畏兀兒字母來拼寫本民族語言。1269 年元世祖忽必烈命國師八思巴創立「八思巴字」。八思巴字是在藏文、梵文基礎上根據蒙古文的特點創立的。作為官定的蒙古文字，元朝時曾大力推廣，後隨著元朝的滅亡而被廢棄。〔註83〕元代以來，蒙古人落籍雲南，其語言、文字也發生了很大的變化。如：元代坐鎮曲陀關的蒙古元帥阿喇帖木耳及其子旃檀會作漢文詩詞，蒙古貴族的婦女也學會漢文、漢語並作詩。如元末在雲南自殺的梁王把匝拉瓦爾密的女兒阿　，其《愁憤詩》寫道：「吾家住在雁門深，一片間雲到滇海。心懸明月照青天，青天不語今三載。黃嵩歷亂蒼山秋，誤我一生踏裏彩（華言錦被也）。吐嚕吐嚕段阿奴，施宗施秀同奴歹。雲片波潾不見人，押不蘆花（華言起死靈草也）顏色改。肉屏（華言駱駝也）獨坐細思量，西山鐵立（華言松林也）風瀟灑。」〔註84〕詩中夾雜有蒙語的漢字譯音。可見，就是統治雲南的梁王的子女所寫漢文詩中也有蒙古語，至於平時說話中，即使主要用漢語，但也不會丟掉蒙古語。元以後，蒙古民眾處於被統治之下，與漢族等雜處，他們為了生產和生活，為了同各族人民相處，學會

〔註82〕黃淑娉、龔佩華：《文化人類學理論方法研究》，廣東高等教育出版社 1996 年版，第 211 頁。

〔註83〕參見馬世雯：《蒙古族文化史》，雲南民族出版社 2000 年版，第 84～87 頁。

〔註84〕（明）楊慎撰著：《南詔野史》下卷《段氏總管・段功》，清乾隆四十年石印本。

了漢語。其後，由於交際、通婚的關係，雲南蒙古人又與漢、白、彝等族交往，因而蒙古語言中又含有白、彝、漢等民族的語言、詞彙成分。

回回。入遷雲南回族的先民來源繁多，他們在元代移居雲南時，還使用著各自原來的民族語言如阿拉伯語、波斯語和中亞各族的語言等。後來在回回形成過程中與漢族密切交往，文化上受漢文化的極大影響，故自明初起已採用漢名漢姓，通用漢語漢文，以漢語作為日常生活用語。雲南回回還與白、彝、苗、納西、藏、傣等兄弟民族交錯而居，互相之間有著密切的聯繫，故其語言和文化除受漢族的強烈影響外，還受到共同雜居的其他兄弟民族的影響。

契丹。契丹是東胡系統的民族，語言屬蒙古語族。自元代入遷雲南以來，同蒙古人一樣居於統治地位。其分布地域主要在保山一帶，所操語言可能對包括布朗族在內的周邊民族語言產生一定的影響。明代，由於契丹後裔仍在落籍地區具有較大權力，因而其語言仍然對周邊具有影響力。清初以後，其後裔由於與布朗、佤、漢等族群眾雜居現象趨於普遍，通婚、交往密切，不同語言之間相互滲透和吸收的結果，便出現了主要表現在詞彙方面的混合語。根據民族學家的調查，雲南保山施甸縣山區契丹後裔的語言，除有他們自稱的本語外，還包含著布朗語、漢語兩個主要成分，是典型的混合語。〔註85〕

西番。普米族語言屬漢藏語系藏緬語族羌語支。儘管居住分散，相距較遠，但各地普米族的方言區別不大，可以互相通話，這說明該族在歷史上曾有過一個聚族而居、繁盛發展的時期。元代隨蒙古軍入遷雲南後，他們原來的生產生活方式並沒有發生大的改變而仍以畜牧業生產為主。明代時，喇嘛教由鄰近的古宗傳入西番中，因而天啟《滇志》說西番「有緬字經，以葉書之」。〔註86〕清代時仍多沿襲舊俗，而因與古宗族源關係更為親近，受藏傳佛教影響較深，即「尚力善射，與牧遷移，間有向學者，以貝葉寫西方經，祀神誦焉」。〔註87〕儘管有自己的語言，但西番是一個善於學習的民族，在與周邊各族長期的交往中友好相處，具備了兼通三四種民族語言的本領。男子普遍兼通相鄰的漢、彝、白、納西、藏等族的語言，這不僅豐富了普米族語言的內容，而且對於加強民

〔註85〕參見孟志東：《雲南契丹後裔研究》，中國社會科學出版社 1995 年版，第 99頁。

〔註86〕（明）劉文徵撰，古永繼校點：《滇志》卷30《羈縻志第十二‧種人‧西番》，雲南教育出版社1991年版，第1000頁。

〔註87〕（清）劉慰三撰：《滇南志略》卷3《維西廳》，方國瑜主編：《雲南史料叢刊》卷13，雲南大學出版社2001年版，第194頁。

族之間的友好關係，發展經濟文化事業，發揮了重大的作用。〔註88〕

　　滿洲。清代，滿族自稱「滿洲」。滿族語言屬於阿爾泰語系滿——通古斯語族滿語支。滿文是十六世紀末根據蒙古文字母創製的，後經改進，能準確表達自己的語言。滿文直寫左行，有六個元音字母，十八個輔音字母，清代曾用它行文寫史。滿洲是清朝的統治民族，所以清政府一貫強調清朝的基本國策是「滿洲根本」，輔之以「旗民有別」和「滿漢一家」，屬行「國語騎射」。清廷規定，「國語騎射」是滿洲的根本。國語，又稱清語，就是滿語。清文亦稱清書，即滿文。騎射是騎馬射箭，這是滿洲的特長。清朝皇帝提倡「國語騎射」的基本目的是要求滿洲八旗人員維護本民族特徵，防止浸染漢民習俗而漢化，保證自己統治全國的根本力量。〔註89〕這種政策表明滿洲統治者維護自身統治地位又兼顧到漢文化漢語作為主體民族使用的現實，顯示出以漢語為主多元語言文化並存。但總的看，規定成效甚微。隨著時間的推移，入遷雲南的滿洲人，在長期與漢族雜居共處及交往中的各方面明顯處於劣勢，最終被漢語融合替代。現在，雲南滿族使用漢語文。

　　源自南方的苗人、瑤人、儂人、沙人、土僚、仲家、水戶。這些南方少數民族入遷雲南後，多與當地原有民族大雜居小聚居，不少民族在不斷地瞭解接觸中逐步學習和接受了漢文化，讀漢書、識漢字、講漢話，在清末民國的地方文獻中屢見記載。如：民國《馬關縣志》記載：「儂人……其俗男惰女勤，好居樓房，有儂語無儂文。近代，男通漢語且有習儒業而青其衿者。以廢曆六月初一日為歲首。」〔註90〕「沙人……其語言風俗與儂人無異。」〔註91〕「民家」（即仲家，布依族先民），「近染禮化，漸知避忌。」〔註92〕「瑤人，性獷悍，

〔註88〕參見《普米族簡史》編寫組、《普米族簡史》修訂本編寫組編寫：《普米族簡史》，民族出版社2009年版，第4～5頁。

〔註89〕參見翁獨健主編：《中國民族關係史綱要》，中國社會科學出版社2001年版，第704～705頁。

〔註90〕張自明修，王富臣等纂：民國《馬關縣志》卷2《風俗志·夷俗瑣記·儂人》，鳳凰出版社編撰：《中國地方志集成·雲南府縣志輯》第45輯，鳳凰出版社2009年版，第217頁。

〔註91〕張自明修，王富臣等纂：民國《馬關縣志》卷2《風俗志·夷俗瑣記·沙人》，鳳凰出版社編撰：《中國地方志集成·雲南府縣志輯》第45輯，鳳凰出版社2009年版，第221頁。

〔註92〕張自明修，王富臣等纂：民國《馬關縣志》卷2《風俗志·夷俗瑣記·民家》，鳳凰出版社編撰：《中國地方志集成·雲南府縣志輯》第45輯，鳳凰出版社2009年版，第226頁。

自謂盤瓠之後，自耕而食，少入城市，男女皆知書。」〔註93〕又馬關的瑤人「有
書，父子自相傳習。看其行列筆劃似為漢人所著，但流傳既久，傳抄訛謬，字
體文義殊難索解，彼復寶而秘之，不輕易示人，愈不可糾正矣。」〔註94〕可見，
一些入居雲南較久的民族，由於各方面都須和漢人打交道，不能不習用漢語漢
文。當然，也有一些南方少數民族移民由於入遷雲南後聚族而居，地處偏僻，
人煙稀少，漢族進入時間較晚，又與他族接觸不多，至清末仍然不受其他語言
文化的影響或影響不深。如馬關的「苗人」，「有苗語無苗文」；〔註95〕麻栗坡的
「貓人」（即苗族），「不穿鞋，不讀書」；〔註96〕「沙人」，「不知文教」；〔註97〕
「土獠」，「不知文教」；〔註98〕「土猺」，「有土語無土文」。〔註99〕等等。

其二，風俗文化方面。

元明清時期，大批少數民族移民入遷雲南，與漢族移民及當地的白、彝
等族土著居民雜居相處，在新的社會環境中，其固有的文化必然與其他民族
發生碰撞、交融，風俗習尚的變遷便不可避免。「外來移民以強大的軍事實力
和統治威權作為後盾，在城鎮、壩區、交通沿線和軍事要衝之地，或以原籍
群體為範圍單獨而處，或分散各地與不同民族雜居共存，打破了當地久已形
成的民族聚居區和固定地域局面，加強了不同民族間的交往融合。處於較高

〔註93〕（清）劉慰三撰：《滇南志略》卷5《廣南府》，方國瑜主編：《雲南史料叢刊》
卷13，雲南大學出版社2001年版，第284頁。

〔註94〕張自明修，王富臣等纂：民國《馬關縣志》卷2《風俗志·夷俗瑣記·猺人》，
鳳凰出版社編撰：《中國地方志集成·雲南府縣志輯》第45輯，鳳凰出版社
2009年版，第222頁。

〔註95〕張自明修，王富臣等纂：民國《馬關縣志》卷2《風俗志·夷俗瑣記·苗人》，
鳳凰出版社編撰：《中國地方志集成·雲南府縣志輯》第45輯，鳳凰出版社
2009年版，第234頁。

〔註96〕陳鍾書、鄧昌麒等纂：《新編麻栗坡特別區地志資料》中卷《民族種類·貓人》，
鳳凰出版社編撰：《中國地方志集成·雲南府縣志輯》第58輯，鳳凰出版社
2009年版，第143頁。

〔註97〕陳鍾書、鄧昌麒等纂：《新編麻栗坡特別區地志資料》中卷《民族種類·沙人》，
鳳凰出版社編撰：《中國地方志集成·雲南府縣志輯》第58輯，鳳凰出版社
2009年版，第144頁。

〔註98〕陳鍾書、鄧昌麒等纂：《新編麻栗坡特別區地志資料》中卷《民族種類·土獠》，
鳳凰出版社編撰：《中國地方志集成·雲南府縣志輯》第58輯，鳳凰出版社
2009年版，第147頁。

〔註99〕張自明修，王富臣等纂：民國《馬關縣志》卷2《風俗志·夷俗瑣記·土猺》，
鳳凰出版社編撰：《中國地方志集成·雲南府縣志輯》第45輯，鳳凰出版社
2009年版，第226頁。

層次的移民文化所具有的感召力和同化力，對所在地區的風俗習慣產生了重大影響。」〔註 100〕元代，蒙古、回回等北方民族在雲南社會中占居統治地位，因而他們的習俗對當時雲南各民族的影響很大。如，元代的蒙古都元帥阿喇帖木耳曾駐治曲陀關，此後的明、清時期，附近玉溪、江川、河西、峨山等縣的封建士紳們一直迷信曲陀關的「風水」，以為死後埋葬在這裡，就可以託元朝都元帥和什麼「臥龍」的福，他們的子孫就會當大官，走紅運。因此，即使遠距曲陀關上百里，地主士大夫們也要千方百計買一塊土地，以埋在此處為榮。結果久而久之，曲陀關一帶便碑石林立、墳墓累累。〔註 101〕而外來民族的飲食也為雲南各族百姓所廣泛接受。據說滿族人開辦的「合香樓」糕點店所經營的糕點獨具滿、蒙、漢及雲南特色，滿族稱為火腿四兩飥（即今雲腿月餅）、薩其馬的這兩類糕點就較有代表性。此外，還有豆沙糕、芙蓉糕、綠豆糕及各類果脯都受到雲南當地各族百姓的歡迎。〔註 102〕苗族的白斬雞、剁參、燉狗肉等也遠近聞名，燉狗肉過去漢族不吃或少吃，現在已從苗族中傳播開來，甚至苗族養的狗，有不少被漢族買走。〔註 103〕

當然，作為統治階層來說，蒙古、回回等北方民族並沒有一味的對雲南各族實行強制同化政策，他們還得考慮數量較少的自身不能被雲南土著民族所融合和吸收；而且雲南在元代以前一直就和內地保持著時斷時續的聯繫，雲南各族人民通過這種聯繫很早就耳濡目染地受到了內地文化的影響。在此情況下，元世祖忽必烈認識到，在蒙古統治者和廣大漢民之間，穆斯林是最好的中間代理人和聯繫人，因而果斷派遣回回人賽典赤入滇承擔重任。賽典赤到雲南後，決定用儒家思想而非伊斯蘭化或蒙古化的策略作為最有效的辦法來促進雲南地區的發展和社會的穩定。此後元代的雲南在賽典赤及其子孫後裔的領導下，大力推行儒家文化政策，促進了雲南經濟和文化的發展和繁榮，並加速了與中國內地社會的整合過程。〔註 104〕其結果，回回等民族得以

〔註100〕古永繼：《明代外來移民對雲南文化發展的影響和推動》，《西南邊疆民族研究》（第 8 輯），雲南大學出版社 2010 年版。

〔註101〕參見杜玉亭、陳呂範：《雲南蒙古族簡史》，雲南人民出版社 1979 年版，第 13 頁。

〔註102〕參見謝蘊秋主編：《雲南境內的少數民族》，民族出版社 1999 年版，第 697～699 頁。

〔註103〕參見熊玉有：《苗族文化史》，雲南民族出版社 2003 年版，第 183 頁。

〔註104〕參見王建平：《元代穆斯林移民與雲南社會》，《青海民族學院學報》（社會科學版）1999 年第 2 期。

保持自身的文化特色而免於被同化，雲南各族之間的關係總體上也較為和睦。因此，方鐵教授說，元代時，蒙古、回回等北方少數民族移民入遷雲南，意義重大，並表現出有利於西南邊疆發展、較快實現民族融合等特點。〔註105〕

文化的影響和傳播總是雙向的。〔註106〕我們承認外來民族的風俗文化對雲南當地文化的影響，但同時也應該看到，雲南的各族文化及漢族移民文化對他們的影響也不可估量，特別是在各族大雜居、小聚居分布格局形成後，不同民族間的相互影響與交流就更普遍了。如明洪武五年（1372年）規定：「蒙古、色目人氏，既居中國，許與中國人家結婚姻，不許與本類自相嫁娶，違者男女兩家抄沒入官為奴婢。」〔註107〕這導致許多蒙古人為免遭迫害，不敢暴露自己的民族成分，從而使元滅亡後流落各地的蒙古人大量融入到漢族及其他民族中，堅持蒙古族身份的那部分人只有選擇與其他民族通婚。「從一些墓誌中發現，清代蒙古族的通婚範圍較廣，如董氏、羅氏、劉氏、矣氏、招氏、祿氏等姓氏，這顯然是與附近彝族和漢族婦女通婚的標誌。」〔註108〕

「為適應特殊的環境，外來移民必然要吸收當地民族生活中有益的因子，從而在自身發展中產生出某些具有地方特點的新習俗。」〔註109〕經過雲南地區環境的長期濡染，久居雲南的各外來民族移民在倫理習俗上就有了明顯的改變，例如婦女的節烈觀較之以往就有不同。民國《新纂雲南通志》記載：清代「馬名揚妻沙氏，建水回族人。年十四，奉母有孝名。適夫三月，夫亡，無出，矢志守節，孝翁姑。氏父母早卒，僅存幼弟，撫以成人，弟亡，又撫其二子。」〔註110〕元代以來的法律允許夫亡妻可以改嫁，這種守節行為的產生顯然是在儒家「餓死事小，失節事大」的長期影響下促成的。回回自元入

〔註105〕 方鐵：《論北方游牧民族兩次南下西南邊疆》，《中南民族大學學報》（人文社科版）2013年第1期。

〔註106〕 葛劍雄：《中國移民史》（第1卷），福建人民出版社1997年版，第107頁。

〔註107〕 （明）申時行等修：《明會典》（萬曆朝重修本）卷20《戶部七·戶口二·婚姻》，中華書局1989年版，第135頁。

〔註108〕 杜玉亭、陳呂範：《雲南蒙古族簡史》，雲南人民出版社1979年版，第45頁。另見杜玉亭：《通海縣興蒙鄉蒙古族社會歷史考察》，雲南省編輯組、《中國少數民族社會歷史調查資料叢刊》修訂編輯委員會編：《雲南少數民族社會歷史調查資料彙編》（五），民族出版社2009年版，第153頁。

〔註109〕 古永繼：《明代外來移民對雲南文化發展的影響和推動》，《西南邊疆民族研究》（第8輯），雲南大學出版社2010年版。

〔註110〕 （民國）周鍾嶽等撰，李斌、李春龍等點校：《新纂雲南通志》卷246《列女傳八·臨安府三》（十），雲南人民出版社2007年版，第200頁。

滇而開始接受漢文化，回回婦女也受到漢族婦女一些行為觀念的影響。同時，在她們所信仰的穆斯林教義中也對婦女在家庭中的義務、職責等作了規定，如「喜愛真主應強於喜愛自身，尊重丈夫強於尊重自己」，規定回族婦女在家庭中不僅要服侍照料好丈夫，還應孝順公婆，教育兒女。這些教義無疑對塑造回族婦女的社會角色起著重要作用。〔註 111〕文獻中還出現蒙古人烈女殉夫的記載，如：元末大理總管段功助梁王把匝拉瓦爾密脫紅巾難，為感恩，梁王把女兒阿　許給段功為妻。後段功與梁王有結，梁王密令女兒用孔雀膽毒殺段功，阿　不但沒執行，還將此事告知段功，並表態願和段功一起回歸大理。段功不信此事，終被梁王設下圈套，「偕功東寺講經，至通濟橋，功馬逸，王乘機令番將掖殺之」。阿　聞之慟哭，「功喪既行，阿　遂不食死，以殉焉。」〔註 112〕此事即為郭沫若先生著名話劇《孔雀膽》的原型。類似記載還有清代時署沾益州事志斌妻薩拉吐氏，「滿州人，隨夫任所。同治紀元秋七月，賊陷州城，志斌殉難，氏泣曰：『官人盡忠報主，我盍全節報夫，俾萬里忠魂同歸旗下無憾矣。』遂出金帛散僕婢，趣之逃，獨轉上房投繯死。」〔註 113〕

　　隨著各民族之間交往的日益密切，風俗習慣上相互影響很大，而有的民族特點仍很鮮明。例如：

　　蒙古人的居住、婚姻、喪葬等都與附近的漢族相同，節日方面雲南蒙古人也過春節、清明、端午、中秋等節日，也流行當地的火把節。〔註 114〕

　　回回雖受漢文化影響較深，但仍然堅持其風俗不變。康熙《蒙化府志》說：「一曰回回。本西域回回國之遺種。元世祖掠徙至滇。因占籍於蒙，入里甲，有差瑤。凡所居皆建寺，聚族禮拜。死不用棺，葬不擇方。禁酒豕。多以染皂經商為業。今亦有讀書通仕藉者。」〔註 115〕咸豐《鄧川州志》：「一曰回民，西域大食國遺種。元時蔓延入滇，所至輒相親守，與漢人交則深阻不

〔註 111〕參見沈海梅：《明清雲南婦女生活研究》，雲南教育出版社 2001 年版，第 252
　　　　　～253 頁。

〔註 112〕（明）楊慎撰著：《南詔野史》下卷《段氏總管‧段功》，清乾隆四十年石印
　　　　　本。

〔註 113〕（民國）周鍾嶽等撰，李斌、李春龍等點校：《新纂雲南通志》卷 249《列女
　　　　　傳十一‧曲靖府一》（十），雲南人民出版社 2007 年版，第 289 頁。

〔註 114〕參見杜玉亭、陳呂範：《雲南蒙古族簡史》，雲南人民出版社 1979 年版，第
　　　　　75～76 頁。

〔註 115〕（清）蔣旭纂：康熙《蒙化府志》卷 1《地理志‧風俗》，大理白族自治州文
　　　　　化局翻印 1983 年，第 54 頁。

易測。資生每仗騾馬，利於武庠。亦知讀書，然不能永業也。服食婚喪，堅持其俗不可易。」〔註116〕

　　元時，契丹人在雲南掌握了部分軍政權力，社會地位很高。明代，滇西契丹後裔投誠後，多被授予大小土官。清代，永昌府內原契丹後裔為官者，仍為世襲。受當地及周鄰民族的影響，主要信仰傳自印度的大乘佛教，亦非常重視祭祖之事。〔註117〕在雲南民族的汪洋大海中，契丹後裔沒能堅持住自己的民族特色，現在，他們「已同化於以漢族為主的彝族、布朗族、佤族、德昂族、基諾族、傣族、景頗族、『莽族』和『本族』等民族之中」。〔註118〕

　　西番在清代時還多沿襲其歷史習俗，由於與古宗族源關係更為親近，受藏傳佛教影響較深，即「尚力善射，與牧遷移，間有向學者，以貝葉寫西方經，祀神誦焉」。〔註119〕光緒《續修永北直隸廳志》載：「西番一種，居寒山冷谷之中，集眾而處……刀耕火種，收稞資生……或砍竹易食，或負板營生……。」〔註120〕可見，直到清末，西番的生計模式才逐漸由傳統的游牧方式轉變為農牧兼營。由於與麼些交往較多，在風俗習慣上顯示出「婚喪、信佛與麼些無異。」〔註121〕

　　留居雲南的滿洲，與全國的滿洲人一樣，受到漢文化的影響較深，其語言、服飾、節慶、婚喪等基本與漢族相似。

　　苗人，「在滇省者，惟曲靖、東川、昭通等府花苗，隨各屬土流兼轄。……勤耕作……能織苗錦，常攜竹筐入市貿易」。宣威、鎮雄的苗人，「居水濱……書契、數目、字跡並六十甲子，皆如漢制，餘不同。……死則氈裹，舁而焚諸野。婚配各以其類，不通諸夷」。東川的苗人，「善治田，為爨、僰服役。」

〔註116〕（清）侯允欽纂修：咸豐《鄧川州志》卷4《風土志·民類》，鳳凰出版社編撰：《中國地方志集成·雲南府縣志輯》第76輯，鳳凰出版社2009年版，第209頁。

〔註117〕參見李建軍：《雲南契丹後裔的宗教信仰與祭祀》，《思想戰線》1998年第8期。

〔註118〕蔣元重：《流向雲南的契丹族》，《濰坊教育學院學報》2000年第4期。

〔註119〕（清）劉慰三撰：《滇南志略》卷3《維西廳》，方國瑜主編：《雲南史料叢刊》卷13，雲南大學出版社2001年版，第194頁。

〔註120〕（清）葉如桐等修，劉必蘇等纂：光緒《續修永北直隸廳志》卷7《人物志下·土司種人彝俗附》，鳳凰出版社編撰：《中國地方志集成·雲南府縣志輯》第42輯，鳳凰出版社2009年版，第428頁。

〔註121〕（清）余慶遠撰：《維西見聞紀》，方國瑜主編：《雲南史料叢刊》卷12，雲南大學出版2001年版，第64頁。

鎮雄的苗人，乾隆時「見城市衣冠，輒鈌啍驚避」。〔註122〕可見，居住於雲南各地的苗人發展不一，受到當地各族的影響也不同。

瑤人，原先「自耕而食，少入城市」，後亦「男女皆知書」、「衣服近漢」。〔註123〕由於受周邊民族的影響不同，其社會發展程度也不平衡。

明代流入雲南的「土僚」，明末《滇志》記載其「與僰人同」、「習同白羅」，後「與齊民雜居」。〔註124〕清代時，彌勒州的「土僚」「近亦讀書」，蒙自縣的「習漢語」，阿迷州的「言語服食近漢」，鎮雄州的則「言語、衣服皆仿漢人」。〔註125〕其餘儂人、沙人等，由於與漢族頻繁交往，不斷吸收漢族中的先進技術理念，多數地區的社會發展程度已與漢族大體相同。

需要特別注意的是，民族文化間的交流融合，並不意味著某種民族文化的消失。以蒙古人為例，杜玉亭先生指出：「人們談到雲南蒙古族的時候，往往因為語言和服飾習俗與內蒙古牧區蒙古族牧民不同，而認為他們失去了民族特點，甚至提出了他們是否存在的問題。這一點，不僅從雲南蒙古族歷史的角度講，還是從我國多民族歷史關係的角度講，都是值得研究的問題。因為在中國歷史上，各民族在經濟、文化上的交流、融合是普遍存在的現象，不僅有許多少數民族融合於漢族，也有一些漢族融合於少數民族，但有的少數民族長期與其他民族相處，接受其他民族的文化，甚至失去了自己的民族語言，卻並沒有與其他民族融合。從這個意義上講，與內蒙古遠隔萬水千山而又長期與其他民族相處的雲南蒙古族的存在，還可以反映我國多民族國家的某些特點。」〔註126〕此說有一定道理。

元明清大一統時期，是中國統一多民族國家形成、發展和鞏固的重要階段，邊陲雲南與中央的聯繫全面加強，與內地亦漸成一嚴密整體，可說是雲南發展史上最重要的轉折時期。在元明清統一多民族國家內，源自中國北方、

〔註122〕（清）阮元、伊里布等修，王崧、李誠等纂：道光《雲南通志稿》卷185《南蠻志・種人四・苗人》，清代刻本複印。

〔註123〕（清）阮元、伊里布等修，王崧、李誠等纂：道光《雲南通志稿》卷185《南蠻志・種人四・瑤人》，清代刻本複印。

〔註124〕（明）劉文徵撰，古永繼校點：《滇志》卷30《羈縻志第十二・種人・土僚》，雲南教育出版社1991年版，第1000頁。

〔註125〕（清）阮元、伊里布等修，王崧、李誠等纂：道光《雲南通志稿》卷185《南蠻志・種人三・土僚》，清代刻本複印。

〔註126〕杜玉亭、陳呂範：《雲南蒙古族簡史》，雲南人民出版社1979年版，第42~43頁。

南方的少數民族移民因國家發展鞏固的戰略需要以及自發移徙等原因大量遷居雲南，使得移民與原有各族之間交往密切，雲南多民族文化的發展亦由此呈現多彩的面貌，中華民族「多元一體」格局也因之更加豐富和完善。

結　語

　　從中國乃至世界範圍來看，移民是人類社會發展中的普遍現象。在古代的中國，由於地理範圍廣大，各地區之間的自然資源與生態環境存在巨大的差異，其社會、政治、經濟、文化、民族發展的程度也有極大不同，使得移民的規模、頻率都浩大與頻繁。移民往往是因為戰爭、災荒、屯軍、獲取耕地、政府政策性遷移等政治、經濟、社會的原因所促成。而在近代以來的中國，尤其是中華人民共和國成立以來的改革開放新時期，中國的移民情況又有了新的變化，最突出的表現在三個方面：工程移民、城市化移民、海外新移民等。因此，無論是古代中國還是當代中國，都存在著諸多移民現象，這些現象既可能是政府主導的政治、經濟或文化行為，也可能是民眾隨意、無目的而為了避開戰爭、災害等隨土就食產生的。本文在研究中國具體的移民現象時，特別主張「移民」的範疇內涵需要更寬泛一些，由此包容各種情形。在葛劍雄先生移民定義的基礎上，本文的移民具體指的是：一個民族，不管是整體、部分還是個人，只要他們離開原生存環境，進入另一個地區一定時間並成為當地人口中的一個組成部分，都應屬於移民研究的範圍。這也是本文研究移民史的理論前提。

　　正如本文「導論」中的學術史回顧所述，以往對元明清時期雲南移民的研究較多關注漢族移民的情形，側重於漢族移民對雲南的開發、文化交流等顯著的一面。本文以外來少數民族移民為研究對象，試圖將外來的少數民族和漢族移民結合在一起，除了希望展現移民入遷雲南的歷史過程，也藉此從另一層面探討這些移民的落籍發展和他們與其他民族關係的變化及其社會影響。

一

　　雲南地處中國的西南邊陲，自然條件優越，適合人類的生存和發展。因而從遠古時代起，這一地區的原始先民們就在這一塊土壤上同大自然進行艱苦的鬥爭並生息繁衍。考古研究表明，舊石器時代，雲南地區與內地有著密切的聯繫，文化上也存在一些共性。此後，為了更好地生存、發展，西北的氐羌、東南的百越等遷入雲南，逐步建立起一個又一個居民點，其範圍遍及雲南各地。隨著秦漢統一多民族國家的建立，漢族人口也於此時入遷雲南，並一直持續至今。

　　宋元之際，為「斡腹」夾擊南宋，蒙古大軍進攻大理國，沿途經過西番人居住區，善騎射、擁有良馬的西番人隨即被徵調從征，最後落籍滇西北的寧蒗、麗江、中甸、維西等地。此間，隨軍的不少蒙古、回回、契丹等軍士、軍將，也以軍事鎮戍方式落籍雲南的主要城鎮、戰略要地及交通沿線一帶。蒙古統治者視雲南為進攻鄰邦的基地和擴大對外交往的門戶，因此對經營雲南尤為重視，並通過建立行省、推行土官土司制度等措施積極治理雲南。雲南行省的建立，標誌著雲南正式成為中央直轄下的一大行政區，從而結束了歷史的彷徨回歸到統一的多民族家庭，接受中央王朝的統一管理，客觀上為外來人口入遷雲南及促進民族間的交往與融合創造了有利條件。因雲南戰略地位重要，元廷還派蒙古「諸王」鎮守。這些「諸王」、家眷及屬下親兵，也成為入遷雲南蒙古人的一個重要來源。為保障和強化蒙古的統治及統一多民族國家戰略安排的需要，元廷還委任了大批蒙古、回回人作為高級官吏進駐雲南各地。元代中葉後，一些犯罪的蒙古、回回官員被謫遷流放雲南。此外，還有一些回回以商旅形式入遷雲南，苗、瑤及部分壯侗語族民族也自貴州、廣西等地陸續進入滇東、滇東南地區。「元朝的統治使中國各地區之間長期分裂又合在一起。」〔註1〕因而，元代形成了一個以蒙古人為統治民族、漢族為多數民族的統一多民族國家，充分體現了中國統一國家的多民族特點。

　　從明到清，中國以漢族為主體的多民族國家一直延續下來，清朝則最後奠定了中國統一多民族國家的疆域。明代時，明王朝開展大規模的移民活動，雲南外來移民數量較之前陡增，主要表現為漢族移民以行政安置方式大量進入雲南。為避免明王朝可能施加的迫害，元時落籍雲南的蒙古人隱瞞身份逐

_____

〔註1〕譚其驤：《歷史上的中國和中國歷代疆域》，《中國邊疆史地研究》1991 年第 1
　　　期。

漸融入當地民族中。及至民國，在雲南地區堅持原有民族身份的蒙古人，僅
剩雲南通海等地。明時，亦有少量蒙古人隨軍入遷雲南。此時，回回人則經
歷了入滇的另一個高潮，大量隨藍玉、沐英從征雲南的回回軍士、軍將在平
定雲南後留下來屯田戍守，還有一些回回因屯墾、仕宦、經商、謫貶，以及
自發入遷雲南。清代，回回繼續隨軍入滇，亦有自發流移雲南的。自明迄清，
尤其是清中葉以來，源自南方的苗、瑤、儂、仲家、水戶等民族入遷雲南的
活動異常活躍。這些南方民族入遷雲南，除部分政治、經濟原因外，還與他
們「居無定處」的生活習慣有關，其遷移流動具有大幅度、遠距離和長時期
的特點。在遷入雲南後，他們中的部分如苗、瑤、儂、仲家、回回等因近代
國界變動、或親緣民族關係、或自身的遷移特性等繼續向南方的鄰國遷移，
最終成為跨境民族。此外，部分滿洲也因統治者為維護統一多民族國家及統
治階級利益，以仕宦、從軍、經商或自發而來雲南定居，成為此時期最晚進
入雲南的北方民族。今天雲南地區多民族分布的格局，也於此基本奠定。習
近平總書記在中華人民共和國成立 65 週年前夕的中央民族工作會議暨國務院
第六次全國民族團結進步表彰大會上指出，我們偉大祖國自古以來就是一個
統一的多民族國家，歷史上，中國各民族形成了你中有我、我中有你、誰也
離不開誰的多元一體格局。多民族是中國的一大特色，也是中國社會發展中
的一大有利因素。

二

　　造成元明清時期外來少數民族移民入遷雲南的原因複雜多樣，其中既有
氣候環境的惡化以及人口的增加等客觀原因，也有親緣關係的影響尤其是政
治、軍事、經濟等主觀原因；有的移民入遷原因是單方面的，有的則是多種
因素綜合所導致。但總的來說，北方民族多因統一多民族國家戰略安排的需
要而入遷或認為與統治民族有關，南方民族則多因自發流徙而來。

　　此外，古代的人口遷移，往往與自然環境、交通的便捷與否等有著重要
關係。先秦時期西北氐羌系民族沿著滇西北地區的高山峽谷地帶，順大江大
河的流向入遷雲南；元以來，中慶達邑州道、中慶經普安達黃平道等滇桂、
滇黔道路的開通，使苗、瑤民族更方便的入遷雲南。交通狀況的改善，一方
面加強了中原對雲南的經濟文化影響，另方面也增加了雲南與內地其他地區
的人口流動及經濟文化的交往。因此，自秦時官吏常頞開通五尺道起，歷代

均把交通的開闢視作經營雲南地區的重要政策。受自然環境的複雜多樣性及其自然資源的豐富性特點的影響，雲南地區各民族的生產生活方式也複雜多元，各外來民族均易於在此找到適合自己生存發展的地方。可以說，雖然雲南高山峽谷相間，水道縱橫，但這樣的地理環境卻為本地區和外來人口的遷徙流動提供了更加便利的條件。

　　元明清時期外來少數民族移民入遷雲南，其類型多種多樣，歸納而言，則以「生存型移民」、「發展型移民」和「強制性移民」三種類型為主。「強制性移民」產生於政府的政策性強制，其在歷次移民中佔有很大比例，北方民族大多因此入遷雲南；又因雲南地區自然生態環境的限制，如「瘴癘」盛行，與中原路途隔絕，山高路險，消息閉塞，移民中規模較大者往往是政府主導作用下的政治型移民。「發展型移民」中的仕宦任職、商旅、遊學等，移民社會地位高，對雲南的社會發展影響較大。「生存型移民」的目的在於生存，主動性極高，南方民族普遍因此入遷雲南。對南方的苗、瑤等民族來說，他們本以遷徙著稱，遷徙就是生產，遷徙是其生活的常態。通過遷徙，他們獲得生存、發展的新信息與空間，才能傳播自己的文化，吸收其他民族的因子，使其生活更加充實。所以，苗、瑤等民族的大部屬於「生存型移民」。

　　元明清時期，外來少數民族移民與漢族移民相比較，在入遷雲南的動因、類型和特點方面總體相似，但也存在細微的差別。此外，在移民的來源、方式、類別、分布以及對雲南民族分布格局、民族關係的影響上，均存在一些異同點。總體上看，漢族移民入遷雲南的規模要遠遠多於少數民族移民，其產生的影響在一定時期內如元初時雖沒有少數民族移民的大，但持久性影響則要深遠得多。元初才自北方進入雲南的各族移民，為雲南地區增添了新的血液，雲南民族大家庭也多了許多來自北方等地的民族新成員，他們的入遷促進了雲南地區民族構成的多樣化發展；南方苗、瑤等山地民族的入遷，則更有利於廣大雲南山地的開發。總之，元明清各朝統治者對雲南地區的政治、經濟、文化等舉措使各民族在共同的雲南地域內產生了不可分割的聯繫，在國家大一統局面下，少數民族移民的入遷客觀上加強了雲南各民族的交流和融合，對當地社會經濟文化的發展產生了深遠影響，移民與各族的雜居更強化了邊疆雲南各族與中原地區的聯繫和交往，加快了「中華民族多元一體格局」的歷史進程，促進了當地各民族心中的民族認同和國家認同感。

三

　　元明清時期外來少數民族移民入遷雲南，基本上奠定了今天這一地區以漢族為主體，多民族大雜居、小聚居分布格局的現狀，也有力地推動了雲南地區社會經濟文化的發展。首先，移民大大加速了對雲南地區的開發進程。其次，移民帶來了先進的中原文化，並創造出具有雲南地方特色的地域文化。其三，少數民族移民與漢族移民及當地世居民族群眾建立了水乳交融的關係。影響是雙向的，在外來移民影響雲南當地社會發展的同時，他們自身也深深烙上了雲南地方特色的印記。總之，外來移民的進入不僅僅是人口在數量、地域以及籍貫上的變化，還是雲南地區社會結構的重組和優化，是文化的播遷和昇華，是雲南社會進步和發展的重要推動力量。

　　元明清時期的雲南地區，少數民族移民的大量入遷有著顯著的地域特點。自遠古起，外來各地居民不斷地進入雲南，使得該地很早就與內地產生經濟文化上的互動交流；此後的不同時期，外來的民族群體也陸續遷入雲南並成為當地土著。雲南因而在很早以前就成為一個典型的移民區域，最終形成了雲南地區多元民族文化並存的格局。因此，雲南在文化上、風俗上有著其他地區少有的兼容並包的寬容性、開放性，使得當地各族民眾容易與全國各地的新入移民融洽相處。在歷史長河中，當地原有民族也在吸收外來各族的人口及其經濟文化因素，長期積累的結果使其經濟文化類型與內地各族漸趨相似，因而雲南當地各族對外來民族較少有排斥性且多容易產生親近感。又因元、清的統治者為少數民族，很少受到「華夷有別」傳統觀念的影響，對雲南當地各族並無歧視。因此，在多方因素的共同作用下，遷入雲南地區的蒙古、回回、苗、瑤等南北方各民族與當地民族的關係總體較和睦，此種情形對雲南邊疆地區與內地的一體化進程發揮了積極作用。

四

　　本書的寫作依託存世的歷史文獻資料，充分利用學界前輩的豐碩研究成果而成文，其最大特色是首次將元明清時期入遷雲南地區的外來少數民族移民進行貫通分析和整合研究，以歷史文獻學的方法為研究基點，綜合運用多學科的理論方法，以期明晰元明清時期各外來少數民族移民入遷雲南地區的歷史過程、入遷的動因、類型特點、分布格局，並比較其與漢族移民的異同，最後探討其對雲南社會經濟文化發展的影響。在本書的寫作過程中，儘量根

據歷史文獻中記載的多寡進行分析研究，強調實事求是和辯證地看待發生的一切歷史問題，其目的是為了盡可能還原移民歷史的真實特色。

本文的不足之處頗多，最主要的是對少數民族史料、田野調查資料、外文文獻等資料的佔有不足，且對漢文文獻資料的全面佔有和研究分析也不夠，並由於各種主客觀原因，還有諸多重要問題沒有展開論述，如移民進入雲南後的省內再遷移問題、移民的外遷問題、移民與生態環境問題、移民與邊疆安全問題等等，只有留待下一步繼續研究。

總之，我們關注和研究歷史時期的移民問題，是為了在充分認識歷史和借鑒歷史經驗教訓的基礎上，做好我們今天的工作，妥善處理好當前中國的工程移民、城市化移民、海外新移民及其與社會穩定、區域開發等問題的關係。

參考文獻

一、歷史文獻

1. （漢）司馬遷：《史記》〔M〕，北京：中華書局，1959。

2. （漢）班固：《漢書》〔M〕，北京：中華書局，1962。

3. （南朝宋）范曄：《後漢書》〔M〕，北京：中華書局，1965。

4. （晉）陳壽：《三國志》〔M〕，北京：中華書局，1971。

5. （唐）房玄齡等：《晉書》〔M〕，北京：中華書局，1974。

6. （北齊）魏收撰：《魏書》〔M〕，北京：中華書局，1974。

7. （唐）魏徵等撰：《隋書》〔M〕，北京：中華書局，1973。

8. （唐）李延壽撰：《南史》〔M〕，北京：中華書局，1975。

9. （後晉）劉昫等撰：《舊唐書》〔M〕，北京：中華書局，1975。

10. （宋）歐陽修、宋祁撰：《新唐書》〔M〕，北京：中華書局，1975。

11. （元）脫脫等撰：《宋史》〔M〕，北京：中華書局，1985。

12. （明）宋濂等撰：《元史》〔M〕，北京：中華書局，1976。

13. （清）張廷玉等撰：《明史》〔M〕，北京：中華書局，1974。

14. 趙爾巽等撰：《清史稿》〔M〕，北京：中華書局，1977。

15. 李學勤主編：《十三經注疏·周禮注疏》〔M〕，北京：北京大學出版社，1999。

16. 李學勤主編：《十三經注疏·尚書正義》〔M〕，北京：北京大學出版社，1999。

17. 高誘注：《呂氏春秋》〔M〕，北京：中華書局，1954。

18. （北魏）酈道元著，陳橋驛校證：《水經注》〔M〕，北京：中華書局，2007。

19. （唐）杜佑撰，王文錦等點校：《通典》〔M〕，北京：中華書局，1988。

20. （宋）司馬光編著，（元）胡三省音注：《資治通鑒》〔M〕，北京：中華書局，1956。

21. （宋）李昉等撰：《太平御覽》〔M〕，北京：中華書局，1960。

22. （清）徐松輯：《宋會要輯稿》〔M〕，北京：中華書局，1957。

23. （明）申時行等修：《明會典》（萬曆朝重修本）〔M〕，北京：中華書局，1989。

24. （清）魏源撰，韓錫鐸、孫文良點校：《聖武記》（全二冊）〔M〕，北京：中華書局，1984。

25. 《明實錄》〔M〕，臺北：臺灣中央研究院歷史語言研究所校勘影印北京圖書館藏紅格抄本，1961。

26. 《清實錄》〔M〕，北京：中華書局影印版，1985。

二、地方史志

1. （晉）常璩撰，劉琳校注：《華陽國志校注》〔M〕，成都：巴蜀書社，1984。

2. （唐）樊綽撰，向達原校，木芹補注：《雲南志補注》〔M〕，昆明：雲南人民出版社，1995。

3. （元）李京撰，王叔武校注：《雲南志略輯校》〔M〕，昆明：雲南民族出版社，1986。

4. （明）楊慎撰著：《南詔野史》〔M〕，清乾隆四十年石印本。

5. （明）陳文修，李春龍、劉景毛校注：《景泰雲南圖經志書校注》〔M〕，昆明：雲南民族出版社，2002。

6. （明）劉文徵撰，古永繼校點：《滇志》〔M〕，昆明：雲南教育出版社，1991。

7. （明）諸葛元聲撰，劉亞朝校點：《滇史》〔M〕，芒市：德宏民族出版社，1994。

8. （清）倪蛻輯，李埏校點：《滇雲歷年傳》〔M〕，昆明：雲南大學出版社，1992。

9. （民國）羅養儒撰，王樵等點校：《雲南掌故》〔M〕，昆明：雲南民族出版社，1996。

10. （宋）范成大撰，齊治平校補：《桂海虞衡志校補》〔M〕，南寧：廣西民族出版社，1984。

11. （元）郭松年撰，王叔武校注：《大理行記校注》〔M〕，昆明：雲南民族出版社，1986。

12. （明）王士性撰，呂景琳點校：《廣志繹》〔M〕，北京：中華書局，1981。

13. （清）靖道謨纂，鄂爾泰等修：《雲南通志》〔M〕，揚州：江蘇廣陵古籍刻印社據乾隆元年刻本 1988 年影印。

14. （清）阮元、伊里布等修，王崧、李誠等纂：《道光雲南通志稿》〔M〕，清代刻本複印。

15. （民國）周鍾嶽等撰，李春龍等點校：《新纂雲南通志》〔M〕，昆明：雲南人民出版社，2007。

16. 鳳凰出版社編撰：《中國地方志集成·雲南府縣志輯》（全 83 冊）〔M〕，南京：鳳凰出版社，2009。

17. （明）王尚用纂：《嘉靖尋甸府志》〔M〕，一九六三年八月上海古籍書店據寧波天一閣藏明嘉靖刻本景印。

18. （清）湯大賓、周炳原纂，婁自昌、李君明點注：《開化府志點注》〔M〕，蘭州：蘭州大學出版社，2004。

19. （清）李熙齡纂，楊磊等點校：《廣南府志》〔M〕，蘭州：蘭州大學出版社，2004。

20. （清）蔣旭纂：《康熙蒙化府志》〔M〕，大理：大理白族自治州文化局翻印，1983。

21. （民國）徐孝詰等纂：《丘北縣志》〔M〕，1926 年石印本。

22. 鄧啟華主編：《清代普洱府志選注》〔M〕，昆明：雲南大學出版社，2007。

23. 雲南省地方志編纂委員會總纂：《雲南省志·地理志》〔M〕，昆明：雲南人民出版社，1998。

24. 雲南省地方志編纂委員會總纂：《雲南省志·民族志》〔M〕，昆明：雲南人民出版社，1998。

25. 文山壯族苗族自治州地方志編纂委員會：《文山壯族苗族自治州志》（第一卷）〔M〕，昆明：雲南人民出版社，2000。

26. 文山壯族苗族自治州民族宗教事務委員會編：《文山壯族苗族自治州民族志》〔M〕，昆明：雲南民族出版社，2005。

27. 雲南紅河哈尼族彝族自治州民族志編寫辦公室編：《雲南省紅河哈尼族彝族自治州民族志》〔M〕，昆明：雲南大學出版社，1989。

28. 玉溪地區民族事務委員會編：《玉溪地區民族志》〔M〕，昆明：雲南民族出版社，1992。

29. 保山市民族宗教事務局編：《保山市少數民族志》〔M〕，昆明：雲南民族出版社，2006。

30. 江城哈尼族彝族自治縣志編纂委員會編纂：《江城哈尼族彝族自治縣志》〔M〕，昆明：雲南人民出版社，1989。

31. 雲南省河口瑤族自治縣地方志編纂委員會編：《河口瑤族自治縣志》〔M〕，北京：生活・讀書・新知三聯書店，1994。

32. 通海縣史志工作委員會編纂：《通海縣志》〔M〕，昆明：雲南人民出版社，1992。

三、資料彙編、論文集

1. 徐麗華主編：《中國少數民族古籍集成》〔G〕，成都：四川民族出版社，2002。

2. 李春龍主編主點：《正續雲南備徵志精選點校》〔G〕，昆明：雲南民族出版社，2000。

3. 李春龍主編：《雲南史料選編》〔G〕，昆明：雲南民族出版社，1997。

4. 林超民主編：《西南稀見方志文獻》〔G〕，蘭州：蘭州大學出版社，2003。

5. 方國瑜主編：《雲南史料叢刊》（全13卷）〔G〕，昆明：雲南大學出版社，1998～2001。

6. 本書編寫組：《中央民族工作會議精神學習輔導讀本》〔C〕，北京：民族出版社，2005。

7. 方國瑜：《方國瑜文集》（第1～3輯）〔C〕，昆明：雲南教育出版社，2001～2003。

8. 陝西師範大學中國歷史地理研究所、西北歷史環境與經濟社會發展研究中心編：《歷史地理學研究的新探索與新動向——慶祝朱士光教授70華秩暨榮休論文集》〔C〕，西安：三秦出版社，2008。

9. 雲南省博物館編：《雲南人類起源與史前文化》〔C〕，昆明：雲南人民出版社，1991。

10. 雲南省文物考古研究所：《雲南考古文集——慶祝雲南省文物考古研究所成立十週年》〔C〕，昆明：雲南民族出版社，1998。

11. 文物出版社編：《新中國考古五十年》〔C〕，北京：文物出版社，1999。

12. 李昆聲、肖秋：《試論雲南新石器時代文化》〔J〕，《文物集刊》（2）〔C〕，北京：文物出版社，1980。

13. 百越民族史研究會編：《百越民族史論集》〔C〕，北京：中國社會科學出版社，1982。

14. 中國百越民族史學會、雲南民族事務委員會編：《百越史論集》〔C〕，昆明：雲南民族出版社，1989。

15. 雲南大學歷史系編：《史學論叢》（第八輯）〔C〕，昆明：雲南大學出版社，2000。

16. 朱誠如、王天有主編：《明清論叢》（第十二輯）〔C〕，北京：故宮出版社，2012。

17. 甄朝黨主編：《民族理論與民族發展》〔C〕，昆明：雲南民族出版社，2006。

18. 貴州省布依學會、黔南布依族苗族自治州民委編：《布依學研究》（之二）〔C〕，貴陽：貴州民族出版社，1991。

19. 趙廷光主編：《雲南跨境民族研究》〔C〕，昆明：雲南民族出版社，1998。

20. 熊貴華主編：《普米族》〔C〕，芒市：德宏民族出版社，1997。

21. 胡文明主編：《普米研究文集》〔C〕，昆明：雲南民族出版社，2002。

四、今人著作

1. James C. Scott.The Art of Not Being Governed: An Anarchist History of Upland Southeast Asia〔M〕. Yale University Press, 2009.

2. 〔英〕柏格理等著，東人達等譯：《在未知的中國》〔M〕，昆明：雲南民族出版社，2002。

3. 〔美〕馬士、張匯文等合譯：《中華帝國對外關係史》〔M〕，北京：商務印書館，1963。

4. 中共中央馬克思恩格斯列寧斯大林著作編譯局編：《馬克思恩格斯選集》（第三卷）〔M〕，北京：人民出版社，1972。

5. 鄒逸麟編著：《中國歷史地理概述》（修訂版）〔M〕，上海：上海教育出版社，2005。

6. 劉稚主編：《東南亞概論》〔M〕，昆明：雲南大學出版社，2007。

7. 陸韌：《雲南對外交通史》〔M〕，昆明：雲南民族出版社，1997。

8. 王聲躍主編：《雲南地理》〔M〕，昆明：雲南民族出版社，2002。

9. 譚其驤：《長水集》〔M〕，北京：人民出版社，1987。

10. 葛劍雄：《西漢人口地理》〔M〕，北京：人民出版社，1986。

11. 吳松弟：《北方移民與南宋社會變遷》〔M〕，臺北：臺灣文津出版社，1993。

12. 葛劍雄、曹樹基、吳松弟：《簡明中國移民史》〔M〕，福州：福建人民出版社，1993。

13. 葛劍雄、吳松第、曹樹基：《中國移民史（全六卷）》〔M〕，福州：福建人民出版社，1997。

14. 田方、陳一筠主編：《中國移民史略》〔M〕，北京：知識出版社，1986。

15. 田方、林發棠主編：《中國人口遷移》〔M〕，北京：知識出版社，1986。

16. 石方：《中國人口遷移史稿》〔M〕，哈爾濱：黑龍江人民出版社，1990。

17. 范玉春：《移民與中國文化》〔M〕，南寧：廣西師範大學出版社，2005。

18. 李競能編著：《現代西方人口理論》〔M〕，上海：復旦大學出版社，2004。

19. 張國雄：《明清時期兩湖移民研究》〔M〕，西安：陝西人民教育出版社，1995。

20. 安介生：《山西移民史》〔M〕，太原：山西人民出版社，1999。

21. 葛慶華：《近代蘇浙皖交界地區人口遷移研究》〔M〕，上海：上海社會科學出版社，2001。

22. 張世友：《變遷與交融：烏江流域歷代移民與民族關係研究》〔M〕，北京：中國社會科學出版社，2012。

23. 費孝通主編：《中華民族多元一體格局》（修訂本）〔M〕，北京：中央民族大學出版社，1999。

24. 費孝通主編：《中華民族研究新探索》〔M〕，北京：中國社會科學出版社，1991。

25. 黃淑娉、龔佩華：《文化人類學理論方法研究》〔M〕，廣州：廣東高等教育出版社，1996。

26. 馬戎、周星主編：《中華民族凝聚力形成與發展》〔M〕，北京：北京大學出版社，1999。

27. 李吉和：《先秦至隋唐時期西北少數民族遷徙研究》〔M〕，北京：民族出版社，2003。

28. 藍勇：《西南歷史文化地理》〔M〕，重慶：西南師範大學出版社，1997。

29. 郝正治：《漢族移民入滇史話》〔M〕，昆明：雲南大學出版社，1998。

30. 陸韌：《變遷與交融——明代雲南漢族移民研究》〔M〕，昆明：雲南教育出版社，2001。

31. 鄭一省、王國平：《西南地區海外移民史研究——以廣西雲南為例》〔M〕，北京：社會科學文獻出版社，2013。

32. 蒼銘：《雲南民族遷徙文化研究》〔M〕，昆明：雲南民族出版社，1997。

33. 蒼銘：《雲南邊地移民史》〔M〕，北京：民族出版社，2004。

34. 馬大正主編：《中國邊疆經略史》〔M〕，鄭州：中州古籍出版社，2002。

35. 翁獨健主編：《中國民族關係史綱要》〔M〕，北京：中國社會科學出版社，2001。

36. 方國瑜：《中國西南歷史地理考釋》〔M〕，北京：中華書局，1987。

37. 方國瑜：《雲南民族史講義》〔M〕，昆明：雲南人民出版社，2013。

38. 方國瑜：《雲南史料目錄概說》（全三冊）〔M〕，北京：中華書局，1984。

39. 尤中：《中國西南的古代民族》〔M〕，昆明：雲南人民出版社，1979。

40. 尤中：《中國西南的古代民族》（續編）〔M〕，昆明：雲南人民出版社，1989。

41. 尤中：《中國西南民族史》〔M〕，昆明：雲南人民出版社，1985。

42. 尤中：《雲南民族史》〔M〕，昆明：雲南大學出版社，1994。

43. 尤中編著：《雲南地方沿革史》〔M〕，昆明：雲南人民出版社，1990。

44. 馬曜主編：《雲南簡史》（新增訂本）〔M〕，昆明：雲南人民出版社，2009。

45. 張增祺：《中國西南民族考古》〔M〕，昆明：雲南人民出版社，2012。

46. 汪寧生：《雲南考古》〔M〕，昆明：雲南人民出版社，1980。

47. 方鐵、方慧：《中國西南邊疆開發史》〔M〕，昆明：雲南人民出版社，1997。

48. 方鐵主編：《西南通史》〔M〕，鄭州：中州古籍出版社，2003。

49. 王文光、龍曉燕、陳斌：《中國西南民族關係史》〔M〕，北京：中國社會科學出版社，2005。

50. 王文光、李曉斌：《百越民族發展演變史——從越、僚到壯侗語族各民族》〔M〕，北京：民族出版社，2007。

51. 王文光、龍曉燕編著：《雲南民族的歷史與文化概要》〔M〕，昆明：雲南大學出版社，2009。

52. 王文光、龍曉燕、張媚玲：《中國民族發展史綱要》〔M〕，昆明：雲南大學出版社，2010。

53. 王文光、段紅雲：《中國古代的民族識別》（修訂本）〔M〕，昆明：雲南大學出版社，2011。

54. 王文光、龍曉燕、李曉斌：《雲南近現代民族發展史綱要》〔M〕，昆明：雲南大學出版社，2009。

55. 楊德華：《雲南民族關係簡史》〔M〕，昆明：雲南大學出版社，1998。

56. 李曉斌：《歷史上雲南文化交流現象研究》〔M〕，北京：民族出版社，2005。

57. 瞿國強：《先秦西南民族史論》〔M〕，哈爾濱：黑龍江教育出版社，2012。

58. 羅賢祐：《元代民族史》〔M〕，成都：四川民族出版社，1996。

59. 楊紹猷，莫俊卿：《明代民族史》〔M〕，成都：四川民族出版社，1996。

60. 楊學琛：《清代民族史》〔M〕，成都：四川民族出版社，1996。

61. 何炳棣，葛劍雄譯：《明初以降人口及其相關問題 1368～1953》〔M〕，北京：生活・讀書・新知三聯書店，2000。

62. 李中清，林文勳、秦樹才譯：《中國西南邊疆的社會經濟 1250～1850》〔M〕，北京：人民出版社，2012。

63. 秦樹才：《清代雲南綠營兵研究——以汛塘為中心》〔M〕，昆明：雲南教育出版社，2004。

64. 沈海梅：《明清雲南婦女生活研究》〔M〕，昆明：雲南教育出版社，2001。

65. 段麗波：《中國西南氐羌民族源流史》〔M〕，北京：人民出版社，2011。

66. 劉曉春編著：《中國少數民族經濟史概論》〔M〕，北京：知識產權出版社，2012。

67. 雲南省歷史研究所編著：《雲南少數民族》（修訂本）〔M〕，昆明：雲南人民出版社，1983。

68. 郭淨、段玉明、楊福泉主編：《雲南少數民族概覽》〔M〕，昆明：雲南人民出版社，1999。

69. 謝蘊秋主編：《雲南境內的少數民族》〔M〕，北京：民族出版社，1999。

70. 楊學政主編：《雲南宗教史》〔M〕，昆明：雲南人民出版社，1999。

71. 蔡壽福主編：《雲南教育史》〔M〕，昆明：雲南教育出版社，2001。

72. 夏光南：《元代雲南史地叢考》〔M〕，北京：中華書局，1968。

73. 陳述：《契丹政治史稿》〔M〕，北京：人民出版社，1986。

74. 孟志東：《雲南契丹後裔研究》〔M〕，北京：中國社會科學出版社，1995。

75. 杜玉亭、陳呂範著：《雲南蒙古族簡史》〔M〕，昆明：雲南人民出版社，1979。

76. 馬世雯：《蒙古族文化史》〔M〕，昆明：雲南民族出版社，2000。

77. 邱樹森主編：《中國回族史》（修訂本）〔M〕，銀川：寧夏人民出版社，2012。

78. 楊兆鈞主編：《雲南回族史》（修訂本）〔M〕，昆明：雲南民族出版社，1994。

79. 馬維良：《雲南回族歷史與文化研究》〔M〕，昆明：雲南大學出版社，1999。

80. 納麒：《傳統與現代的整合：雲南回族歷史·文化·發展論綱》〔M〕，昆明：雲南大學出版社，2001。

81. 納文匯、馬興東：《回族文化史》〔M〕，昆明：雲南民族出版社，2000。

82. 張聲震主編：《壯族通史》〔M〕，北京：民族出版社，1997。

83. 伍新福：《中國苗族通史》〔M〕，貴陽：貴州民族出版社，1999。

84. 熊玉有：《苗族文化史》〔M〕，昆明：雲南民族出版社，2003。

85. 古仕林主編：《威信苗族》〔M〕，昆明：雲南民族出版社，2002。

86. 吳永章：《瑤族史》〔M〕，成都：四川民族出版社，1993。

87. 徐祖祥：《瑤族文化史》〔M〕，昆明：雲南民族出版社，2001。

88. 趙廷光：《論瑤族傳統文化》〔M〕，昆明：雲南民族出版社，1990。

89. 熊貴華：《普米族志》〔M〕，昆明：雲南民族出版社，2000。

90. 馬雪芹：《古越國興衰變遷研究》〔M〕，濟南：齊魯書社，2008。

91. 中共鎮沅縣委宣傳部、鎮沅縣民委編：《鎮沅風情》〔M〕，昆明：雲南人民出版社，1989。

92. 雲南省統計局編：《雲南統計年鑒（2013）》〔M〕，北京：中國統計出版社，2013。

93. 編寫組編：《蒙古族簡史》〔M〕，北京：民族出版社，2009。

94. 編寫組編寫：《回族簡史》〔M〕，北京：民族出版社，2009。

95. 編寫組編寫：《普米族簡史》〔M〕，北京：民族出版社，2009。

96. 編寫組編：《壯族簡史》〔M〕，北京：民族出版社，2009。

97. 編寫組編寫：《苗族簡史》〔M〕，北京：民族出版社，2008。

98. 編寫組編寫：《瑤族簡史》〔M〕，北京：民族出版社，2008。

99. 編寫組編寫：《布依族簡史》〔M〕，北京：民族出版社，2008。

100. 編寫組：《水族簡史》〔M〕，北京：民族出版社，2008。

101. 編寫組編寫：《滿族簡史》〔M〕，北京：民族出版社，2009。

102. 編寫組：《維吾爾族簡史》〔M〕，烏魯木齊：新疆人民出版社，1989。

103. 馬占倫主編：《雲南彝族白族哈尼族傣族瑤族社會經濟調查》〔M〕，昆明：雲南民族出版社，2000。

104. 雲南省編輯組編：《雲南回族社會歷史調查》（修訂本）〔M〕，北京：民族出版社，2009。

105. 修訂編輯委員會編：《回族社會歷史調查資料》（修訂本）〔M〕，北京：民族出版社，2009。

106. 修訂編輯委員會編：《基諾族普米族社會歷史綜合調查》〔M〕，北京：民族出版社，2009。

107. 修訂編輯委員會編：《雲南苗族瑤族社會歷史調查》〔M〕，北京：民族出版社，2009。

108. 修訂編輯委員會編：《雲南少數民族社會歷史調查資料彙編》〔M〕，北京：民族出版社，2009。

109. 童紹玉、陳永森：《雲南壩子研究》〔M〕，昆明：雲南大學出版社，2007。

五、論文

（一）期刊論文

1. 〔美〕李中清：《一二五〇年——一八五〇年西南移民史》〔J〕，社會科學戰線，1983（1）。

2. 安介生：《歷史時期中國人口遷移若干規律的探討》〔J〕，地理研究，2004（5）。

3. 蔡志純：《略論元代屯田與民族遷徙》〔J〕，民族研究，2002（4）。

4. 蒼銘：《雲南民族遷徙的社會文化影響》〔J〕，雲南民族學院學報（哲學社會科學版），1998（1）。

5. 蒼銘：《西南邊疆歷史上人口遷移特點及成因分析》〔J〕，中央民族大學學報（哲學社會科學版），2002（5）。

6. 蒼銘：《民族遷徙與雲南地名》〔J〕，學術探索，1998（6）。

7. 蒼銘：《試論西南邊疆民族依存關係的形成》〔J〕，民族史研究，2002。

8. 蒼銘：《百越族群西南邊地遷徙史略》〔J〕，民族史研究，2004。

9. 曹相：《雲南契丹後裔探源》〔J〕，雲南師範大學學報（哲學社會科學版），1997（4）。

10. 陳德珍、祁國琴：《雲南西疇人類化石及共生的哺乳動物群》〔J〕，古脊椎動物與古人類，1978（1）。

11. 陳孔立：《有關移民與移民社會的理論問題》〔J〕，廈門大學學報（哲學社會科學版），2000（2）。

12. 陳慶德：《清代雲南礦冶業與民族經濟的開發》〔J〕，中國經濟史研究，1994（3）。

13. 曾現江：《中國西南地區的北方游牧民族——以藏彝走廊為核心》〔J〕，思想戰線，2010（1）。

14. 鄧立木：《雲南邊疆地區移民文化形成與特徵初探》〔J〕，雲南民族學院學報（哲學社會科學版），2000（3）。

15. 丁鼎、王明華：《中國古代移民述論》〔J〕，安徽師大學報（哲學社會科學版），1997（4）。

16. 丁柏峰：《明代移民入滇與中國西南邊疆的鞏固》〔J〕，青海社會科學，2003（1）。

17. 段紅雲：《明代中緬邊疆的變遷及其影響》〔J〕，雲南民族大學學報（哲學社會科學版），2011（5）。

18. 段麗波：《濮、越民族考——從考古學文化的視角》〔J〕，學術探索，2007（3）。

19. 段麗波、龍曉燕：《雲南百濮考——一個需要重新思考的民族源流問題》〔J〕，思想戰線，2009（4）。

20. 段渝：《先秦巴蜀地區百濮和氐羌的來源》〔J〕，貴州民族研究，2006（5）。

21. 范玉春：《論中國古代軍事移民對移居地的影響》〔J〕，廣西師範大學學報（哲學社會科學版），2000（1）。

22. 范舟：《先秦時期的雲南游牧文化》〔J〕，雲南民族大學學報（哲學社會科學版），2012（4）。

23. 方慧：《元、明、清時期進入西南地區的外來人口》〔J〕，中央民族大學學報，1996（5）。

24. 方鐵：《雲南跨境民族的分布、來源及其特點》〔J〕，廣西民族大學學報（哲學社會科學版），2007（5）。

25. 方鐵：《西南邊疆漢族的形成與歷朝治邊》〔J〕，中國邊疆史地研究，2012（4）。

26. 方鐵：《論北方游牧民族兩次南下西南邊疆》〔J〕，中南民族大學學報（人文社會科學版），2013（1）。

27. 方鐵：《雲南古代民族關係的特點及形成原因》〔J〕，社會科學戰線，2013（7）。

28. 方鐵：《秦漢蜀晉南朝的治邊方略與雲南通道開發》〔J〕，雲南師範大學學報（哲學社會科學版），2007（6）。

29. 方鐵：《唐宋元明清的治邊方略與雲南通道變遷》〔J〕，中國邊疆史地研究，2009（1）。

30. 方鐵：《清朝治理雲南邊疆民族地區的思想及舉措》〔J〕，思想戰線，2001（1）。

31. 古永繼：《元明清時期雲南的外地移民》〔J〕，民族研究，2003（2）。

32. 古永繼：《秦漢時西南地區外來移民的遷徙特點及在邊疆開發中的作用》〔J〕，雲南民族大學學報（哲學社會科學版），2006（3）。

33. 古永繼：《明代雲南地區出現過商屯嗎？——〈明史·食貨志〉「商屯說」糾謬》〔J〕，思想戰線，2005（6）。

34. 古永繼：《從明代滇、黔移民特點比較看貴州屯堡文化形成的原因》〔J〕，貴州民族研究，2006（2）。

35. 古永繼：《明代滇黔外來移民特點及影響探究》〔J〕，雲南民族大學學報（哲學社會科學版），2009（3）。

36. 古永繼：《明代外來移民對雲南文化發展的影響和推動》〔J〕，西南邊疆民族研究（第8輯），雲南大學出版社2010年版。

37. 古永繼：《明清時期雲南的江西移民》〔J〕，思想戰線，2011（2）。

38. 顧樹凡、薛瓊華：《淺議回族姓氏的多源性》〔J〕，雲南檔案，2009（4）。

39. 郭大烈：《雲南滿族簡況》〔J〕，民族工作，1995（2）。

40. 郭紅：《明代衛所移民與地域文化的變遷》〔J〕，中國歷史地理論叢，2003（2）。

41. 韓永靜：《歷史上回族人口遷移與數量變動》〔J〕，寧夏社會科學，2010
   （1）。

42. 和龑：《明代西域回回入附中原考》〔J〕，寧夏社會科學，1987（4）。

43. 和龑：《關於明代回回的移向問題》〔J〕，中央民族學院學報，1987（6）。

44. 和龑：《明代西域入附回回人口及其分布》〔J〕，內蒙古社會科學，1990
   （2）。

45. 胡承志：《雲南元謀發現的猿人牙齒化石》〔J〕，地質學報，1973（1）。

46. 華立：《十八世紀中國的人口流動與邊疆開發》〔J〕，清史研究，1993
   （1）。

47. 黃凌：《雲南滿族歷史和現狀的初步考察》〔J〕，滿族研究，1998（4）。

48. 黃震雲：《雲南契丹後裔和契丹姓氏》〔J〕，思想戰線，1995（2）。

49. 蔣元重：《流向雲南的契丹族》〔J〕，濰坊教育學院學報，2000（4）。

50. 金炳鎬：《「民族」新證》〔J〕，西南民族大學學報（人文社科版），2007
   （1）。

51. 孔昭翔：《廣南壯族來源考》〔J〕，民族研究，1994（4）。

52. 藍勇：《明清時期雲貴漢族移民的時間和地理特徵》〔J〕，西南師範大
   學學報（哲學社會科學版），1996（2）。

53. 李登輝：《20世紀移民史研究的幾個階段》〔J〕，湖北第二師範學院學
   報，2013（3）。

54. 李輝：《百越遺傳結構的一元二分跡象》〔J〕，廣西民族研究，2002（4）。

55. 李建軍：《雲南契丹後裔的宗教信仰與祭祀》〔J〕，思想戰線，1998（8）。

56. 李建軍：《沐英鎮滇事蹟考》〔J〕，西南師範大學學報（人文社會科學
   版），2000（4）。

57. 李昆聲：《雲南原始文化族系試探》〔J〕，雲南社會科學，1983（4）。

58. 李昆聲、胡習珍：《雲南考古60年》〔J〕，思想戰線，2009（4）。

59. 李昆聲：《中國雲南與東南亞南亞的經濟文化交流——自遠古至戰國秦漢
   時期》〔J〕，廣西民族大學學報（自然科學版），2011（1）。

60. 李昆聲：《論雲南與黃河流域新石器時代文化的關係》〔J〕，史前研究，
   1985（1）。

61. 李昆聲、肖秋：《論雲南與我國東南地區新石器文化的關係》〔J〕，雲
   南文物，1982（11）。

62. 李普、錢方等：《用古地磁方法對元謀人化石年代的初步研究》〔J〕，
   中國科學，1976（6）。

63. 李曉斌：《清代雲南漢族移民遷徙模式的轉變及其對雲南開發進程與文化
   交流的影響》〔J〕，貴州民族研究，2005（3）。

64. 李兆同:《雲南方言的形成》〔J〕,思想戰線,1999(1)。

65. 李治安:《元代雲南蒙古諸王問題考察》〔J〕,思想戰線,1990(3)。

66. 李治亭:《論邊疆問題與歷代王朝的盛衰》〔J〕,東北史地,2009(6)。

67. 林超民:《漢族移民與雲南統一》〔J〕,雲南民族大學學報(哲學社會科學版),2005(3)。

68. 陸韌:《明朝統一雲南、鞏固西南邊疆進程中對雲南的軍事移民》〔J〕,中國邊疆史地研究,2005(4)。

69. 陸韌:《唐宋至元代雲南漢族的曲折發展》〔J〕,民族研究,1997(5)。

70. 魯西奇:《移民:生存與發展》〔J〕,讀書,1997(3)。

71. 羅春梅、和曉蓉:《以反思視角看清代雲南山區移民》〔J〕,雲南農業大學學報,2008(6)。

72. 羅賢祐:《元代蒙古族人南遷活動述略》〔J〕,民族研究,1989(4)。

73. 馬恩惠:《雲南回族族源考略——兼論元代回回對雲南的貢獻》〔J〕,民族研究,1980(5)。

74. 馬麗娟:《歷史上雲南回民的經濟特徵》〔J〕,民族研究,2000(5)。

75. 馬興東:《雲南回族源流探索(上)》〔J〕,雲南民族學院學報,1988(4)。

76. 馬興東:《雲南回族源流探索(下)》〔J〕,雲南民族學院學報,1989(1)。

77. 馬興東:《元代以前有關雲南回族族源問題的進一步探討》〔J〕,雲南社會科學,1990(2)。

78. 蒙默:《試論漢代西南民族中的「夷」與「羌」》〔J〕,歷史研究,1985(1)。

79. 穆寶修:《元朝時期的回回人》〔J〕,文史哲,1990(6)。

80. 穆德全:《清代回族的分布》〔J〕,寧夏社會科學,1986(5)。

81. 穆德全:《元代回回人皆以「中原」為家的分布路線》〔J〕,西北民族學院學報(哲學社會料學版),1987(1)。

82. 穆德全:《明代回族的分布》〔J〕,寧夏大學學報(社會科學版),1987(3)。

83. 穆德全:《回族在西南地方史上的分布》〔J〕,四川大學學報(哲學社會科學版),1989(4)。

84. 潘發生:《麗江木氏土司向康藏擴充勢力始末》〔J〕,西藏研究,1999(2)。

85. 秦佩珩:《明代雲南人口、土地問題及封建經濟的發展》〔J〕,求是學刊,1980(3)。

86. 秦樹才、田志勇:《綠營兵與清代雲南移民研究》〔J〕,清史研究,2004

（3）。

87. 覃遠東：《明代西南邊疆軍屯的作用和影響》〔J〕，中國邊疆史地研究，1992（1）。

88. 尚衍斌：《元代色目人史事雜考》〔J〕，民族研究，2001（1）。

89. 申旭：《藏彝民族走廊與西亞文化》〔J〕，西藏研究，2000（2）。

90. 石碩：《藏彝走廊地區新石器文化的區域類型及其與甘青地區的聯繫》〔J〕，中華文化論壇，2006（2）。

91. 石碩：《從新石器時代文化看黃河上游地區人群向藏彝走廊的遷徙》〔J〕，西南民族大學學報（人文社科版），2008（10）。

92. 石碩：《藏彝走廊歷史上的民族流動》〔J〕，民族研究，2014（1）。

93. 石碩：《漢代西南夷中「雟」之人群內涵——兼論蜀人南遷以及與西南夷的融合》〔J〕，民族研究，2009（6）。

94. 石碩：《漢晉之際西南夷中的「叟」及其與蜀的關係》〔J〕，民族研究，2011（6）。

95. 孫謙：《清代移民思想的演變》〔J〕，八桂僑史，1996（2）。

96. 譚厚鋒：《中國境外苗族的分布與變遷》〔J〕，貴州民族研究，1997（3）。

97. 譚其驤：《歷史上的中國和中國歷代疆域》〔J〕，中國邊疆史地研究，1991（1）。

98. 童恩正：《人類可能的發源地——中國的西南地區》〔J〕，四川大學學報（哲學社會科學版），1983（3）。

99. 王胞生：《元代入滇的畏兀兒人》〔J〕，雲南民族學院學報，1991（1）。

100. 王建平：《元代穆斯林移民與雲南社會》〔J〕，青海民族學院學報（社會科學版），1999（2）。

101. 王叔武：《〈南夷書〉箋注並考異》〔J〕，雲南民族學院學報（哲學社會科學版），2001（3）。

102. 王文光、段麗波：《昆明族源流考釋》〔J〕，貴州民族學院學報（哲社版），2006（6）。

103. 王文光、龍曉燕：《中國西南民族關係研究散論》〔J〕，思想戰線，2001（2）。

104. 王文光、龍曉燕：《中國西南民族關係研究散論之二》〔J〕，思想戰線，2002（1）。

105. 王文光、翟國強：《中國西南舊石器文化在中華文化形成中的地位》〔J〕，雲南民族大學學報（哲學社會科學版），2004（6）。

106. 王文光、翟國強：《試論中國西南新石器文化的地位》〔J〕，雲南民族

大學學報（哲學社會科學版），2006（5）。

107. 王文光、翟國強：《試論中國西南民族地區青銅文化的地位》〔J〕，思想戰線，2006（6）。

108. 王文光、翟國強：《西南民族的歷史發展與中華民族多元一體格局關係述論》〔J〕，思想戰線，2005（2）。

109. 王文光、朱映占：《中國西南民族史研究論綱》〔J〕，西南邊疆民族研究（第7輯），雲南大學出版社2010年版。

110. 王躍生：《中國封建社會民族人口遷移政策研究》〔J〕，中國人口科學，1994（4）。

111. 吳臣輝：《明清時期內地漢族移民西南邊疆地區的流向研究——以雲南永昌府為例》〔J〕，農業考古，2013（4）。

112. 伍新福：《論苗族歷史上的四次大遷徙》〔J〕，民族研究，1990（6）。

113. 肖迎：《元明清時期怒江地區的民族》〔J〕，思想戰線，1994（1）。

114. 謝國先：《明代雲南的漢族移民》〔J〕，雲南民族學院學報（哲學社會科學版），1996（2）。

115. 謝本書：《艾思奇的父親李曰垓》〔J〕，史與志，1997（4）。

116. 謝萬里：《試論明清人口遷移的特點》〔J〕，寧夏社會科學，1999（6）。

117. 徐輝：《清代中期的人口遷移》〔J〕，人口研究，1998（6）。

118. 楊建新：《民族遷徙是解讀我國民族關係格局的重要因素》〔J〕，煙臺大學學報（哲學社會科學版），2006（1）。

119. 楊巨平：《兩漢中印關係考——兼論絲路南道的開通》〔J〕，西域研究，2013（4）。

120. 楊煜達：《清代中期滇邊銀礦的礦民集團與邊疆秩序——以茂隆銀廠吳尚賢為中心》〔J〕，中國邊疆史地研究，2008（4）。

121. 楊毓驤：《雲南契丹後裔考說》〔J〕，思想戰線，1994（2）。

122. 楊毓驤：《雲南契丹人對儒家文化的傳播和貢獻》〔J〕，思想戰線，1998（8）。

123. 楊毓驤：《雲南契丹後裔的佛教》〔J〕，雲南師範大學學報（哲學社會科學版），1999（1）。

124. 楊毓驤：《雲南契丹人後裔的物質文化》〔J〕，雲南民族學院學報（哲社版），2003（1）。

125. 楊志玖：《元代回回人的政治地位》〔J〕，歷史研究，1984（3）。

126. 姚舜安：《瑤族遷徙之路的調查》〔J〕，民族研究，1988（2）。

127. 葉啟曉、干志耿：《滇西契丹遺人與耶律倍之裔》〔J〕，北方文物，1995

（4）。

128. 玉時階：《明清時期瑤族向西南邊疆及越南、老撾的遷徙》〔J〕，中國邊疆史地研究，2007（3）。

129. 雲洱豐：《回族在雲南》〔J〕，寧夏社會科學，1985（3）。

130. 雲南省考古研究所、昆明市博物館、官渡區博物館：《雲南昆明羊甫頭墓地發掘簡報》〔J〕，文物，2001（4）。

131. 瞿國強：《滇文化與北方地區文化及族群關係研究》〔J〕，中國邊疆史地研究，2012（1）。

132. 張多勇、李雲：《從考古發現看馬家窯人的生產活動》〔J〕，農業考古，2012（6）。

133. 張根福：《試論近代移民對鞏固中國邊疆的作用》〔J〕，史學月刊，1997（5）。

134. 張國雄：《中國歷史上移民的主要流向和分期》〔J〕，北京大學學報（哲學社會科學版），1996（2）。

135. 張建世：《試論橫斷山區新石器時代文化的幾個問題》〔J〕，史前研究，1984（4）。

136. 張世明、龔勝泉：《另類社會空間：中國邊疆移民社會主要特殊性透視（1644～1949）》〔J〕，中國邊疆史地研究，2006（1）。

137. 張先清、杜樹海：《移民、傳說與族群記憶──民族史視野中的南方族群敘事文化》〔J〕，廈門大學學報（哲學社會科學版），2012（4）。

138. 張秀民：《明代交阯人移入內地考》〔J〕，東南亞縱橫，1990（1）。

139. 張有雋：《瑤族向海外遷徙的原因、過程、方向和路線──海外瑤族研究論文之一》〔J〕，廣西民族學院學報（哲學社會科學版），2003（1）。

140. 趙鴻昌：《唐代雲南地區人口遷移問題初探》〔J〕，雲南社會科學，1987（4）。

141. 趙永春：《關於「人口遷移」、「移民」及其相關概念》〔J〕，史學集刊，2012（2）。

142. 趙心愚：《納西族先民的遷徙路線及特點》〔J〕，西南民族大學學報（人文社科版），2004（2）。

143. 趙旭峰：《文化認同視閾下的國家統一觀念構建──以清代前中期雲南地區為例》〔J〕，雲南民族大學學報（哲學社會科學版），2012（2）。

144. 鄭良：《雲南昭通發現的人類》〔J〕，人類學學報，1985（2）。

145. 鄭連斌等：《雲南蒙古族體質特徵》〔J〕，人類學學報，2011（1）。

146. 鍾漲寶、杜雲素：《移民研究述評》〔J〕，世界民族，2009（1）。

147. 周國興、胡承志：《元謀人牙齒化石的再研究》〔J〕，古脊椎動物與古

人類，1979（2）。

148. 周智生：《滇緬印古道上的古代民族遷徙與流動》〔J〕，南亞研究，2006（1）。

149. 鄒芙都：《論楚國對西南地區的經營》〔J〕，雲南社會科學，2005（2）。

150. 竺可楨：《中國近五千年來氣候變遷的初步研究》〔J〕，考古學報，1972（1）。

（二）博士學位論文

1. 田琬婷：《雲南壯族：連接廣西壯族與撣泰民族的鏈環》〔D〕，昆明：雲南大學，2001。

2. 桑郁：《雲南通海蒙古族文化變遷》〔D〕，北京：中央民族大學，2003。

3. 王瑞平：《明清時期雲南的人口遷移與儒學在雲南的傳播》〔D〕，北京：中央民族大學，2004。

4. 曾現江：《胡系民族與藏彝走廊：以蒙古族為中心的歷史學考察》〔D〕，成都：四川大學，2005。

5. 陳葦：《甘青地區與西南山地先秦時期考古學文化及互動關係》〔D〕，長春：吉林大學，2009。

6. 尤偉瓊：《雲南民族識別研究》〔D〕，昆明：雲南大學，2012。